U0928829

珍藏本
纪念版

汉译世界学术名著丛书

伊加利亚旅行记

第二、三卷

〔法〕埃蒂耶纳·卡贝 著

李雄飞 译

余叔通 校

SINCE 1897 商务印书馆 The Commercial Press

2017年·北京

E. Cabet

VOYAGE EN ICARIE

Cinquième édition

Paris

Au Bureau du Populaire

1848

根据巴黎大众出版社版译出

汉译世界学术名著丛书
（120年纪念版·珍藏本）
出版说明

2017年2月11日，商务印书馆迎来120岁的生日。120年前，商务印书馆前贤怀揣文化救国的理想，抱持“昌明教育，开启民智”的使命，立足本土，放眼寰宇，以出版为津梁，沟通中西，为中国、为世界提供最富智慧的思想文化成果。无论世事白云苍狗，潮流左右激荡，甚至战火硝烟弥漫，始终践行学术报国之志，无改初心。

迻译世界各国学术名著，即其一端。早在20世纪初年便出版《原富》《天演论》等影响至今的代表性著作，1950年代后更致力于外国哲学和社会科学经典的译介，及至1980年代，辑为“汉译世界学术名著丛书”，汇涓为流，蔚为大观。丛书自1981年开始出版，历时三十余年，迄今已推出七百种，是我国现代出版史上规模最大、最为重要的学术翻译工程。

丛书所选之书，立场观点不囿于一派，学科领域不限于一门，皆为文明开启以来，各时代、各国家、各民族的思想与文化精粹，代表着人类已经到达过的精神境界。丛书系统译介世界学术经典，引领时代思想，为本土原创学术的发展提供丰富的文化滋养，为推动中国现代学术和现代化进程做出了突出的贡献。

为纪念商务印书馆成立120周年，我们整体推出“汉译世界学术名著丛书”120年纪念版的珍藏本，寄望既利于文化积累，又便于研读查考，同时向长期支持丛书出版的译者、编者和读者致以敬意。

两甲子后的今天，商务印书馆又站在了一个新的历史时间节点上。我们不仅要铭记先辈的身影和足迹，更须让我们的步伐充满新的时代精神。这是商务人代代相传的事业，更是与国家和民族的命运始终紧密相连的事业。我们责无旁贷，必须做好我们这代人的传承与创造，让我们的努力和成果不仅凝聚成民族文化的记忆，还能成为后来人可以接续的事业。唯此，才能不负前贤，无愧来者。

商务印书馆编辑部

2017年10月

目　　录

第二卷　讨论　反对意见　对反对意见的驳斥　历史　哲学家们的观点

第三卷　共产主义学说或共产主义原则的概要

第　二　卷

讨论　反对意见　对反对意见的驳斥

历史　哲学家们的观点

第一章　伊加利亚的历史

狄纳罗盛情的建议，受到聚集在宾馆里的外宾们热烈的欢迎；他们派了一个大型代表团去向狄纳罗致谢。

当狄纳罗出现在举行历史讲座的大厅时，全场又一次以热烈的掌声向他表示谢意。

狄纳罗说："我不准备给你们详细叙述伊加利亚历史上发生过的所有事件；我的目的只是帮助你们了解共产主义社会在我国是怎样建立起来的，它经历过什么艰难险阻，而且是用什么方法克服这些困难和障碍的。

"不过，我认为还是有必要先给你们扼要介绍一下我们民族的历史以及那次不朽的革命爆发时我们的制度。

"四百多年前，一些凶残的外族占领了我们这块土地，在这里定居下来。斗争持续了半个多世纪。在这段时期里，征服者摧毁了几乎所有的城镇，屠杀了大部分居民，余下的一律贬为奴隶。

"征服者们瓜分了所有的土地、奴隶及其财产，建立了一个奴隶主、地主和贵族的国家。

“要是这个由贵族和教士组成的统治阶层能始终保持团结，人民就会世代受他们的奴役。可是，这些蛮族人既残暴又愚蠢，他们在自己当中建立了财产和权力的不平等；因此，尽管拥立了一位世袭的国王和选举了一名教主，但是却经常互相征战杀伐。

“历代国王总是有时伙同教士反对贵族，有时又勾结贵族反对教士，或者是伙同一部分贵族去反对另一部分贵族。有的时候，贵族与教士们又联合起来反对国王。

“他们什么手段也使出来了：不仅动用武力，公开发动战争，进行屠杀劫掠和强行没收财产，而且还从事密谋、屠杀、行刺和盗窃。

“有时，国王压倒了贵族，处他们以绞刑或火刑，夺取贵族们的财产，使教士们因而致富，或者剥夺后者的财产，让前者发财。

“同样，贵族们和教士们有时又战胜国王，把他废黜，囚禁在寺院或监房里，或者暗杀掉，甚或把他押上断头台。

“这一大批世袭的国王或女王（妇女也能承袭王位）中，有些在即位时还是个孩童，不少人愚昧无知或者癫疯白痴，许多人则是骄奢淫逸，恶习缠身，还有许多人更是凶暴残忍，罪恶累累；真正堪当国王、有能力治理国家的只有那么三四个人。

“他们中的许多人，因为被废黜、放逐或锒铛入狱而销声匿迹，或者丧生于刺客或刽子手的刀下。

“那一大批教主中，简直就找不出一个品行端正的，其中死于非命的也不在少数。至于那些一般的教士和贵族，与国王和教主们比起来，也无非是一丘之貉，好不了多少。”

说到这里，狄纳罗引述了许多国王和教主为例，说明他们如何罪恶昭彰，怎样丧身斧钺之下。

“但是，既然贵族压迫者在人民面前四分五裂，自相残杀，人民当然正好从中得利。首先是，国王们为了笼络奴隶们拥护自己反对贵族，便解放了自己的奴隶；贵族们又为了让奴隶们支持自己反对国王，也解放了自己的奴隶。

“压迫者解放奴隶本来是醉翁之意不在酒，可是人民却因此获得了自力劳动、开办作坊、经营商业和拥有土地与财产的权利；其中有的人富裕起来了，形成一个市民阶层，但是，广大群众仍然穷困不堪。

“不过，人民的力量还是变得比以前强大了，见识也比以前广阔了。他们由于时刻处在苦难中，便渴望改善自己的命运和取得自由。因此，除了原先贵族进行的密谋和叛乱之外，现在又加上了人民的武装斗争了。不过，人民反抗压迫的斗争，几乎总是在某些比较强大的贵族、甚至往往是王族中的某些野心分子的鼓动、支持和指导下发动起来的。

“因此，我们可以看到，有时候暂时取得胜利的人民为了向贵族报仇而杀人放火，盗窃抢掠。

“但是，起义人民毕竟不如有组织的政权那样强大，也不敌后者的狡诈，所以，起义差不多总是淹没在人民的血泊里。因此可以说，伊加利亚的历史就是一部绵延不断的压迫与反抗、内战与杀戮的历史。

“不过，人民终于赢得了组织自治市镇和向省议会及国会选派议员的权利。这些重要的成果，给他们提供了争取其他权利的条件。

“伊加利亚人民在进行过二十次牺牲大小不等的革命，试验了各种政府形式（包括贵族政体、神权统治、君主专制、君主立宪制、共和制、民主制和独裁制等），遭受了一些独裁者或国王的出卖，经历过许多朝代的君主更迭和无数次的复辟以后，到了1772年，终于废黜了年迈的专制君王柯吕格；1782年又推翻了最后一代暴君利克斯多和柯罗拉米德。这时，有幸出现了一位真诚希望人民自由和国家繁荣的独裁长官。

“不朽的伊加尔深信这许多次革命的发生并不仅仅是由于政治制度的腐败，而且也因为社会制度有弊病，所以，他大胆地对这两方面制度（其实是一个统一的制度）进行根本的改革，代之以现在这种给我们带来幸福的新制度。

“你们可以看到，在出现伊加尔以前，伊加利亚的历史和其他一切民族的历史是大体相似的。

“明天你们将要听我讲到，我国在革命前的社会制度也和你们自己国家里的社会制度一样，弊病无穷，问题很多；而且，你们的社会弊病，也可以用我们行之卓有成效的办法来医治。”

我这里介绍的，只是狄纳罗首次讲课的主要内容。结束时听众再一次对这位高明的主讲人报以热烈的掌声，人们分手时都为人类所蒙受的压迫和不幸而叹息不已。

第二章　旧社会制度的弊病

狄纳罗说:“你们看到我们现在生活这样幸福,我们的各种制度又这样合情合理,完美无缺,一定不会相信我们过去的社会制度也是弊害重重吧!

“但是,你们要知道,旧的社会制度并不是某一个人或者某一次会议系统完整地规划出来的,而是在很长的时期里经过许多代人逐步地形成的。它没有经过仔细的考虑和详尽的讨论,而是偶然地或者说通过试验而确定下来的;不是来自经验与智慧,而是源自无知与野蛮;不是产生于高尚的理想和谋求人民幸福的崇高意愿,而是建立在罪恶、暴力、征服和压迫的基础上。这样的社会制度又怎能没有弊病呢?

“我们甚至可以说,那时除了贵族阶层以外,实际上并不存在什么真正的社会;贵族以外的人也并不是真正的社会成员。广大的群众只不过是一大群被征服者,像羊群一样遭受着一个由征服者和奴隶主组成的小型社会的压迫、奴役和剥削。

“社会的文明与进步,人们所受到的教育和启蒙,以及无数次的革命,无疑也矫正了原来的不少弊病;但是,到了 1782 年,我们光荣的伊加尔着手进行一次根本改革的时候,我国社会仍然遗留着无数不公平的现象,存在着大量的滥权行为、偏见、谬误和苦难。

“我希望你们能仔细地听我讲，因为，一切国家社会形成的过程，都大致相似；我将要叙述的伊加利亚旧社会制度的历史，实际上也就是所有国家里所谓的社会的历史。当然，这并不等于说，你们每一个社会都具有我将要列举的全部弊病。

“尽管我国那时的情景极其骇人听闻，我还是准备一无保留地把真相全部告诉你们。因为，当一种疾病威胁到生命的时候，故意闭眼不看或者否认危险的存在，绝不是挽救病人的办法；相反地，要想起死回生，就必须大胆地揭露创伤，诊察病情，查明病源所在，才能对症下药。

“如果我准备如实给你们介绍的这种种弊害使你们感到愤慨的话，我可要事先提醒你们，千万不要把人和制度混同起来。如果你们愿意，尽可以鄙弃和痛恨那些造成人类苦难的种种缺点、错误、偏见、倒行逆施和残暴行为；但是，对旧时代的社会组织者却要宽容公正，因为，他们中许多人的过错无非就是缺乏经验。他们本来还是想给自己的同胞谋幸福的，而且以为自己采取的办法是有效的，只是没有预见到这种制度可能造成的恶果。即使是那些征服者，你们也不要迁怒于他们。因为，他们之所以使用暴力，夺取权力与财富，是由他们所受的教育决定的，或者更确切地说，他们不过是沿袭当时的成规，也就是说，要归因于那个时代的野蛮无知；因而，他们那样做几乎是不可避免的。我之所以要给你们介绍五十年前我国所遭受的苦难，不外是想拿它来和我们今天的幸福繁荣作个对比，使你们相信，你们任何人也不应该对自己国家未来的幸福前程灰心失望。……好了，我现在开始讲啦！

“第一个根本的弊病就是财富与福利的不平等，一切其他弊病都是由此派生出来的。

“我不准备分析这种不平等究竟是否违背正义，我只打算列举一些事实与后果。不过，需要指出的一点是：这种不平等把伊加利亚民族分成了两部分人，即富人与穷人，幸福者与苦难者，压迫者与被压迫者；它使这两部分人彼此互相嫉妒、敌视和仇恨，双方不断进行战争。

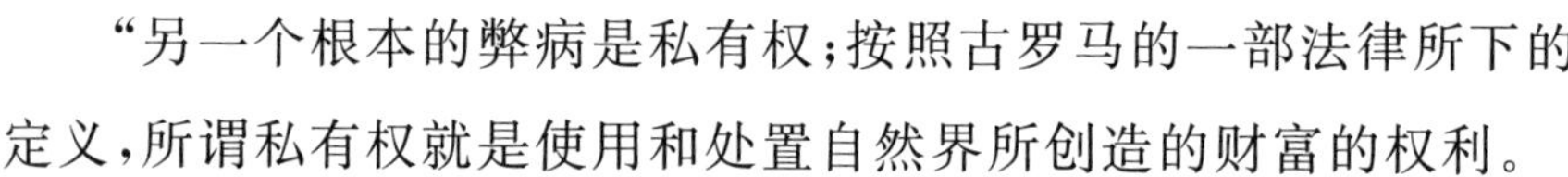

“另一个根本的弊病是私有权；按照古罗马的一部法律所下的定义，所谓私有权就是使用和处置自然界所创造的财富的权利。

“征服者们、或者说贵族们，从一开始就攫取了、也就是说侵占和盗窃了全部的土地以至全部的动产，加以瓜分，而且，还是不平等地瓜分，结果，虽然他们每个人都富有，但是，程度不等，有的成了巨富。

“从这时起，征服者便竭力使自己的财产、或者说自己的既得财富变成神圣不可侵犯。为此他们制定了一些法律，宣布任何奴隶企图夺回这些财产，就是盗窃，就是犯罪行为，而且还是一切罪行中最卑鄙的罪行，要处死刑、苦役或耻辱刑。

“为了使土地能在自己家族中世代相传，他们又在法律上规定了预定继承权或限嗣继承权，以及嫡子继承权。这些法律禁止贵族出卖自己的财产，同时规定嫡子有权继承父亲的遗产，而且往往还可以继承许多其他长辈的遗产。这样，贵族阶层就得以永远保有自己的全部财产，永远使人民处于贫困状态。

“后来，预定继承权和嫡子继承权取消了，一切财产都容许转让；但是，那些由于出身门第或者其他原因而拥有特权的人，在法律上仍然保有无限制地取得和积聚财富的权利，因此，全部财富还是归贵族和某些富裕的市民独占。

“法律只由贵族们草拟，他们当然总是根据自己的利益来作规定。因此，按照这种法律，只要拥有财产，即使是品德败坏，罪恶累累，也能享有权力与地位，理应受到尊敬；而穷人即使是最勤劳最高尚的，也只能遭受蔑视、侮辱和鄙弃。

“革命的前夕，伊加利亚的二千五百万居民中，富人大约只有二万五千人，小康者约十五万人，穷人则达二千四百八十二万五千人。那二万五千名富人拥有的财产，比全国其余那二千四百九十七万五千人总共拥有的财产还要多。富人几乎占有一切，那十五万小康者所得也很少，至于那二千四百八十二万五千穷人，则除了凭双手劳动度日糊口之外，完全一无所有。我们甚至可以举出，有的贵族拥有的财产，竟足以供养二三十万穷苦人过丰盛的日子。

“这二万五千名富人过着奢侈豪华的生活，而广大人民却连生活必需品也了无着落。

“这个贵族阶层不但游手好闲，不事生息，而且暴殄天物。他们或者把自然界原来用以供养人类的土地产品拿去喂养犬马，以助声色之乐，或者划出大片园圃、牧地、田野、沼泽，留作骋骑狩猎、远足游乐之所。我们甚至可以看到，有的贵族故意荒废大片土地，既不耕作，也不放猎，就是不让它生产粮食来养活千万嗷嗷待哺、濒于死亡的饥民。

“这个贵族阶层还从另一方面为害社会，他们为了豪华舒适，豢养着大批专为他们干活的家奴和工匠。

“我们甚至可以说，从前被贵族们称为奴隶和财产的全体人民，现在虽然去掉了奴隶的名称，却仍然是贵族的奴隶，因为，人民依然朝夕为贵族劳动，而贵族却从来不必为人民做半点事情。

“过去做奴隶的人民，取得的只是名义上的解放。他们只获得局部的、不完全的自由，只享有对某些物品的民事自由，而完全没有任何政治自由。因此，他们的所谓自由不过是一种事实上的奴隶状态，无非是地位稍有改变，情况与以前略有不同罢了。事情就像古代斯巴达的奴隶制之不同于雅典的奴隶制，其为奴隶制一也。这时，人民中的每一家人，尽管已不再是这一位或那一位贵族的奴隶和财产，贵族们也不再把人民的每一家人划归某一个贵族单独占有；但是，整个人民还仍然是整个贵族阶层的奴隶和财产，贵族始终占有着人民，剥削着人民，只不过现在是以另外的名义，在不同的条件下集体地、共同地进行占有和剥削。他们虽然允许人民自力营生，依靠工资收入来解决衣食住的需要，但是，却仍然支配其人身，随时可以征召他们入伍征战，并且强迫他们必须永远服从贵族的法律，也就是遵从贵族的旨意。

“因此，名曰自由的人民，实际上仍然是奴隶。

“这种奴隶受着残酷的虐待，过着极其困苦的生活，因为他们必须从童年就开始劳动，即使因为患病和年老丧失了劳动力或体力不支，也仍然要劳动，而且是每天从早到晚像役畜和机器一样不停地干活，从事的又是污秽、劳累、枯燥、有损健康甚至危害生命的劳动。

“过度的劳动摧残了儿童的健康，使成年人身心衰竭，大大缩短了人们的寿命。能够活到老年的为数极少，许多人死于劳累或疾病，或者因事故而夭亡。广大劳动群众健康衰退，每况愈下，妇女失去丰姿美态，音容尽没。因此，和贵族相比，工人群众简直成了另一种生灵，几乎不成其为人类了。

“工人们唯一所得的是工资，而这种工资又寥寥无几，因此他们营养不足，衣衫褴褛，住居拥挤破敝，而且长年为来日担忧。许多人充饥无粮，衣不蔽体，满身污垢，栖身地窖堆房，甚或洞穴阴沟，更不用说家无长物，不见炉火了。几乎所有工人的生活都非但不如贵族的家奴，而且不及贵族的犬马；其中许多人的境况比旧日的奴隶还要凄惨，甚而比役畜还不如，因为，牲畜究竟可供贵族使役，所以贵族多少还关心对它们的饲养。

“许多人甚至连工作也无着落，他们在社会上的处境甚至还不如森林里自由自在的野人、走兽幸福！

“那时，人们可以看到成群结队的乞丐和流浪汉，他们的样子与其说像人，不如说像鬼怪！

“穷人要是迫于饥寒，敢于触动贵族半点多余之物，便被视为盗贼、匪徒，要受监禁，服苦役，往往还因此被处死。穷人偷一只鹧鸪或者家兔，贵族老爷就可以把他们杀死！

“因此，人们经常可以看到老人儿童或成年男女死于冻饿，或者因为生活无着而自寻短见；甚至，还可以看到做父母的为了解脱儿女的苦难而亲手夺去儿女的生命！

“个别乐善好施的富人和某些慈善团体，还有政府（依靠它征收的一种所谓济贫捐），虽然也给贫苦家庭发放一点救济金和施舍一些粥饭，设立几所收容老弱残废的救济院，开办几个容纳身体还健壮的人做工的工场，但是，这一切都无补于万一。

“对于这无数不公平的现象，我们今天都会感到义愤；这样大量的野蛮现象，我们也简直难以置信；但是，你们中的很多人会发现，我所提供的这幅触目惊心的图景，完全逼真如实，而且还只不过描述了其中的一小部分，远没有包括全部的事实。

“但是，你们千万不要忘记，我之所以要回顾过去这些使人伤心怵目的情景，并不是要激起你们对当时人们的愤恨，我的目的不过是想通过这样的对比给你们介绍治疗这些社会弊病的途径，指出它的成效，使你们对根治自己国家的弊病充满希望。

“货币本来是作为一种有益的东西发明出来的，可是结果却适得其反，它使贵族们可以把难以大量堆积和长期保存的土地产品换成金银货币，积攒起来，从而不断地增加自己的财富。

“这一来，货币就代表了一切。每一个人都在追逐金银财宝，渴求资产与财富。它成了至高无上的物品，首屈一指的目标；只要能够发财致富，什么手段都是可取的。

“而实际上，往下我们就会看到，货币、财富的不平等和私有制三者，乃是一切弊害、一切罪恶的根源，它们不仅给穷人、而且也给富人带来了灾难。

“在千百万人缺少生活必需品的情况下，自己却占有和保存着多余的物品，这显然是一种非正义的行为。

“因为，一切人自出生时起，一切儿童自襁褓之日起，自然界就已经赋予他们以生存和享受幸福的权利，这难道不是明白无疑的吗？大自然创造地球万物是为了供一切人平等地享用，满足他们彼此相同的需要，这一点难道能够否认吗？

“大自然并没有事先把人划分为穷人或富人，它希望人类的每一个成员都能过丰足的生活，而且是平等的丰足生活，这难道还容置疑吗？

“那种必须有一部分人处于贫困状态，而另一部分人才能保持富裕的现象，在大自然的心目中，从理性、正义和人道的观点看来，难道不是一种持续不断的掠夺行为吗？

“尤其是，这种最首要最根本的不公平现象，难道不正是人类一切弱点和恶性,诸如自私、虚荣、傲慢、不人道以至残忍心的主要根源吗?

“那些拥有财富的人的大量所作所为,不正是体现着这种种恶性吗?

“因此,这些人拼命吹嘘自己的功德慈善,完全是徒劳的。他们对财富的占有,他们把人们驱赶进悲惨境地的行为,必然不断地促使穷苦人起来声讨他们的所谓慈德善行。

“拥有财富的人甚至根本就无权标榜自己是什么基督信徒,无权吹嘘自己的宗教虔诚,因为,基督的主张正是:人皆兄弟,不应有贫富之分。

“不过,囿于所受的教育和周围的偏见而堕落的富人,并不只是对待穷人才这样残酷无情;富人与富人之间彼此也不平等,富裕程度较低的人也总是嫉妒和羡慕比他们更为富裕的人的运气。由于他们谁都贪得无厌,所以对财富的需求不但不亚于穷人,而且总是更加强烈,以致不惜从事种种罪恶行为,务求达到增长自己财富的目的。

“贪婪、愚蠢和致命的吝啬,往往成了他们最本能的情操。

“游手好闲的生活使贵族们终日想入非非,追逐奢华,耽于赌博,尤其是醉心酒色,骄奢淫逸,腐化堕落,从事种种不轨行径。他们甚至不满足于以劳碌和贫困夺去穷苦人家的父亲、丈夫和男孩的生命健康,而且利用自己的财富引诱劳动者的妻女,把纠纷和耻辱带进劳动者的家庭。

"事情并不止于此。贵族们为了维持贫富不均这种最根本的不公平现象，还竭力使穷人永远地愚昧无知，甚而故意使他们沾染各种恶习，以便于禁锢和奴役他们。

"然后，贵族们又向人民大谈其伦理道德，劝诫人们要克己忍让，谦恭自守；那些穷奢极欲、卑鄙龌龊的教士则妄事宣扬宗教，这不全都是废话连篇吗？因为，他们的罪恶行径比他们的伪善言词更为雄辩，他们肆无忌惮地为非作歹的榜样，本身就不断地鼓励人们去作恶。

"富裕和过剩，就像我前面已经说过的，本身就是一种不公平的现象，是掠夺的结果；而穷人也往往一心想着如何盗窃富者。结果，种种形式的盗窃行为，诸如诈骗、偷窃、拦劫、背信、伪造、冒充等等，几乎成了不仅富人而且穷人也在内的一切人的普遍职业。

"穷人不仅盗窃富家，而且也盗窃穷户；这样一来，所有的人们，不论穷富，都既是盗贼，又是窃主。

"盗窃名目之多，盗贼种类之繁，实在使我难以穷举。

"富人们虽然制定种种恐怖的法律来制裁盗窃行为，在监狱和苦役场里关满贫苦的窃贼，而且常常杀人示儆，却仍然一无成效；穷人们为贫困所驱迫，又抱着逃脱法网的侥幸心，便跑到田野和大路上作案，进入家屋盗窃，直至夜间在城市街道上拦劫。

"机警的扒手在人们身旁下手，光天化日下在街道、公园和公共场所中作案。

“斗胆的骗子使用各种谎言和计谋，高价出卖一些低贱的物品，或者利用人们的盲目轻信、甚至往往利用人们的善良心地来诈骗钱财。

“更不用说，还有那么一批伪币制造者和种种的伪造诈骗犯！

“至于那些道貌岸然的江洋大盗，如高利贷主，交易所和银行里贪婪狡诈的经纪人，囤积居奇、垄断市场的奸商等等，更是不在话下。

“也不必去提那些借天灾人祸大发横财的人，他们盼望甚至煽动外敌入侵或者出国征战，好让自己聚敛财富，或者是利用饥荒，在人们的尸骨堆上搜刮金银。

“还有那些出售搀假的饮食、危害公众健康的奸商，以及那些带着军队劫掠其他民族以致自己国家面临报复危险的军队将领，显然也用不着我再提了。

“此外，还有无数其他损人利己、发财致富的办法，以及几乎各个阶层里天天在使用这些手段的各色各样人物，难道需要我来一一列举吗？

“上述的这些行为，在法律上都不列为盗窃罪，同样，那些只有富人才干得出来的最不可饶恕、为害最烈的恶行，尽管从神圣的道德原则看来是十足的盗窃罪，在法律上却偏偏不受惩罚！

“当然，各个阶层中都有大批的例外人物。有的富人确实非常正直，劳动者中也有许多人放荡淫逸；但是，我们完全可以说，作为事物本身的规律，任何个人，不论是富人或穷人，一般都不可避免地被迫从事某种在实际上是盗窃的行为。这是财富不平等现象造成的必然后果。

“同时，盗窃还往往发展成各种残暴的罪行，如谋财害命或者为了胁迫事主供出钱财所在而极其野蛮地折磨他们。

“弑父鸩母的罪行不也是因为贪图金钱和遗产而产生的吗？

“人们不是还可以看到，有的盗贼拐骗和劫持少女幼童，出卖为娼吗？

“人们甚至可以发现，有的青少年被人劫走或勒死，皮肉或尸体遭到沽售吗？

“总而言之，社会上谁也不能信任，哪里也不安全，几乎所有的人都是敌人。可以说，整个社会就活像一片禽兽出没、盗匪横行的丛林！

“你们现在到处或多或少地可以看到的这些骇人现象，在革命前的我国都存在过，在其他国家当然今天也仍然存在着。有一点我再重复一下并不是多余的，就是：这些现象都是私有财产不受限制的必然结果。

“不过，财富不平等并不仅仅产生盗窃和杀人，你们将看到，它还造成许多其他恶果！

“私有财产使邻里之间、店主与顾客之间、继承人彼此之间发生无数的纠纷。由于贪图私利而引起的成千上万起诉讼，折磨着当事人，而且使他们倾家荡产。

“大批的少女为贫寒所迫，沦落为娼；母亲不得不出售儿女，丈夫竟然变卖妻子！

“考虑婚姻时起决定作用的是金钱，人们追求的与其说是对方的品德，不如说是对方的钱财。做父母的往往不许自己的女儿嫁给她所钟情的男子，而强迫她委身于一个她根本不可能喜爱的年老富翁。还常常出现这样的情形：青年人因为贪图一笔巨大的嫁妆而宁愿娶一名富有的老处女。这一切使得家庭里、亲族间以至整个社会上纠纷丛生，混乱不堪。层出不穷的偷情外遇，给夫妻本人和他们的子女带来种种的不幸。金钱婚姻造成夫妻反目，导致私通，引起各种要求脱离父子关系或申请离婚的诉讼，而且往往因此酿成放毒和凶杀事件。这一切给儿童作出了罪恶的榜样，给了他们极其不良的教育。那种因金钱而胡乱拼凑的婚姻，还往往影响到别的夫妻和家庭，给他们带来种种麻烦和苦恼。

“贵族们喜爱的是财富和虚荣，因此他们都只要一两个儿女，好让孩子生活得奢华舒适。反过来，对穷人来说，即使只有两三个子女，也不免于匮乏，并不比有十个孩子轻松多少；而且他们除了醉心天伦之外，别无赏心之乐，所以，一般地说，他们子女都较多，负担加重，生活也就更为困苦。

“大批男女因为贫穷而无法成家。这无数独身者或者与怨妇私通，或者依人为妾，当然会给别人的家庭造成各种烦恼。人们虽然残酷地迫害这些无辜生灵，百般贬辱那些受人诱骗、不幸充当了社会弊病牺牲品的少女，想用这个办法来制止上述反常现象，却完全徒劳无功，而且适得其反，只会造成大量的堕胎、弃婴和溺婴事件，更增添了社会的混乱。

“寥寥可数的那么几个收容贫苦孕妇和弃婴的收容院，根本就无济于事；而被当成另一补救办法的妓院，则反而把这种伤风败俗的事情合法化，实际上起了推广淫秽的作用。

“色情图片、淫猥小说的出现，也是因为金钱。这些东西的作者不是为名，而是图利。它毒害灵魂，败坏人心，从而助长了社会的混乱。

“贫富不均的现象，也对整个社会的舆论、风俗、习惯以至文化娱乐起着极其有害的影响。

“贵族们因为游手好闲而百无聊赖，每年总把许多时间花在游猎上。经年射杀那些无以自卫的野兽，使他们养成了残忍的性格，变得对人类也冷漠无情，毫无人道。

“不断地赌博和决斗，使他们习惯于顷刻之间财富倍增或者倾家荡产，习惯于搜刮盘剥他们称之为朋友的人，习惯于把被夺走财产的对手的痛苦当成自己的快乐，甚至还习惯于为了图谋少许财产而残害自己的妻子儿女。

“他们在居室、摆设、服饰、饮食、仆从、车乘、马匹等方面，都是极尽奢华之能事，纵心所欲，漫无止境；为此他们可以挥金如土，互相炫耀，征逐虚荣，欲壑永远无法填平。

“他们最珍惜、最渴求的物品是什么呢？不是实用美观的东西，而是稀奇罕见、得自远方或者最赶时髦的东西。而时髦则几乎年年变换，因而不断要有新的花费。

“有的贵妇，身上的金银首饰、珠宝钻石、羽饰衣料，简直价值连城，足供几千穷人衣食住用而有余。

“勾搭引诱和卖弄风情成了贵族男女普遍的乐趣和生活的主要内容。有妇之夫总是金屋藏娇，另有情妇；已婚妇女也别有外遇。

“因此，不论是在剧院和沙龙里，或者是在小说上，到处都是卑鄙下流的色情图片，人们的心思似乎全用在如何刺激淫欲上。

“凡有舞会、音乐会、演出、集会或节庆，他们都趋之若鹜，因为这是炫耀财富和互相勾引的好机会。

“他们彻夜寻欢作乐，弄得精疲力竭，如疯似醉，然后白天又心神恍惚，大睡懒觉。

“做母亲的不自己哺养婴孩，而委诸佣妇奶娘，为的是腾出时间来饮宴作乐，私通幽会。

“整个社会唯一关心的就是财富。市民阶层和穷苦民众也千方百计效法贵族；哪怕自己成不了富翁，也要装出富有的样子。

“赌博和彩票的流行，追求奢华、尤其在服饰打扮上争妍斗丽的风气，阿谀奉承和卖弄风姿的习染，个人和公众娱乐嗜好的堕落，这一切不仅戕杀了有钱人，对穷苦人也是严重的毒害。

“至于宗教礼拜，诸如做弥撒，特别是晚祷，一般都像狂欢节似的，被用来幽会、姘合，从事种种荒唐的勾当。

“我不想去提那各色各样不计其数的酒馆茶座了。你们都知道，穷人到那里去是为了借酒浇愁，好忘记生活的困苦，结果却伤害了自己的健康；而且，往往在这些地方染上恶习，堕落得比禽兽还不如。

“我也不想提起贵族们在公众节日时从事的另外一种卑鄙的娱乐。他们像给饿狗施舍骨头一样，向百姓扔去一点食物，用意完全不在让百姓饱餐，而只是为了欣赏饥汉狼吞虎咽和争夺食物的情景！

“我不想给你们再详细叙述这些罪行和恶习所造成的全部可怕的后果了，因为它每一项都孕育出许多其他的弊端。要是我给你们谈起由于赌博和浪费、嫉妒和性爱、堕落和贫困等等而引起的许多自杀、决斗和杀人事件，你们一定会惊心怵目。

“关于这方面，大概我已经说得太多了。不过，我的目的无非是帮助你们了解一下过去长期使我们的祖先遭受苦难的那种社会制度的种种弊病罢了。现在，请允许我再补充几句，说说我们国家当时的物质状况。

“贵族阶层一直在压迫人民，因此不断遭到反抗；他们经常以恐怖对待人民，也就时刻有被推翻的危险。因此，他们朝思夕虑的是如何保护自己，怎样加强对人民的统治。

“他们有着难以克服的困难，根本无法管理国家；可是，另一方面，他们又猜疑人民，不相信民众的智慧和力量，不愿意让城乡自治城镇的人民自行管理其事务。

“结果，凡是可以称为行政管理的工作，一般都无人过问，或者腐败不堪，半点有益于人民的事情也不做，整个国家是一片混乱。

“城市几乎都是偶然形成的，完全没有规划，因此坐落位置不当，建筑杂乱无章。有钱人居住的地方，还可以看到几条像样的街道，其余地区的街道，大都是晴天尘土飞扬，雨天泥泞满地，既狭窄，又无人行道，既不通风，又欠卫生；有的街道更是到处坑洼不平，沟洫纵横。

“贵族们当然可以坐着华丽车辆舒舒服服地赶路；车马过处，溅得穷人一身泥巴，甚至把他们撞伤轧死。穷人呢？只好在泥泞中安步当车，而且往往是赤脚行路，不但艰难不便，而且经常有遭遇事故的危险。如果我给你们举出那时候随便哪一个大城市每年发生的事故和伤亡的数字，你们一定会大吃一惊。

“私有财产被宣布为不可侵犯，每一个私有主都有任意使用和滥用其财产的权利，他们总是想方设法牺牲公众的利益来满足自己的欲望。

“贵族们和那些达官显宦全都是有钱人，他们有华丽的公馆邸宅，而穷人住居的房子和工作的厂房，却总是拥挤不堪，肮脏已极。

“贵族们都在乡间拥有精致的城堡；可是，百姓的村落和庄园却是到处污泥粪土。

“说到首都，人们确实也看到一些宏伟的建筑物和华丽的住宅区，但是，这是牺牲了全国其他地区的利益，专为富人的享受而修建起来的。而且，围绕这无与伦比的富裕情景的，是惊心怵目、令人伤心的贫困现象；人们在这些豪华的建筑物四周，可以看到杂乱污秽、臭气熏天的街道。

“城外的大路也几乎都是胡乱开辟的，而且施工质量低劣，大都很不实用，从来不考虑怎样方便只能步行的穷人，有许多本来可以避免的危险根本不去预防。你们要是知道每年穷苦人在大路上或河流上遭受了多少事故灾害，一定也会吃惊不已。

“可是，通往城堡的马路，却保险都是平坦笔直、宽阔安全。至于农业生产和村民生活上需要的道路，则一般都是坎坷不平，乱石遍地，或者是悬崖峭壁，险象环生。

“这样的道路，当然又是事故丛生之地！

“游手好闲和不务正业，是另外两项重大的弊端。

“你们要是计算一下有多少无所事事的贵族，有多少为害人民的官府差吏、警察密探、军队士兵，以及只为富人服务的仆役家奴、僧侣教士和奢侈品工匠，就一定会发现，有成千上万双手根本不从事有益的生产。想想这是多么巨大的损失呵！

“同时，作为人们食用来源的农业生产，却遭到忽视。全国究竟有多少土地没有耕种，虽然确实的数字我不知道，但是最少也有三分之一！牲畜饲养也是听其自然，无人过问或者遇到种种阻难。结果，上天虽然赐予我们如此广阔肥沃的土地，足够供养两三倍的人口，广大穷苦农民仍然不免死于饥饿！

“劳动组织本身的缺陷，也是使社会蒙受损失和个人沦于贫困的另一根源。穷人们不甘于总是受压迫，要求起码要有选择职业和从事经营的自由；但是，他们被剥夺了知识与消息的来源，对周围的事物，不论远近，了无所知，因此只能碰上什么干什么，职业的选择完全是偶然的。全部劳动人口，就像在一座毫无秩序、一片混乱的工场里干活。因此，就出现这样一类情况：木业中工人过多，铁业又嫌人手太少；某种产品过剩，另外一种产品又短缺，比方说，酒太多了，面粉却太少；以及，本来存在着比较优越的新工艺，可以保证降低成本、提高质量，但是却由于无知而仍然袭用古老落后的方法。不必我多说你们也能想象到，这种情况使得多少劳动人民和他们的家庭无以为生，社会上又有多少产品不是缺乏就是浪费掉！

“由此还造成大批的破产倒闭，而且像连锁反应一样，持续不断地发生，从而造成工商业危机，毁灭着社会，形成了恐慌。

“机器本身也是偶然凭天才制造出来的；而且它的出现既是好事，也成了一种灾难。因为它往往在替少数人创造巨额财富的同时，给其余的千百万人带来了更大的苦难。后者由于绝望，便破坏机器，焚烧厂房，杀害业主，直至这些被迫疯了的群众遭到政府士兵的屠杀或者在断头台上牺牲为止。

“面对着造成这样大量可怕灾难的社会制度，我和你们一样，痛心疾首，愤慨不已。

“但是不幸的是，我们过去的政治制度所造成的弊病和灾难，也毫不亚于我们旧日的社会制度。这一点你们明天就会明白。”

第三章　旧政治制度的弊病

“昨天我已经给你们列举了我国过去社会制度的弊病和它的灾难性后果，而且我想我也已经充分证实了我的看法，就是：这种种灾难都是财富不平等、私有财产和货币这三个根本祸害的必然后果。

“今天我要给你们讲的是我们旧日政治制度的各种弊病以及它的那些同样是致命的恶果。你们将发现，这种不良的政治制度和它所造成的种种灾难，也是来自那三个最根本的弊病，即财富不平等和它的两个难兄难弟，是这三者的必然后果。

“你们还将发现，伊加利亚过去政治制度的历史可以说并不是别的，就是欧洲和全世界现存政治制度的历史。因此，你们不必失望，你们今天在我国看到的这些改革，将来也会在你们国家里实现。

“显然，我没有必要向你们重复指出：正义和哲学都要求你们不要把人和制度混为一谈；因为，不良的政治制度或社会制度是一股既淹没穷人、也席卷富人的狂流，几乎所有的人都将迟早不同地或者一起地蒙受其害。……好了，现在来谈事实吧！

“你们还记得，我给你们说过，1772 年，也就是我们进行社会和政治革新的十年以前，利克斯多和国内那两万五千名贵族或富人，出于维持自己富裕地位的必要，曾经千方百计地攫取权力，主宰国家。

“负责制定宪法、规定政府制度或政治结构的，是他们自己或者是他们所授权的人。

“请你们注意：宪法竟然由贵族们单独来制定！这句话就完全足以说明一切问题，因为它事实上已经给你们揭示了那个必然会产生无数其他弊端的根本病害，向你们预示了一切事情的安排都将有利于巩固一部分人对另一部分人的统治与压迫。由此，你们也就不难想见必然会出现什么悲惨的后果了。

“贵族们本身时刻需要维护自己的财富与地位，因此便尽力把持一切权力，其中也包括立法权与行政权。结果，贵族阶层的意志就是法律，而且他们行使着绝对的权力，或者说实行专制；至于人民呢？实际上只是一大群奴隶，轻重不等地受着自己主人的虐待。

“但是，为了束缚人民便需要欺骗人民，所以，这帮主人们就在自己的宪法里标榜什么主权属于人民，什么代议制政府，什么自由等等；他们甚至承认每一个伊加利亚人在法律面前一律平等，企图用这些空话来蒙蔽无知的人们，阻止那些生活犹如牛马的人们起来反抗。

“贵族们掌握着立法权，并且通过他们每十年选举一次的二百名议员来行使；政权则委托给一位实际上只是贵族手中的工具的世袭女王。

"我不准备分析这样组成的政府究竟是属于贵族君主制还是王权贵族政治，不过有一点是可以肯定的，就是：女王本人及其家人和亲族，都和贵族一样，利益与人民对立；她即使不是人民的敌人，最少也是反对人民的。同时，也可以肯定，贵族、议员和女王全都是人民的专制者和主宰者。

"因此，女王的称呼是'陛下'、'君主'，她的子女是'王子'、'公主'，称为'殿下'，她的大臣成了'阁下'；老百姓呢？则只是'臣民'。

"贵族阶层从自己的利益出发，为了确保人民能死心塌地服从国王，当然要把女王尊为神明，而且还给人民作出示范，向女王匍匐礼拜，把她的点滴赏赐当成无上的恩典。

"同时，为了束缚人民，他们还需要诱骗、腐蚀和分化穷人。他们采取的最险恶手段之一，就是利用穷人的虚荣心。例如，由女王出面邀请市民或穷人中最出众的妇女参加宫廷节庆，甚至出席王室宴会；女王让她们亲吻御手，躬问她们的子女和丈夫的情况，了解她们的生活细务，有时甚至关心到她们家里的猴子或鹧鸪喂养得如何。她有时又故意目扫一下这些来自市民阶层的女宾，以激发她们更大的虚荣心。至于这些妇女的丈夫们，只要女王开恩赏赐他们一个什么'袜带骑士'[1]、'便鞋骑士'、'胸针骑士'或'梳子

〔1〕 1348 年英王爱德华三世与一位伯爵夫人跳舞时，伯爵夫人掉落一只袜带，英王拾起，当场赐予"袜带骑士"称号，以后一直保留这个骑士封号。此处所列其他称号，只是虚构，含讽刺意味。——译者注

骑士'之类的称号，便受宠若惊、神魂颠倒；尤其是女王陛下一旦屈尊亲自给他们佩上一双小小的金袜带或者一个银梳子，那他们便更是引为无上光荣。

"既然如此，你们说说，女王又怎能不设法激发穷人的虚荣心呢？穷人们又怎能不向往虚荣呢？

"出于同样的目的，贵族们又授权女王任命将近十万名官吏、或者说王权代理人；而女王则总是从贵族和市民中或者是被她收买的穷人中选拔官吏。这样的穷人通常都是本身就品质恶劣、秉性贪婪，一心要摆脱贫困而不惜出卖良心。既然有这样一些卑鄙的人自甘堕落，女王又怎能不去收买他们，把他们拉进富人的行列呢？生活在困苦中的人又怎么能抵抗得住这种腐蚀呢？

"人民要求实行大臣责任制，可是，对贵族们说来，接受这种要求就大有风险。难道不是有必要找出一个表面上似乎同意而实际上却是拒绝的办法来吗？由此，宪法便规定大臣及其下属要对舞弊行为担负责任。但有权追究他们的却是贵族本身，结果，大臣们为了贵族的利益而侵害人民的任何行为，一律不受处罚，甚至反而受到赞扬。所以，所谓大臣责任制，只不过是一种骗人的鬼话。至于大大小小的官吏差役和军警人员的横行霸道，你们虽然完全知道这当然是受到贵族的保护和支持，并且得到大臣们的鼓励的，但是，你们却很难想象到这种专横行为又是多么严重和普遍！

"女王及其家庭除了和利克斯多一样拥有五千万以上家财外，

贵族们还每年从国库里以内宫费用的名义拨出两千五百多万法郎供王室挥霍浪费和宫廷豪华开支之用。

“此外，女王还拥有大量华丽的宫殿。

“她的亭台楼阁是富人们约会和献媚之地；而且，这里不断地进行着各种秘密活动，策划各种反对人民的阴谋；从这里向整个国家散发奢侈、野心和贪婪等等毒害人心的臭气。

“但是，这一切对贵族们说来难道不是完全必要的吗？

“除了那两千五百多万内宫费用之外，贵族们还把每年多达九亿法郎以上的捐税交由女王通过所谓国家预算的形式来处理，也就是确定国家的收入与开支。

“这九亿法郎主要课自穷人，而且你们马上就可以看到，它几乎完全用来维护贵族和女王的利益，其中，部分用以支付贵族官吏的巨额俸禄，部分用于收买拥护王室的穷人，部分则用于维持一支专门保护贵族和王室的庞大军警。

“对于贵族们说来，这些做法不也是不可缺少的吗？

“在这笔巨大款项中，只有几百万用在教育人民的事业上；人民的福利支出勉强算是有那么四五千万，不过，人民也不可能直接受益，首先得到好处的还是贵族，因为，贵族的利益任何时候都是决定捐税收支和制定法律的依据。

“可是，贵族的利益不正是要求这样做吗？

“至于捐税的征收，贵族们总是重课穷人，不惜毁灭他们，富人则几乎完全豁免。一方面是，让贵族保持大量的多余财富而免征其奢侈品税，对富人的大量租税或资产收益也不征课；另一方面是，穷人被迫把他们的一部分生活必需缴纳给国库（其实也就是交给女王和贵族），不论是吃饭呼吸，居住破房，采光取暖，干活营生，甚至读书上学，统统要交税。包括食盐在内的几乎一切食物，饮用的酒类和其他饮料，烧火的劈柴和木炭，住房的门窗，就业证和每天的报纸等等与穷人日常生活有关的东西，一律要纳重税；甚而他们接过死去父母的一点破床烂席，打个官司，承继债务，以至遭逢天灾人祸或破产倒闭的损失，全都难逃征课。

“至于彩票房、赌场、妓院，虽然也要收税，却不是为了制裁它，而是想借此搜刮穷人的最后一文钱去充实国库。贵族们之所以允许这类伤风败俗、摧残生灵的魔窟存在，恰恰是为了替国库聚敛钱财。

“总之一句话：穷人只有一点可怜的工资收入，却总共负担着四分之三以上的捐税！

“这些捐税之所以是一种灾难，不仅是因为它使人民越发贫困，而且因为它败坏道德，诱使群众堕落，而且税吏的专横也使得民不堪扰。

“尽管谁都认为捐税征收很不公平，甚至迹近盗窃；但是，谁又都肆无忌惮地撒谎作伪，发假誓，耍计谋，想方设法欺骗税吏，偷漏捐税，盗窃国库。富人们在这方面更是带头示范。因此，蔑视法律和弄虚作假成了社会普遍的风气。

“另一方面，税收人员因为熟知纳税人的种种欺骗手段，也采取各种办法来查缉和防范走漏税收；财政部门又答应在完成任务时从税款中给他们提红，用这种办法来鼓励他们不择手段、甚至使用暴力来征收。因此就出现这样的情况：有的生产部门负担了阻碍生产发展的苛重捐税；为了收税而上门搜查，连病人或孕妇的床榻被褥也要翻查；设立地方税卡和国境海关；行旅携带的物品、甚至随身的衣物被税吏收缴一空。结果是，人民遭受各种骚扰和损失；种种的舞弊行为、不胜其数的暴行和难以容忍的污辱层出不穷。这些如果细讲起来，大家一定气愤至极。

“这难道会不引起天怒人怨吗？可是，贵族们既然想从人民身上搜刮巨额的捐税，这一切做法不也是绝对必要的吗？

“不过，金钱捐税究竟还不如血税来得苛重呵！每年除了那九亿法郎的预算以外，贵族们还授权国王从满十八岁的青年中征召几十万士兵。富人子女可以豁免，或者以少量金钱雇人顶替，或者入伍当官，专门发号施令。结果，这几十万士兵全是穷人心爱的精壮儿子，他们正当劳动年龄，却从生产部门里被抽调出来，而且本来正可以开始工作挣钱，替父母分担忧患，竟被夺离家庭。他们被迫去守护贵族们的宫室园圃，或者为贵族们实现其侵凌异国的野心和维护对人民的统治而战死沙场。这些士兵实际上是被用来压迫自己的父母和杀害自己的兄弟姐妹。

“还有比这更残忍无道的奴役吗？可是，贵族们唯一追求的是自己的幸福享受；这样一个严酷无情、不可更易的规律，支配着他们驱赶穷人去蒙受战争的危难和挑动一部分人民杀害另一部分人民。

“我没有必要再给你们引述其他的法律了，因为，你们都明白，法律既然都是由贵族们制定的，当然只能是维护贵族的利益，反对人民的利益。我实在举不出有哪一项法律是有利于人民的。

“而且，这些法律都是多少世纪以来东拼西凑地累积起来的，是经过二十次改朝换代遗留下来的，因此数目繁多，杂乱无章，相互矛盾，或者晦涩难懂，模棱两可，以致连最有学问的法学家也不大容易分辨和理解。

“尤其荒谬悖理的是，这些法律本来是针对占大多数的穷人而制定的，人们一旦违反，便要受到惩罚；可是，穷人们却对它一无所知，更不用说理解它的内容了。

“在穷人心目中，法律只是非正义和压迫的产物，他们又怎么会热爱和尊重法律呢？因此，贵族们虽然从自己的利益出发不断地宣扬法律如何神圣，要求人们尊重和服从法律，却完全是徒劳；事实是人人都在千方百计地规避法律，只有施加威胁，运用刑罚，采取暴力，法律才勉强得到执行。

“事情还不止于此：除了无知的人感觉不到专制，懒散的人容忍暴政，贪婪的人则为专制服务以外，其他的人都牢骚满腹，愤懑不平，而且还起来反抗。因此，不断发生动乱，出现各种从事自卫或起义的组织，暗杀和暴动层出不穷，屠杀与镇压连绵不断，甚至爆发恐怖的内战。

“但是，我再问问你们：所有这些不但穷人而且富人也遭受其害的恐怖现象，难道不都是由于贵族热衷财富和权力而造成的恶果吗？难道不是因为人类天然地热爱独立和自由而在所难免的吗？

“在贵族和女王那方面，这时由于本身的生存也受到威胁，所以考虑的是如何保护自己和制止敌人的反抗。因此，就像别的国家里白人奴隶主制定种种法律来镇压黑人奴隶一样，这里的贵族也每天都在制定一些新的法律来镇压自己的白人奴隶，瓦解人民，阻挠他们组织起来，禁止他们集会结社，解除他们的武装，不许他们阅读书刊、发表言论和文章。

“每天都颁布新的法律，规定一些新的刑罚，增加判处罚金、没收、监禁、流放、苦役和死刑的条款，到处使用这类恐怖手段！

“为了实行这些恐怖的法律，他们还制定另外一些法律，授权女王组织一支队伍庞大的警察，一支编制臃肿的军队，一支人数众多的民团，以及各种各样的法庭。

“这一切不都是一整串相互联系的必然后果吗？

“警察以种种借口不分昼夜地侵犯穷人的住宅，翻查家具衣物，检查文件书信甚至私人函件，盘问一切他们认为需要知道的事情，而且从妇女手中抓走丈夫，从男人手中夺去妻子，从孩子身旁抢走父亲，或者从父亲身旁抢去孩子，有时甚至把全家逮捕，投进监狱，然后送上法庭审讯判刑。

“警察还多方诬蔑他们没有抓到的人。凡是按他们的标准看来，嫌疑愈大的人，他们就愈是恶毒地诽谤，破坏这些人的名誉。

“他们在全国遍撒密探，指使他们在穷人中制造分裂，挑唆穷人互相嫉妒、敌视和对立，并伺机叛卖和密告，还千方百计地诱骗、腐蚀和收买叛徒和告密人。

“一大批挑唆者甚至先挑动穷人从事密谋，然后又加以告发、逮捕和判刑；另外还有大批所谓暗检人员[1]，专事侵犯通信秘密，检查来往信件，然后使成千上万的人身陷囹圄。

“为了进行这类卑鄙活动，贵族们出资在穷苦人和盗匪、囚徒中收买特务。他们正是依靠这样一批诡秘人物来侵犯住宅，伤害人身，破坏公民自由和家庭名誉。

“可是，贵族们却喋喋不休地谈论什么秩序、道德、品行、忠诚和荣誉等等！

“我完全可以想见，你们听到这里一定都抑制不住自己的愤怒。

“可是，对于不幸深受这种社会制度之害的人类，你们应该抱同情的态度；因为，既然前人已经制造了富裕与贫穷，贵族阶层难道能够不使用暴力、专横、诽谤、腐蚀、挑拨、告密、叛卖等等手段，能够不使用社会渣滓来充当警察密探吗？难道能够不出现那么一批宁愿要金钱和权力而不甘于贫困和坐牢的穷人吗？

“各类法庭都是秉承贵族和女王的旨意建立的，因此必然是根据他们的利益来行事。这些法庭是什么样子，你们一定猜想得到。

[1] 暗检室是普、法、俄等国专制政府为镇压革命运动而设立的特务机构，专门检查书信。——译者注

它的组成人员都是从贵族或他们的支持者中挑选出来的，所有的法官都从属于女王，他们梦寐以求的是王上能给自己和自己的子女赏赐一点恩典。本来，真正的司法应该是公正不阿。可是，这样选拔出来的法官，哪怕是品德最端正的，从根本上说又怎能做到这一点呢？而且，贵族们从本性上说又怎么会不想把他们认为必须惩罚的敌人一概判罪处刑呢？

“因此，尽管监狱多不胜数，仍然不足囚禁所有的政治犯。至于这些监狱，又是个什么样子呢？通常都是阴暗潮湿，污秽不堪，根本不是人住的地方。它纯粹是报复与压迫的工具，是人类的耻辱与罪过。

“可是，所有这些法律、警察、法庭，连同它们的那些判决、刑罚和种种镇压措施与恐怖手段，都远不能带来纪律与顺从，而只能增加不满与仇恨，激起人民更大的愤怒，迫使他们举行暴动和起义。

“如果说，受压迫者激于义愤，必然要起来暴动，那么，贵族们出于维护自己统治的存亡必要，不是也一定要镇压暴动吗？

“因此就出现所谓民团和军队。

“你们也一定想象到，民团完全是为了镇压人民而组织起来的。

“至于军队，虽然因为它是从人民中征召的，所以同情人民；但是，它是在贵族的指挥下，本身就是为了维护贵族利益而建立的，士兵受着种种的欺骗、引诱和恐怖法律的恫吓，而且又受到军事权威和军事纪律的支配、约束和强制，所以，不可避免地是贵族们用以压迫士兵的父老兄弟的工具和压迫士兵本身的工具。

“事情并不到此为止。我们再看看贵族们出自必要还干了些什么。由于民团和军队里都有许多来自人民的分子，贵族们感到由它来保护自己还不够可靠，便授权国王组织一支贵族卫队和一支禁卫军。他们甚至还组织一支外国雇佣军；五万名迫于饥寒为了高额军饷而卖命的雇佣兵随时准备着出动镇压人民。

“但是，人民的愤恨极其强烈，因而，尽管有这许多武力，还是吓不倒不满的人群，也制止不住暴动；城市里不论街道上或房屋里都进行着战斗。

“不过，在开始讲述作为我们过去的那种社会制度的必然后果的内战和革命以前，让我们先看一看政府的另外两种工具，即公共教育和宗教方面的情况。

“贵族阶层既然想极力维护不平等制度，又怎么会让穷人受到任何有可能使他们意识到自己的平等权利的教育呢？

“与此相反，贵族们因为害怕人民觉醒，便只允许那些忠于贵族的教师任教，而且只许他们讲授那些对贵族有利、或者至少是无害的知识。任何教师胆敢在谈论政治时不引导学生盲目遵从女王和服从贵族的法律，便被当场作为叛国犯处决。

“半数左右的居民，不会读书写字；其他的穷人也所知无几。市民阶层中的青年人，需要浪费大量时间来学习古代语言或者其他迹近无用的知识；贵族们则只习琴棋书画、风花雪月一类闲逸之务；报刊一律经过严密的检查，负担着苛重的税捐，受到各种法律的限制。人民对自己权利的认识，都是在文明不可抗拒地发展的情况下，不顾政府的禁止，自己在校外学到的。

“说到家庭教育，那么，既然大部分做父母的都在贫穷的重压下和旧社会制度的摧残下，变得愚昧无知和颓唐堕落，本身就不过是些成年的孩童，又怎么能培养自己的儿女成长呢？

“至于贵族们自己，因为原来从父辈接受的就是不良的教育，对自己的孩子也只能进行同样的教育。他们引导儿女为非作歹，灌输各种偏见，培养他们自视高人一等，理应指挥那些生来就应该服从的百姓。因此，他们把政府迫使大多数人愚昧无知和盲目顺从的做法看成是一种德政。

“可以肯定无疑地说，这是人类的一种罪过，或者更确切地说，是人类的一种灾难。但是，这不也仍然是那个不良的制度必然导致的后果吗？富人的一切恶行，就如穷人的一切恶行一样，不都是他们所受的世代沿袭下来的可诅咒的教育造成的恶果吗？

“不论富人或者穷人，又怎么可能不成为这种灾难性教育制度所希望培养的那种人呢？有一点我再重复一下恐怕不是多余的，就是：既然我们自己也禁不住要诅咒这种万恶的教育制度及其万恶的根源和后果，那么，理性、哲学和正义怎能不严厉要求我们原谅和同情一切受这种教育毒害的人们呢？

“贵族所以要垄断公共教育，目的就是为了麻痹人民，使人民永远处于无知状态。与此同时，他们又把宗教作为更有力的愚民工具，而美其名曰启导人民。

“那些基督教士们长期以来便排斥异端，血腥地迫害异教徒；这时候，他们仍然起着支配的作用。

“他们所控制的济贫教师和耶稣会员把襁褓儿童也掌握在手中，竭力使他们愚昧无知。他们甚至宣传一些所谓上天新降的神谕和其他种种奇谈怪论。

“其次，他们在作教义答问、布道和祈祷时，总是把女王与神明混同起来，故意神化女王。

“他们手下的传教士遍走村庄城市，极力煽动妇女和老人的宗教狂热，散播迷信思想。

“但是，尽管他们喋喋不休地重复宗教啦、道德啦等等字眼，却完全是废话连篇；原因是：他们对金钱的贪婪，他们每天在神物圣事上从事的卑鄙交易，他们为富人举行葬礼时所作的庸俗铺陈，他们在无可奈何的独身生活中经常犯下的丑行甚至罪恶，已经把宗教和道德完全淹没在他们自己所掀起的一片鄙视和仇恨的怒潮之中。

“此外，既然那个最强有力的传道者、即政府，也在不断地通过自己的种种作为来散播邪恶，既然立法讲坛和法庭往往不外是宣传邪恶的场所，既然警察的暗害行为、暗检人员的卑鄙活动和各级官吏营私舞弊及敲诈勒索的行径，每天都在指导人们如何作奸犯科、如何盗窃钱财、如何叛卖、如何贪污，还有，既然那样多的阴谋家、变节者、叛徒和走狗得以飞黄腾达，不断提供依靠邪恶便能取胜的活生生的例子，那么，宣传道德又能起什么作用呢？

“但是，所有这些滥用宗教的做法，教士们的所有这些荒谬作为，他们卑鄙的为人，以及他们令人憎恶的说教，总而言之，所有这一切邪恶的表现，难道不都是万恶的过去遗留下来的恶果吗？

“谈到内战和革命，我该给你们说些什么呢？

“你们可以想象到，由于贵族们的多余财产和特权主要是非正义地掠夺得来的，所以，它只会更加激发贵族的贪欲和野心，促使他们互相钩心斗角，彼此阴谋暗算。

“同样，你们也可以想象到，由于人民在压迫制度下长期处于穷困地位和不满状态，所以，一些野心家便乘机在穷人中大耍手腕，用种种诺言来收买支持者。

“由于贪欲和野心的驱使，贵族阶层以至王族内部总是出现分裂，大家都在觊觎王位，结党营私，相互勾结，策划阴谋，布置暗杀，发动暴乱，掀起内战，组织政变，不是篡权就是复辟，而且，彼此报复，大事流放、镇压和屠杀。

“我不必给你们列举所有玷污了伊加利亚历史的这种种恐怖现象了，只需要说这么一句，你们也就明白了，就是：希腊、罗马、法国、英国、西班牙、葡萄牙以及组成整个不幸人类的一切不幸民族的历史上能够看到的一切使你们愤慨痛心的丑恶事物，伊加利亚当时都一应俱全。

“那时的伊加利亚，仅仅因为信仰别的宗教而被教士们火焚或屠杀的无辜者，先后就达五万多名，一共发生过四五十起暗杀、二十五次争夺王位的政变、十八次武装暴动、九次长期的内战、十七次对外战争，更迭过三十一个朝代，爆发过二十次革命，出现过十二次篡权事件、五次复辟、六次像古罗马苏拉、马利乌斯和屋大维[1]上台时实行的那种大放逐、七次像法国‘圣巴塞罗缪之夜’事件[2]那样的大屠杀，还发生了一百多次密谋事件，其中有许多次和卡蒂连那谋叛事件[3]、伦敦国会爆炸案[4]和谋刺拿破仑的定时炸弹案相类似。

“那时的伊加利亚，不知有多少百万人死于对内和对外战争，一百多万人遭到流放，三十多万人被军警或刽子手所杀害，十一座城市被焚毁或破坏殆尽。

“那时，妇女、儿童与男子一样遭屠杀，无辜者被不分青红皂白地与暴乱罪犯一起处死。

“那时在伊加利亚可以看到各种不同的党派，有贵族与市民，有富人与穷人，有贵族与平民；他们交替地成为战胜者和战败者，放逐者和被放逐者，压迫者和被压迫者。

“贵族之间也自相残杀：有二十二名大臣被贵族们自己处死，一万多名贵族被国王和别的贵族斩首，四十五名王族被别的王族所刺杀。

---

〔1〕 苏拉（公元前138—前78年）、马利乌斯（公元前157—前86年）和屋大维（公元前63—公元14年）（即奥古斯都），三人先后均为罗马执政官，在掌权后都大事迫害政敌。——译者注

〔2〕 1572年8月24日圣巴塞罗缪节前夕，法国贵族天主教集团在巴黎大规模屠杀胡格诺教徒，史称“圣巴塞罗缪之夜事件”。——译者注

〔3〕 卡蒂连那（公元前约109—前66年），古罗马贵族，曾密谋反对元老院，被当政的西塞罗所镇压。——译者注

〔4〕 1605年英国一批天主教徒为行刺国王詹姆士一世和国会议员，谋炸国会，史称“国会爆炸案”。——译者注

“我还可以告诉你们，有七名国王被教主革出教门，二十一名被自己的儿子、兄弟或父母所贬黜，十五名被贵族或教士所刺杀，五名被判罪绞首，两名被自己的继位人判刑，挖掉双眼，在教堂门前行乞，另外还有四五名被幽禁在警卫森严的王宫中，连自己手下的理发匠、厨师，甚而自己的妻子、儿女也不敢信任！

“我甚至还可以告诉你们，有两位亲王和一些教士居然和法国的勃艮第公爵[1]及耶稣会员一样，在伊加利亚公开倡导和宣传弑君学说。

“杀人行刺在任何时代任何国家中都被认为是一种可怕的罪行，可是，骇人听闻的弑君学说却为这种罪行辩护，我和你们一样地不满和反对这种学说。因为，它不仅威胁到国王，也威胁到共和国的元首，既威胁了坏人，也威胁了好人；因为，即使是公正的国家元首，也会有一些敌人，这些敌人哪怕毫无理由，也可以依据这种学说把他诬为暴君，加以刺杀。

“我也和你们一样，对阴谋、内战、流放和屠杀行为表示愤慨和反对，因为这些做法玷污和摧残了我们不幸的伊加利亚，使人豺狼成性，把整个社会变成一个巨大的屠场。

“不过，我要问问你们，自有人类以来，地球上各民族的历史不都是大抵如此吗？

“世界各地不是总有那么两三个相敌对的民族长期在混战，即使不时停火休战，也只是为了准备新的战斗吗？人类社会不是就

〔1〕勃艮第公爵（1682—1712年），法王路易十四之孙。——译者注

像一座随时要爆发的火山吗？

“所有的人，不论是国王或臣民，贵族或市民，富人或穷人，难道不是无例外地朝夕处于焦虑、忧愁和不幸之中，都成了社会的受害者吗？

“清除这些把世界变成一座真正地狱的可怕的社会弊病，难道不是大家切身利益攸关的事情吗？

“如果我们不采取一些救治措施，这些自有社会以来就出现的弊病不是就会长久地存在下去吗？

“可是，这种救治措施，绝不能是压迫与奴役、镇压与恐怖。请看，尽管暴政统治和残酷迫害在世界上从来没有中止过，这些弊病却日益严重。

“因此，应该做的是根除产生这些弊病的原因。

“但是，这种不论在任何时候任何地方、不论在任何宗教制度和政府形式下、不论在君主国或共和国里都普遍而长久地起作用的原因，究竟是什么呢？

“难道不正是贪欲和野心吗？

“或者，更具体地说，不正是那种助长人们的贪欲和野心的不良的教育吗？

“如果再具体地说，最根本、最首要的原因不正是财富不平等、私有财产和货币吗？不正是这些制度产生了贵族的特权，从而产生贫富之别，产生不良的教育，导致贪欲和野心，导致各种恶习与罪行，造成纠纷与混乱，造成各种灾难与祸害吗？

“是的，请你们仔细地思考和分析，回忆和追溯一下一切社会里的私有财产和货币、特别是财富的无限不平等产生的经过吧！如果你们把每件史实、每个事件、每种制度、每位立法者都检阅一遍，从次要的原因到主要的原因，从后果到起源，从一种必然性到另一种必然性，逐年逐月、逐个世纪地回顾一下，就一定会发现，无论何时何地，造成这种种弊病的唯一原因就是贫富不均！

“因此，清除这些弊病的唯一方法就是消灭贫富不均的现象，也就是建立平等制度，实行财产共有和进行良好的教育。

“这正是人们奉为神明的耶稣基督所宣示的主张。他所倡导的基督主义的伟大改革就是以这些原则为依据。这也正是独裁长官伊加尔怀抱的信念，他把对人类的热爱与自己的勇气和天才结合起来，根据上述原则进行了社会与政治改革。

“明天我将给你们叙述他是怎样完成这次奇迹般的改革的。

“但是，在散会以前，请允许我再问你们一句：既然你们已经看到我们过去那样的一个地狱竟变成今天这样的天堂，又有什么理由对自己国家未来的幸福前景灰心失望呢？”

第四章　1782年的革命
共产制度的建立

“以上我只给你们讲了弊害的一面，现在，我要给你们介绍救治的办法了。你们将看到伊加尔是怎样进行改革的。

“你们知道，早在暴君废除了宪法，篡夺了全部政权，因而伊加尔不得不决定起义以前，伊加尔就曾不断地劝导人民放弃各种谋刺个别人物的做法。

“战斗刚一结束，伊加尔虽然负了伤，仍然一刻不停地从事争取全民的信任，制止屠杀、组织人民武装和巩固胜利果实的工作。

“他立即发表了一份《告人民书》，在全国印发张贴。关于这个文告，我将和别的一些文告一样给你们朗读全文，因为，很难用比这些文告更为简练的语言来表达伊加尔的原则和计划。

伊加尔《告人民书》

你们表现了无比的英勇气概，为祖国和全人类建树了丰功伟绩，首先请让我向你们表示祝贺！

我接受了独裁长官的职务，对这样的荣誉，我感到十分自豪。我将终身不辜负你们的信任，并以能够献身为你们谋幸福而深感光荣。

你们都知道，我的原则就是主权属于人民、普选、平等、博爱和共同幸福。让我们把这些原则写在我们的旗帜上吧！

当你们的代表正式集会时，我将卸去独裁长官的职务，并且不带任何警卫前去出席大会，向代表们报告我的全部工作。我事先表示完全服从代表们的决定。

不过，无政府状态是你们最凶恶的敌人，因为我们的利益严厉要求我们在一切可能情况下都必须团结得像一个人一样，行动完全一致。

我将邀请你们中最优秀的人物来组成一个专政委员会。

请你们大家集结在我的周围！请能干的公民们给我以支持！请你们信任我，听从我的号召！请监督我，但是在一定时期内要接受我的指导；因为，我敢向苍天发誓：我比谁都更迫切地向往任何能给你们带来幸福的事物，包括一切一切这样的事物！

“伊加尔随即遴选人员担任部长和驻各省的特派员。他组织了许多专门委员会，分配了大批热心贡献力量的公民担任委员。

“不久，又发布了一份《告军人书》、一份《告外籍军团书》和一项关于救助伤员、殓葬死难者和收容孤儿寡妇的法令。

“与此同时，又颁布了一项关于组织民卫队的法令，并附一份文告。文告的全文如下：

伊加尔关于组织民卫队的文告

敌人还没有被完全打败，我们必须巩固胜利！

我们要宽大为怀，但是也要提高警惕！

让我们立即在各地建立民卫队！

请一切能够荷枪作战的公民都到市镇机关报到！

凡是目前没有工作、无以为生的人，都请报名参军，换上军服，武装起来！

几天之内，你们就要开始永远守卫在你们的军旗下，随时准备执行你们政府的命令！

请你们踊跃参军，因为这关系到你们切身的利益！

我们愈是迅速地组织起来，人数愈是众多，行动就愈是有力，我们将遭到的反抗就将愈少！

“几乎与此同时，又发布了两项其他法令，一项宣布解除战败党派的武装和撤销这些党派的成员担任的一切公职，一项宣布大赦。

“除女王、利克斯多、全体大臣和十名其他重要官员专案另行惩处外，所有主要刑事法庭的法官和二十名投机倒把、大发横财的奸商，均予审讯判罪，但是刑罚只限于向受害人赔偿金钱或向国家缴付罚金和退赔。

“在发布这两项法令的同时(因为所有的文告都是事前准备好的),还发表了下列两份分别致胜利者和战败者的文告。

伊加尔《告胜利者书》

我们的敌人即将全部放下武器或被解除武装,反之,你们的装备则将更加完善起来;他们即将完全瓦解,而你们的组织则将更为坚强;他们即将被撤除一切公职,而你们则将担任所有的职务,掌握一切权力。你们将无比地强大起来,而他们则将被摧毁,完全无力再进行反攻和抵抗。

对重大罪犯必须依法惩处。残暴的君主对穷苦人和全人类的迫害为期实在太长了,让他们以自己的首级来最终偿还他们欠下的血泪债吧!他们将接受人民代表的审判,由全民给以严厉的惩罚,以防止今后再出现新的暴君统治。

对那些滥用职权、贪赃枉法、毁灭了无数家庭的法官们,以及那些盘剥穷人、盗窃公共财富、暴发横财的大奸商们,也必须定罪判刑。让他们以自己的财产来作赔偿,缴付罚金吧!

至于此外的一切人,让我们忘掉他们的过去,宽赦他们吧!现在他们已经无能为害,如果我们仍然予以追究,就会是单纯的报复了!

我知道你们经受过多么深重的迫害,了解你们仇恨他们是理所当然的。但是,对暴君和他的一些主要同谋犯的惩罚不就可以满足你们正当的义愤吗?如果对那一大批和你们一样也是不良社会制度的受害者的人进行报复,不是有些不公平吗?如果把他们驱迫到绝望的境地，以致他们不得不重新起来顽抗，从而导致双方继续流血，这难道合乎情理吗？

我请求你们诉诸理智，响应我的号召！

请信任你们的政府，完全放心吧！你们担心敌人叛乱吗？……不！他们即将被彻底打败，永无翻身之日！

因此，就像你们曾经表现过高度的英勇那样，现在对他们宽大为怀吧！请所有善良的公民响应我的号召！

让我们宽厚仁慈一点！作为你们亲自选举出来的独裁长官，为了你们的切身利益，我命令你们这样做；同时，作为你们最真挚的朋友，我请求你们这样做！

伊加尔《告战败者书》

当你们占据上风时，你们曾经肆意屠杀我们，流放我们，而今天，你们已经被打败了，如果我们也同样地进行报复，要你们以血还血，你们又有什么好说的呢？

如果我们也像你们一样，制定我们认为必要的种种恐怖法律，你们又有什么好说的呢？

如果我们施行一些与你们从前加诸我们的法律一样的法律，对你们判罪处刑，监禁你们，摧残你们，消灭你们，你们又有什么好说的呢？

但是，人民，我所了解和我对之负责的人民，是胸怀宽阔的，他们准备向你们伸出手来。

放下你们的武器，解散你们的组织，放弃你们的职位，停止你们的反抗吧！

你们应该懂得，我们完全有权维护我们自己的安全！

这样做既是我们的利益所在，对你们也是有利的。因为，任何反抗都是徒劳的，我们决心彻底摧毁一切反抗。你们仔细听着：我们不希望看见国内再有什么战斗甚或丝毫的动乱！我给你们再说一遍：我们将不惜任何代价扫除一切反抗，沿着进步的道路迈进！

停止作恶吧！这是正义对你们的要求！为了保障自己的生存，你们也应当这样做！

真心诚意地停止作恶吧！不要三心二意！只要这样，你们就可以立即幸福地受到我们兄弟般的拥抱！

以前，由于我们共同的压迫者分裂我们，离间我们，我们曾经彼此隔绝，陷入压迫制度所制造的混战中，现在，我们已经有可能互相了解，说明原委。倘若你们竟然拒绝我们的友好呼吁，那你们就完全不可饶恕了。

我再重复一句：你们还是罢手吧！要求你们这样做的是我，是最热切地希望全体同胞获得幸福的独裁长官！

“好了，没有必要再给你们历述独裁长官的其他文告和法令了，也没有必要给你们列举他所采取的种种鼓舞人民热情和得到普遍拥护的措施了。所有明达事理、精强能干的人都团结到他周围，所有的报刊都支持他。尽管保皇派中还是有那么一些人由于害怕而迷失道路，逃亡国外或者躲藏起来，但是，绝大部分还是信任独裁长官的保证，洗手不干，真心地服从新政权。

“特别值得称赞的是我国人民高尚的宽容态度。虽然有个别人由于在旧日暴政下受难深重，出于悲痛和愤怒而试图进行个人报复，但是，工人们主动赶到各地去制止这类行动。

“人民中那些过去为官方欺骗言论所蒙蔽的人，现在也表示赞同革命，拥护独裁长官，而且热情并不减于他人。他们说：‘我们早知如此就好了！……我们从前上了大当了！’

“几天以后，独裁长官便发布了关于选举全国代表大会的两千名人民代表的法令，同时发表了下列文告：

伊加尔关于选举的文告

人民是主权者！宪法应该由人民、也就是你们自己来制定。如果有可能把你们全部集合起来进行讨论和表决，那我一定这样做。

但是，这在事实上是办不到的；因此，请你们选出一批代表来，由他们严肃而深入地讨论宪法草案，然后提交你们，由你们凭主权意志来决定取舍。

你们都是社会的成员，社会的一分子，都是公民；你们都在为社会而工作；你们已经为它而战斗过，而且一旦有必要，还将继续为它而战斗，因此，你们中绝大部分人都应该是选举人。只有那些不满二十岁的人和人身仍然依附于主人的家仆，才暂时不得行使这项权利，直到宪法作出新的规定为止。

过去，你们的压迫者曾经千方百计地剥夺你们受教育的机会，宣称你们没有能力选择议员，这完全是颠倒黑白的谬论，是一种诬蔑；因为，选举权是你们的一种无可争辩的权利。

因此，请你们在自己公社的选民册上登记，请你们举行集会，讨论你们所提出的候选人以及那些在德行上深得你们信任而又敢于自荐的候选人的优缺点。

请你们凭借独立思考、以一名自由公民应有的冷静而严肃的态度发表自己的意见。

让各种报刊给你们提供情况吧！但是，它们应该本着爱国精神，完全依据事实来指导你们。

‘选举在二十五天后才举行，为的是让你们有充分时间深入了解情况，而且使你们不致感到突然，无所适从。

‘请你们首先挑选你们最优秀的友人、穷人和工人最好的朋友，从中再挑选最值得尊敬的人，然后再从后者中挑选出最有能力最为坚毅的人。

‘为了使你们选出的代表都是充满爱国主义精神、品德高尚和卓有才能的，当选人将领到一份足够的津贴。

‘请不要忘记，你们的代表的职责将是：评判独裁长官，决定对过去压迫过我们的那些人的处置，制定宪法和暂时行使你们所拥有的主权。

‘你们要考虑到，你们手中掌握着的是你们自己的命运、祖国的命运和你们子孙后代的命运！’

“革命胜利的第二天，独裁长官便建立了一个出版委员会，由经过挑选的最负盛名、最受尊敬的五名作家组成，负责编辑一部刊载各种法令的政府公报。这份公报免费大量发行（我估计总有一百多万份），使所有的公民无例外地都能读到。

"同一天，伊加尔还组织了一个宪法委员会，由九名最有学问和最受敬重的公法学家组成，负责草拟一部新宪法。伊加尔把自己经过长期考虑后拟就的一部草案交给委员会审查。这个草案包括三个部分：第一部分指出旧的社会与政治制度的一切弊害；第二部分详尽地规定了将在五十年后实行的以财产共有原则为基础的新制度，并附必要的说明；第三部分是规定将在最近五十年内实行的过渡性制度。

"经过若干时日的研讨，宪法起草委员会情绪热烈地原则上通过了上述有关共产制度和过渡性制度的规定，并且提出若干修改意见。伊加尔后来接受了这些意见。

"为了使每一个人都能了解和评价他所提出的这种新的社会政治制度，伊加尔命令立即把草案全文大量印刷分发，草案还附有一份过渡时期制度和共产主义终极制度所依据的各项原则的提要。

"你们一定可以想象到，一般的人对这种共产制度感到多么新奇和惊异。但是，宪法草案关于这种制度的一些具体规定和如何实行的详细计划，说明这种制度是完全可行的。从那时以来的大量实践和我们今天的现实完全证实了这一点。因此，人民对待这部宪法草案，从最初的惊异转为无比欢欣鼓舞。

“我希望你们所有的人都仔细地阅读并认真地研究伊加尔和这个委员会所发表的这份文件的全文。如果你们中有谁希望我就这个文件作某些解释，我愿意在以后的会议上满足这种要求。

“但是，从今天起，我准备向你们扼要地介绍一下伊加尔建立共产制度的计划所依据的一些思想原则。我想再给你们念两篇伊加尔的文告，因为没有比这两个文告更能说明问题的了。

“伊加尔认为：不应该立即消灭私有财产、货币和财富不平等制度，马上代之以财产共有制。因为，第一，富人和私有主们（不论大小私有主）思想上肯定都浸透着他们的旧习惯和旧成见，如果没收他们的财产，即使是另外给他们分配别的财富，他们也会像被剥夺了生命一样地难以忍受，这样做会使他们感到痛苦，因而违背了新社会原来的目的；同时，还会把他们推入绝望的境地，迫使他们起来反抗、阻挠和破坏社会改革。第二，穷人们本身由于暴政的压迫，一般地可能都缺乏应有的习惯和必要的才能来立即担负起管理共产社会的责任，容易妨害事业的成功。第三，最后的一点，也是特别重要的一点，就是：在伊加尔看来，立即完全地建立共产制度，马上全面地实施共产原则，事实上是不可能的；因为，真正建立和彻底实现共产制度是一项艰巨的工作，也许是地球上自有人类历史以来规模最宏伟的任务。举例来说，为了给所有的家庭提供合适和相同的住宅，就需要做许许多多的工作。

“因此，伊加尔认为先实行一种过渡性制度是绝对必要的。

“伊加尔的计划与以往一些哲学家们的计划之间最重大和最主要的区别，也就是这一点。

“关于他所建议的过渡性制度的原则，我将在稍后才给你们介绍。这里我只想给你们指出：他提议建立一个民主共和国，在这一代私有主仍然存在的整个时期里保留其私有财产权，尊重一切所谓既得权利，避免采取任何可能使富人绝望或痛苦的措施，并立即改善穷人的生活状况，采取一切措施为他们谋福利，逐步地消灭不平等现象，渐进地建立完全平等的共产主义制度。

“这些由独裁长官亲自提出的新颖建议，尤其是随同这些建议发表的下列阐述各项原则的文件，在伊加利亚的穷苦人中引起多么热烈的惊叹和赞赏，你们是完全可以想象到的。

伊加尔关于共产制度的文告

亲爱的同胞们！从前你们不是一直生活在苦难之中吗？

富人们！过去你们难道就很幸福吗？

我们大家遭受的不幸以及有史以来我们的祖先蒙受的种种苦难，难道不都是因为社会和政治制度存在着弊病，特别是存在财富不平等、私有财产和货币这样一些祸害而造成的吗？

如果我们不铲除这些根源，我们的苦难岂不是将永久继续下去吗？

实现财产共有制度难道不正是使一切人幸福的唯一途径吗？

如果政府和你们行动一致，这种新的制度有什么不可能实现的呢？

不论这事业看来多么艰巨，难道我们不应该争取有一天加以实现吗？

不管为了完成这项事业需要多长的时间，如果能早一天开始，成功的一天不就会更早地到来吗？

既然你们曾经英勇地克服了压迫者政权的反抗这样一个最大的障碍，既然上天赋予我们必要的一切，使我们有可能完成我们前人所难以完成的事业，那么，勇往直前地开创这项事业难道不正是我们对上天、对我们自己、对我们的子孙后代和对整个人类应负的职责吗？

我亲爱的同胞们！在你们的代表把他们的临时性决定提付你们作主权性决定之前，请你们把这些问题仔细地思考一下并且充分地讨论一下吧！

在共产制度下，将再也没有穷人和游手好闲者，再也没有犯罪和镇压，再也没有捐税和警察，再也没有纠纷和诉讼，再也没有不安与忧虑；因为，所有的公民都是朋友与兄弟，所有的人都不但过着幸福的生活，而且是同等的幸福！

如果你们和我一样，对此怀有坚定的信念，就让我们立即动手，接受这些原则，大无畏地开始各项准备工作吧！

但是，我以祖国的名义，以你们的子孙后代和整个人类的名义，要求你们千万不要急躁，不要草率，以免损害这项人类有史以来最伟大的事业！

既然共产制度像我所认为的那样，不可能立即通过强制来全部实现，那么，就让我们把一切应该延缓的事情暂时推迟一下。

政权的主人们！请耐心等待一下，请信任你们的代表吧！他们总是希望你们能得到幸福的呵！

如果你们能够慷慨地把祖国利益置于个人利益之上，那么，稍微推迟几年才全面彻底完成这样一项宏伟事业又有什么不可以呢？

如果你们考虑到你们切身的利益，难道暂时满足于今天可能达到的那种幸福不是很合理吗？

你们虽然将不如你们的子女那样幸福，但是至少将比你们的父辈幸福得多！

当今的富人们！我希望你们能竞相为你们后代的幸福贡献力量！

穷苦的人们！我毫不怀疑你们一定非常盼望你们的子孙后代能过十分幸福的生活！

亲爱的同胞们！请你们不要忘记，你们未来的后代以及整个人类的命运都将由你们来决定！

“伊加尔还向教士和基督徒们发表了文告。

伊加尔《告教士和基督徒书》

耶稣基督的教士和信徒们！我希望我的同胞们幸福，同样，我也希望你们幸福。

你们可以保留你们的教堂，可以在公共当局的保护下自由地礼赞神明。

教士和信徒们！你们是一位宣传道德和正义的上帝的传道者和信奉者；因此，你们也应该宣传道德与正义，而且要像他一样不仅言传，而且身教。

为穷人传道吧！因为世界上还有谁比耶稣基督更为鄙弃伪善者与富有者呢？又有谁比耶稣基督更为热爱不幸者与苦难者呢？

宣传平等和博爱吧！因为，耶稣基督不正是为在人间实现平等与博爱，为消灭一切奴役与压迫而牺牲的吗？

宣传财产共有制吧！因为，耶稣基督不正是在自己的门徒中实行了这个原则，并且把它推荐给所有的人吗？基督的十二使徒难道不是过着共产生活吗？最早的一批教父不是也宣传共产原则吗？基督教建立后的最初几个世纪里，基督徒们不都是尽可能地过着共产生活吗？自那以后，最热烈崇拜耶稣基督的人，千百万虔诚的工人，不也都是按宗教共产原则生活，用自己的行动在宣传共产制度吗？

是的！如果你们反对共产制度，你们就不过是虚假的基督徒！

耶稣基督是为了以共产制度来复兴人类而献出了他的生命，所以，我深切地希望你们也能够献身于他所开创的革新事业。

你们应该不辜负大地的恩赐，上天才会降福于你们！

“我向你们再重说一遍：这些原则是由一位独裁长官亲自宣布，而且是在长期残酷的暴政统治被推翻几天以后便公诸大众的，因此，请你们设想一下，它的影响是多么巨大呵！

“请设想一下，它在人们思想上引起多么大的激动，对它的讨论又是多么地热烈呵！

“请设想一下，国家政权给了这事业以多么强有力的推动呵！

“请设想一下，有多少的学者、作家、哲人、教士（特别是那些下级神职人员）和各阶层中有影响的人物衷心接受和热情宣传独裁长官提出的这些思想呵！甚至富人和贵族中也有一些人争着与那些最热诚的拥护者们一道颂扬这些思想。

“也请你们设想一下，这些人的转变在广大群众中起了多么大的影响，在公众舆论中引起了多么深刻的革命呵！

“事情就好像一块遮挡着人们视线的帷幕一下子卸下来，或者像每人都有幸切除了自己双眼的白内障似的。

“人们简直无法理解自己过去为什么那样无知和盲目，有的人讥笑前辈的愚蠢，有的人则愤怒斥责专制暴政，其中情绪特别激昂的是那些曾经听信了压迫者的虚假允诺、谣言和诬蔑而被拉入他们阵营的人们。

“我不准备给你们详细叙述某些野心家的行径了，他们装得比独裁长官还要关心人民，还要民主，故意要求平分土地或者立即完全实行共产制度。我也不打算给你们提到某些阴谋家的勾当，他们企图煽动人们不信任伊加尔。我也不准备谈论某些缺乏经验的狂热分子，他们根本不愿容忍任何人的权威。这些反抗企图是徒劳的尝试，很快就淹没在人民群众的一片欢呼声中，就如淡薄的云雾在太阳光芒的照射下顿然消失一样。

“我也不准备给你们讲述人民如何在刚刚进行过战斗的所有战地上树立临时纪念碑和在自由烈士们安息的处所修建烈士墓；

也不准备详细描述那次隆重的烈士葬礼。举行葬礼的当天，在独裁长官的身旁，站立着两位奇迹般的人物：一位是年仅十二岁的男孩，他曾经为了在一座尸丘上竖起旗帜而身中二十二弹；一位是随同父亲战斗、双臂被敌人砍掉的小姑娘。

"我也不来多谈伊加尔在首都以及特派员们在各省对民卫队和国防军进行全国大检阅的盛况；这时是革命胜利后刚半个月，可是荷枪入伍的已经有二十万人，换上民主制服的公民则达二百万人，人民热情之高可想而见！

"下面我要说说选举全国人民代表的情况了；不，确切地说，是下次会议我将首先讲这个题目。

"也许我解释得太多了！（'不！不！'大厅的四面八方传来了这样的呼喊声。）不过，我无非是想向你们证明：凡是真心诚意为人民谋幸福的领袖，总是会得到人民信任的，而凡是受人民拥戴的政府，是什么事情都能办成功的。特别是，我想让你们清楚地了解我们不朽的伊加尔是采取什么方法来赢得同胞们的爱戴以及他是通过什么途径来实现他的共产主义方案的。"

掌声比前几次会议都更为热烈，就好像在告诉主讲人说，听众都十分乐意听这样详细的叙述。

第五章　（革命续篇）选举　宪法审判　战争与和平

“上次会议已经给你们提到，我今天准备讲选举全国人民代表的情况。

“这天是七月二十日，革命胜利已经一个多月了。它是人民第一次行使自己主权的日子，所以，独裁长官把这一天定为人民节。

“选举大厅都装饰得庄严富丽，到处是旗帜、鲜花、棕榈和宣传爱国守法的标语，还有就是独裁长官的文告。

“各地张贴的文告，都是在音乐声中和钟炮齐鸣下隆重揭幕。

“一切的布置都在提醒人民，他们即将举行的是一次意义重大的活动。

“有那么几个阴谋家公然无耻自荐，参加竞选，实际上却等于前来接受人民的审判，结果全都体面扫尽，遭到摈斥和驱逐。

“在许多城市和村镇里，都有一些候选人主动退出竞选，让位给比自己更有资格充当代表的人。

“有的地方，选民不得不上门邀请那些态度谦逊、不愿自动参加竞选的人。

“出现了不少这样的情况：富人们的选票集中在一位诚实能干的工人身上；工人们则投票选举他们信任的一位真正是人民朋友的富人或贵族。

“各地的选举，如果不是选票完全一致，在一片欢呼声中结束，就是两个阵营平静而守法地进行表决，很快就决定出多数所向。

“从各方面说，当选的代表都堪称国家的精英。

“几天以后，全国代表大会就在曾经长期被贵族们玷辱的大宫殿里举行。它首先通知独裁长官说，大会已经组成，独裁长官的职权宣告终止，并且要求他出席大会报告工作和听候决定。

“伊加尔立即回复说，他将模范地尊重人民的主权，交出自己的权力，遵从全国代表大会的决定。

“第二天，伊加尔就摒去随从，不带武器，前来出席大会。他脱帽立正，面对静坐着的衣冠端正的全体代表，向他们报告了自己的全部活动，回答了代表们向他提出的各种质询，然后像受审人那样退出会场，等待法官们的评断。

“我没有必要给你们介绍大会辩论的经过了。代表们一致通过授予伊加尔以祖国复兴者的称号，任命他为共和国临时主席（因为大会在首次会议上便热情高昂地宣布了成立共和国），并且成群结队地在人民群众的无比热烈的欢呼声中护送他到国家大厦去。

“伊加尔本人要求：对他的任命应当等候人民裁决。全国代表大会采纳了这个请求，下令提交人民批准，同时决定派遣一批特派员到各地传达主权机构的这个决定。特派员都安排在同一天到达，并把这一天作为全国性节日来庆祝；人民胜利的新纪元、复兴的新纪元就从这一天开始。

“没有必要再给你们详细叙述这样一件事情，就是：为了使自己的同胞不至于过分感激他本人，伊加尔拒绝把自己的生日定为新纪元启始日的建议，而要求把它定在六月十三日，也就是人民起义的日子。至于人民对任命伊加尔为共和国主席一事作出怎样的决定，即使不说，你们也会知道！

“几天以后，便开始审判女王和大臣们。

“你们都知道，所有的被告都被定罪、判刑。利克斯多和他的同谋者被判死刑，女王则终身监禁；每人都罚金十亿。所有的判决一律授权给伊加尔，由他决定是否予以赦免或减刑。

“第二天，伊加尔便发表了下列文告：

伊加尔关于惩处利克斯多的文告

如果你们的压迫者们是在你们起义胜利以前就死去，那么，就应该发掘他们的尸体，加以审判，永志他们的罪恶。

但是，现在他们已经落在你们手中。人民法庭昨天宣判了他们的命运；原先他们用来迫害人民的法律，现在终于还治其身；他们那沾满你们鲜血的首级即将掉落在断头台上。

如果你们愿意，我们将斩下五个首级。

但是，请大家想想：今天，当我们如此地强大和不可战胜，当不久以前还在肆虐的各种罪行已经好像远离我们二十个世纪，且业已一去不复返的时候，当你们由于暴政的驱迫而迸发了无比的勇气与力量，终于推翻了暴政、解放了自己的时候，这几个首级对你们又有什么用处呢？

在这场我们赖以复兴的伟大革命中，旧日压迫者死后留下的那一小滩污血和一小堆臭骨对我们又有什么用处呢？

只有那个虚弱的、昼夕战战兢兢的贵族阶层，才需要残酷无情；强大和充满信心的人民需要的却是宽宏大度。人民由于对压迫者多少世纪积累起来的无数罪恶愤恨无比，因而在战斗的日子里曾经英勇报仇雪恨；但是，在革命胜利以后却应当宽大为怀。

我了解你们都是胸怀宽阔的，因此，我可以事先预料到你们的回答一定是：留他们一条狗命吧！让我们废除死刑！

但是，为了使正义和法律在世界上不致成为空话，我们应当剥夺这些罪犯的自由！应该由利克斯多手下的那个刽子手亲手把利克斯多的头架在断头台上，然后把他关在他自己发明的那种用来囚禁我们一些最优秀的烈士的铁笼子里展览示众，并且修一座碑来永远刻载他的罪恶，永远铭记我们全国代表大会的严明判决和我们这个伟大民族的宽宏大度，从而宣示一个虔诚崇敬人类所流鲜血的新纪元的开始。

“根据伊加尔的建议，全国代表大会命令把这个问题提交全民讨论。只有很少几位母亲还在为自己已牺牲的子女悲伤饮泣，提出了反对意见；但是，这就更加显示人民的宽宏气魄高比日月。

"我不准备给你们详细描述利克斯多被关在铁笼子里示众以及女王在全国代表大会门前行乞的情形。我也不想使你们的目光只停留在这位不幸的君王身上。她虽然罪有应得，但是她的受刑也只会给人以可怕的回忆；因为毁灭可怜的柯罗拉米德的，实际上是那批大臣和宫廷显宦。至于那些大臣，虽然他们犯下了弥天大罪，使那么多的人受尽苦难，但是他们本身实际上也是旧的社会与政治制度的牺牲品。

"我想请你们注意的倒是讨论宪法时的盛大情景。

"两千名人民代表严肃地讨论了新的社会与政治制度，考虑了自己国家的命运和未来的前景。

"这时候，他们已经接近一致地采纳了两个根本原则，就是：财产共有以及把它的完全实现最少推迟五十年。对第一点投反对票的只有一百五十四人，反对第二点的也只有一百六十二人；但是，共和国主席还是要求全国代表大会把这个投票结果只作为临时性的决定，暂时不算最后通过。他的理由是：在这样一个事关重大的问题上，与其保持着分歧从而使事业遭到阻碍，不如推迟决定，即便延缓几个月甚至几年，也没有什么；反之，如果表决完全一致，好处将难以估量。因此，哪怕反对的只是极少数人，也应该避免使他们感觉受到多数一方的压制，宁可就这个问题继续展开讨论，以便反对者有机会充分申述自己的理由，看大家是否接受他们的意见，或者是最后他们自己转变看法，同意多数人的意见。

"因此代表大会又组成了另外一些委员会，召集了许多会议，把各种反对意见印发给大家讨论。可是，战争的脚步声却昭告人们，所有这一切计划都可能淹没在一片炮火和废墟中。

“伊加尔是希望和平的，因为那样他可以专心致志来执行这个宏伟的计划；他也希望能够解散军队，以便把充作军需的资财和从事战争的人力投入更有意义的用途。

“但是，他并不害怕战争，因为他相信这场战争一定会导致胜利与和平，导致稳固的和平，导致长期的、也许还是永久的和平。

“他认为这场战争是不可避免的，因为，即使毗邻的一些国王不入侵，也有别的一些国家的国王会挑起战争。前者早就多次试图帮助柯吕格的儿子复辟，企图利用我们国家当前出现的新形势大捞一把；后者则在他们本国贵族的唆使下，曾经勾结与支持过我国的暴君统治，现在则害怕我国民主革命的胜利而成为他们国家的人民的榜样，感染了他们的人民，以致威胁到他们的王位，所以也迫切想结成联合阵线来扼杀我们的革命。

“总之，伊加尔希望能尽快地摆脱当时那种不确定的状态：迫使邻国不得不向我们提供和平保证或向我们宣战。

“因此，就像你们所看到的那样，从宣布独裁的第二天起，他就开始组织国防军和民卫队。

“就在这一天，伊加尔还向四邻的国王们声明：伊加利亚人民是希望和平的，它不想干涉别国的事务；但是，以往反对伊加利亚的历次战争说明，为了保持和平，需要有必要的保证，因此，伊加利亚准备率先作出榜样，建议与邻国协定普遍解除武装。同时还声明:如果在四十五天之内没有收到肯定的答复,他将认为这种沉默等于宣战;如果任何外国军队向伊加利亚方面挺进一步,他将认为这种移动是敌对状态的开始。

“他一面等待这些国家的答复,一面又召回前政府派驻各国的外交使节和遣返外国驻伊加利亚的外交使节;同时宣布,后者可以暂驻在靠近伊加利亚边界的地方,以便传递两国的来往信息。

“他甚至还采取了遣送所有外国人出境的预防措施,只有某些他深知其决心与伊加利亚人一起为伊加利亚服务的外国人才除外,而且还必须经过他亲自批准。

“在这段时期里,为了对付外国可能的入侵,他丝毫没有忽视加强防务。他命令:在各地修筑工事,制造武器,储备必要的粮食,加紧部队的训练。

“不论别人提供多少保证,表示多少和平意愿,伊加尔一点也不上当受骗,不高枕无忧。

“因此,当四十五天期满仍然没有接到满意的答复而且突然获悉若干外国兵团已接近国境时,伊加尔早已做好一切准备了。

“他当即建议全国代表大会认定敌人已经宣战,战争状态已经开始,建议宣布全民总动员以保卫革命,保卫祖国。

人民代表们宣布:全民抗战开始。它号召全国团结一致,互相支援,弥补那些被进攻的省份所遭受的损失,并且几乎全体一致地推举伊加尔重新出任独裁长官。

"宣战和任命独裁长官的决定，在提付全民讨论时，获得了一致的批准。

"于是，伊加尔又发表了下列文告：

伊加尔关于战争的文告

我们要求和平，可是他们却向我们宣战！好吧！那就打吧！

他们威胁我们，他们想进攻我们！那么好吧，我们就起来自卫！

我们必须做好迎击侵略者的一切准备，因为入侵已迫在眉睫！

其实，这些外国专制君王和贵族们过去就曾多次派遣他们的军队支持我们的压迫者，难道现在会不来进攻我们吗？

我们起义推翻了他们的盟友，难道他们会不把这看作是对他们的反叛吗？

他们是本国臣民的暴君，是一切自由和进步的敌人，难道他们会宽恕和容忍一场将给各国人民提供一个伟大民族夺回自己不容剥夺的权利和实现财产共有制度的光辉范例的民主共和革命吗？

我们愈是明智、宽大和幸福，就愈是激起这些国家的人民对我们的尊敬、钦佩、欢呼和羡慕，那些暴君和贵族们也就愈是惶恐不安，愈是仇恨我们。

是的，这些君主和贵族们自从人类有政治历史以来，由于共同的利益而勾结在一起，维护对人民的统治。现在，他们为了挽救自己的专制统治，为了摧毁我们的革命和破坏我们的自由，为了复辟贵族政权并把它永久化，竟敢向我们宣战，那是注定要灭亡的！

他们将大肆屠杀我们中即使是最善良的人！他们将把其余的人掳掠到他们的沙漠、荒原上去！他们将夺走我们的儿童去肢解！他们将劫持我们的妇女去满足他们士兵的兽欲！也许，他们还会把我们祖国的整个废墟瓜分掉！

因此，他们向我们发动的是一场死亡的战争、毁灭的战争、奴役的战争！

难道可以让他们就这样给我们套上枷锁，肆意蹂躏吗？在战斗中死亡不是要比这强千百倍吗？

英雄的同胞们！我相信一定能听到你们这样的回答：起来抗战，不胜利就捐躯沙场！

是的，我们要战斗！我们要战斗到最后一寸国土，战斗到最后一个人，战斗到最后一息！我们与其引颈就戮，不如起来焚烧自己的城市，破坏道路桥梁，活埋自己的妇女儿童，并且自己也战死在祖国的废墟上。我们的前辈和许多古代民族曾经给我们留下无数爱国牺牲的英雄范例，让我们效法他们的榜样，显示出我们这一代对祖国的热爱，鼓舞人们作出多么英勇的牺牲吧！

我还应该说些什么呢？对啦！我们要用自己的行动来表明人民战争意味着什么，表明一个团结一致的伟大民族能够做出何等伟大的业绩，表明为独立而战的自由力量是如何地坚不可摧！

专制君王的联盟恐吓说，要派遣二百万军队来进攻我们。可是，我们不是有六百万国防军和民卫队可以用枪炮来迎击他们，还有一千八百万父老妇孺可以用成千上万种其他方式来和他们战斗吗？我们的敌人不是因为各怀野心、相互猜忌而四分五裂，而我们则团结得像一个人一样吗？

他们的武装奴隶，难道会心甘情愿、别无二心地为专制制度和贵族阶层而进攻我们吗？而我们呢，难道不是都热血沸腾地在捍卫一项既是我们的又是一切民族的伟大事业吗？

我们开始可能会犯一点错误，但是，我们将从错误中吸取教训！

我们也将遭受某些挫折，但是我们最终将是不可战胜的！如果不必冒什么风险，胜利便唾手可得，那么，胜利还谈得上是什么光荣呢？

你们业已粉碎了国内的贵族阶层。那个妄图使我国贵族复辟的外国贵族联盟也必将难逃同样的命运！如果这些君主敢于罪恶地闯进我们的国土，那么，可以肯定，他们来的人数再多，入侵再深，都必将葬身于我们的田野大地上！

但是，刀剑一旦出鞘，我们就绝不罢手，一定要战斗到把我们四周的一切贵族和专制君王统统消灭精光为止。我们将在我们的旗帜上写上：不许侵略和征服！各民族的友好万岁！我们将和各民族携手前进，共同拯救人类！

因此，大家拿起武器，准备战斗吧！一直战斗到赢得和平为止！因此，必须把战争作为我们当前唯一的紧急任务！让我们全民族组成一支庞大的军队，把全国变成一座巨大的武库和广阔的兵营吧！

老年人们，请送你们的青年参军吧！妇女们，请送你们的儿子、丈夫和兄弟参军吧！

公民们！士兵们！高呼祖国万岁和共产制度万岁的口号奔赴前线吧！

“独裁长官还分别向外国人民、将领们、农民们，特别是向过去拥护过贵族的人们发表了文告。

“为了肃清内奸的活动，防止他们与外敌勾结和在国家遭受挫折时叛卖祖国，伊加尔采取了种种有远见的、既温和合理又坚决有力的措施，来避免和控制一切危险。

“原来的贵族分子中，虽然也有那么几个逃亡国外，但是绝大多数人还是认识到他们的事业已经永远失败，而且从政府在革命胜利后采取的一系列措施中受到教育，有所转变，破除了顾虑，因而真诚效法比他们先进的公民，争相作出爱国贡献。

“一些过去的显贵和官吏，甚至一些最有数的富翁、最高傲的教士和最娇奢的贵妇，都深受独裁长官的感召，纷纷主动帮助他去说服其他的人。

“其中，表现最为突出的一些人，除了自己愿为国家效命外，还向国家献出自己的财产和儿子。由此可见，当一个政权做出公平正义、仁慈宽厚和对人民及祖国无限忠诚的榜样时，这个政权的威力是多么地无坚不摧啊！

“我不准备给你们详细介绍英明的伊加尔怎样通过一切方式来鼓舞人们的热情。报刊、诗歌、音乐、戏剧、俱乐部活动、军事训练和节庆活动等等，全都以此为目标。

“一首名为《祖国颂》的战歌，到处在同声高唱，大大激发了人们的战斗意志。

“全国各地的农民，群集大道两旁，欢送过路的出征公民；城市居民奔跑迎接进城入伍的新兵，又陪送他们出发去前线。

“国防军和民卫队的战士，工人和青年学生，各阶层的公民，彼此相处犹如兄弟，相互鼓舞勉励。

“到处见到荷枪实弹的男子汉，甚至还出现了一些自动组织起来照顾伤员、为战士服务的妇女小分队。

“到处都可以看到工人们在制造武器，为前线准备和运送军需物资。

“到处听到的都是军乐和战歌。不论是工厂工人、剧院观众、集会的公民或者行进中的士兵，都满怀着难以置信的爱国激情高唱《祖国颂》。

“那些君主们虽然连篇累牍地发表伪善的和平声明，但是都起不了任何欺骗作用，谁也没有上当；因为，独裁长官先后发表的多次文告，完全戳穿了他们的谎言和毫无信义的允诺。

“因此，当君主联盟打第一枪时，我国已经有二十五个军的士兵，在他们自己选举而且得到他们信赖的军官的指挥下，高举自己的军旗，在国境线上严阵以待；全国农村已经布满了不计其数的不脱产的民兵小分队，附近的城镇则驻守着大批的民卫队；人民代表中有五百名正在各地协助将领们运筹帷幄，其余的留在独裁长官身旁，根据他的要求提供种种的支持。

“我不准备详细叙述那些局部性的胜利或挫折，种种有幸或不幸的事件，正确或错误的行动，以及我们士兵的英雄气概和忠诚意志了。

“我只想给你们说，当伊加利亚部队以人们前所未闻的高昂热情、杀声震天地全线向敌人冲锋时，那些本来就不愿作战的敌军士兵、特别是那些驱迫这些士兵上战场的君主和贵族本身，都吓得丧魂落魄，而他们的人民却受到我军平等博爱的口号的鼓舞，纷纷为自己的解放者祝福，准备着迎接自己的兄弟。

“我难道有必要给你们讲述开战七天以后的那次伟大的战役吗？具体地说就是在多拉克地区取得的那次不朽的胜利。人类历史上也许从来没有见过对祖国和人类的热爱竟然能激发起如此高昂的热情，从而创造出这样惊人的奇功伟绩呵！

“看来我也没有必要给你们叙述战争发展的情况了。敌军士气迅速瓦解，将领之间互相倾轧，许多团队发生了暴动；两万名不久以前被邻近一个国王征服并驱赶上前线为他打仗的米拉克士兵在阵前起义，掉转枪口对准他们的压迫者。

“我难道需要给你们讲述这些国家的人民怎样组织起义，怎样建立起民主程度高下不等的政府，以及他们又如何深切感激解放了他们的我国将领吗？

“需要特别指出的是：有三个主要邻国的人民，派遣了自己的全权代表前来参加国际代表会议，与我们媾和，全面解除武装，彼此友好相处，实行进出口贸易自由，取消海关，甚至还拆除各国原有的可能使别国人民回忆起自己战败耻辱的各种纪念碑。其他一些邻国也很快便效法了这三国的榜样。

“这第一届的国际代表会议，甚至还协议建立一个邦联，组成一个每年举行一次的邦联代表会议，以讨论邦联成员国的共同利益的事务。

“我们还是和胜利大军一道凯旋吧！不过，我不想停留在讲述国家如何奖励和表彰战士，人们又怎样庆祝这次英勇抗战的胜利和欢呼赢得的和平。让我们回过头来谈伊加尔和全国代表大会吧！前者又再度卸去独裁长官的职务，后者则继续进行宪法的讨论。

“你们将会看到，或者具体地说，你们明天就会听到伊加尔和全国代表大会从此怎样专心致志于建立共产制度。

“不过，对这些光荣往事的回忆，使我感情十分冲动，以致禁不住要请你们允许我在结束讲话之前高呼一下我们的民族口号：‘光荣归于我们的前人！光荣永远归于英明的伊加尔！’”

深受感动的全体听众也热情澎湃地随着齐声高呼这两个口号，洪亮的声音把鼓掌声也淹没了！

第六章　过渡时期政权　政治平等　社会不平等的逐步消失　社会平等的逐步发展

“你们一定可以设想到，在战争胜利、赢得和平以后，伊加尔的影响无比地增大，人们简直把他尊为上帝。

“有人建议，推举他为终身独裁长官。但是，否决这个意见的正是他自己，因为，他认为人民应该习惯于自己管理自己的事务。他甚至连共和国主席的称号也谢绝了，只接受执行委员会主席的职务，理由是人民及其代表所享有的主权，任何时候都不应被僭越，哪怕是稍有分庭抗礼之嫌也不允许。不过，伊加尔尽管没有接受这些称号，却仍不失其为国家的灵魂、天才的领袖和共和国事实上的独裁长官。

“就这样，关于建立共产制度的计划经过重新讨论后被一致地接受了；并且，根据伊加尔的建议，决定在五十年以后才全面实现这个计划。

“同时，经过长时间的认真讨论，他所提出的过渡性社会与政治制度，也同样被一致采纳了，不过作了若干大小不等的修改。

“我没有必要向你们介绍共产制度了，因为，你们所看到的我们现在正在实行的就是这种制度；不过，我却想稍微花一点时间给你们大致介绍一下过渡性制度的一些原则。下面就是这些原则扼要的内容：

过渡性社会制度的原则

一、绝对平等、财产共有和人人有劳动义务的制度，将在五十年以后才完全、彻底、普遍和最终地实行。

二、在这五十年里，私有财产权将予保留，仍然实行自由劳动制而不是劳动义务制。

三、既得的财产无论如何不平等，都将受到尊重；但是，从现在起对新取得的财产实行逐步消灭社会不平等和逐步发展社会平等的制度，以便从过去的不受限制的不平等过渡到未来的完全平等的财产共有制度。

四、一切现存的私有主可以继续保留自己的财产。只有通过继承、赠与和未来所得才能改变。

五、任何现满十五岁的个人，在开始实行共产制度时将不一定要从事劳动。但是，婴儿和年龄未满十五岁的儿童，以及以后出生的儿童，都将接受一般基础的生产教育，以便在开始实行共产制度时能够从事一项劳动。

六、从现在起，所有新制定的法律必须以降低富人富裕程度、改善穷人的生活状况和在各方面逐步建立平等为目标。

七、国家预算总额不予削减，但是收入和开支的内容应予改变。

八、贫苦人、生活必需品和劳动一律不征捐税。

九、富人及其多余物品应按累进制课税。

十、所有无益的公共开支一律取消。

十一、所有公职人员一律发给薪俸。

十二、薪俸数额要适中，既不过高，又足敷生活。

十三、工人的工资应予调整。生活必需品的价格应予固定，其税额要使每个农民、工人和私有主都能凭劳动生产和财产收益过安适的生活。

十四、每年应最少拨款五亿为工人提供工作机会和为穷人修建住宅。

十五、为此目的，所有为建设共产社会做准备的工作均应立即开始。

十六、军队应尽快解散，发给军人复员金。

十七、与此同时，应使用复员军人从事对社会有益的劳动，发给特别津贴。

十八、公共土地只要有可能，应立即实行共产制度，改建为城市、村庄或农场，收容一部分穷人。

十九、采取一切措施增加人口，制止独身生活。

二十、鼓励穷人结婚，并给他们提供便利。

二十一、新一代人的培养教育，应成为公众关心的主要事业之一。

二十二、教育的目的应该是培养能够实行共产制度的公民和工人。

二十三、如有必要，每年所拨教育经费应达一亿。要不吝开支，把必要的师资配备齐全。共和国应给他们本人及其家属提供安适的生活，并且视他们为最重要的公职人员。

"这些就是过渡性社会制度的原则，其基础是私有财产制和逐步消灭财富的不平等。就像你们能够看到的，这种过渡性制度尊重一切既得权利，而共产制度的最终形式则暂时只适用于在全民中占少数的不满十五岁的儿童和尚未出生的各代人。"

接着，狄纳罗又介绍了过渡性政治制度的各项原则。

我不准备重复他就这个问题给我们讲到的内容，因为，在本书第一卷的第五章里，我已经颇为详细地介绍过这种政府制度，它和我国今天的政府制度没有多大的区别。

我只想提到一点，就是狄纳罗给我们讲到过渡时期的政治形式是民主共和国，其根本原则是主权属于人民以及各省、各公社和所有公民都一律平等。同时，他还说明当时采取了什么过渡性措施来便利公民们经常参加公民大会和行使他们的政治权利。

狄纳罗所讲的内容中，有一部分我想给你们转述一下，就是关于刑罚和司法方面的情况。既然在五十年内仍将保留私有财产制，那么，在这段期间里就难以期望不出现犯罪，因而便需要保留镇压手段。

狄纳罗首先给我们谈到，革命胜利时，看守所和监狱中关押着大批被贵族和富人判罪的无辜囚犯。他告诉我们说：伊加尔立即命令释放全部在押犯人，让他们回家，同时，吸收他们参军或者招进共和国的工厂做工；甚至连那些盗窃犯，只要愿意劳动，也一律赦免；他们后来几乎全都行为检点，无可指摘。

接着，他又给我们念了一份提纲式的文件的结尾部分，内容大致如下：

“司法制度应予简化。法官应选举产生并有固定任期。不论是民事案件、矫正案件或者刑事案件，审讯一律以事实为依据。重新制定刑法典，废除死刑，取消折磨性的酷刑。重新制定刑事诉讼法典，保障个人自由，防止滥用职权；只有重罪犯人，才能经拘留陪审团的授权在审判前加以逮捕。改善监狱的卫生状况和生活条件。”

然后，狄纳罗说：“这就是过渡时期宪法所规定的原则。这部宪法的草案曾经周密地组织了传达，做到家喻户晓。人民在节日般的气氛中欢欣鼓舞地批准了这部宪法。

“人民又以同样的高昂热情办了三件大事，标志着宪法的付诸实施，这就是：最终组成各公社的公民大会，选举各省代表大会的代表，以及配备全部新的公职人员。

“这样一来，民主共和政府便生气勃勃。全国代表大会与执行委员会主席伊加尔配合一致，终于排除了种种的国内分歧和外国威胁，创造了条件，来集中考虑人民的利益，以全副精力谋求人民的幸福。

“全体人民都参与自己事务的讨论。由各该公社全体公民组成的公社公民大会，集会讨论本公社的事务；由各该省公民选出的代表组成的省代表大会，讨论本省的事务；不论公社公民大会或省代表大会，都还要讨论根据宪法应由它们讨论的一些牵涉到全国性利益的事务；而由共和国的全体公民选举产生的全国代表大会则讨论全国性的事务。

“为了处理各方面需要进行的大量工作，全国代表大会划分为十五个大型的部门委员会（包括农业、食品、服装、住宅、工业、商业、公共教育、统计等等），每个委员会由一百三十三名代表组成；其下又划分成六十个小组委员会，每个小组委员会由三十三名代表组成。同时，几乎每个委员会都设有咨询委员会，邀请一些具有专门知识而又不是代表的公民参加，负责提供咨询意见。所有这些委员会都进行必要的调查研究工作，并且分别与各个省代表大会及公社公民大会下设的相应委员会保持联系。基层公民大会之所以也划分部门委员会，是为了使每个公民都能参加一个部门的工作。

“此外，为了使人民能够在充分了解情况的基础上讨论问题，每个公社都出版一份公社报，报道本公社的人物与事件；每省都有一份省报，报道本省的人物与事件；国家又出版一份国家报或称人民报，报道有关全体人民利益的全国性的人物与事件。所有的报纸都是由人民选举产生的公职人员负责编辑，其印刷发行的费用分别由各该公社、省和中央来负担（实际上，这笔费用在各级机构

的支出中只占一个微乎其微的数字），以便每户家长都能免费读到本公社、本省和中央的报纸。国家是把这笔开支看做公共教育和便利人民行使其主权的费用。

“为了同样的目的，我们还设置了一种新的公职，专门从事统计，或者说登记各公社、各省和全共和国的资财。

“每个公社都必须有自己的统计表，内容包括住房的数目、现状和使用情况，各户申报的财产数量和生活状况，各户的成员，包括其性别、年龄和职业，全公社已婚、独身或鳏寡的男女数字，一岁儿童、两岁儿童、三岁儿童等等各有多少，瓦匠、木工、鞋匠等等又各有多少，诸如此类。

“公社统计表还应该包括庄园和农场的数目和现状，地亩数字，作物的种类与产量，牛马等牲畜的头数，等等。

“省统计表应该把全省所属全部公社的统计资料综合起来；国家统计表则是各省统计资料的综合。

“所有这些统计表都分别保存在各公社镇、省会以及首都的专门建筑物内。

“各种统计表每年在制成后立即印刷分发，使各户家长都持有本公社、本省以及全国性的各项统计表。

“这样，政府便能了解每个公社、每个省份和全国的人口有多少，需要什么东西，以及劳动工具和土地产品的情况如何；它可以随时查考各种必要的资料以解决各种疑难问题，利用各种资源，满足各种需要，改进行政管理工作和节省政府开支。

"全国代表大会源源不断地收到各户、各公社和各省送来的革新建议和改进意见；同时又不断地下达各种方案以征询人民的意见，指导他们的工作。凡是特别重大的问题，都由全体人民直接行使主权，作出最后的决定。

"伊加尔和全国代表大会号召全体公民认真讨论的首要问题是：在暂时保留私有财产的情况下，怎样逐步地消灭贫穷和改善穷人的生活状况，尽快地使每一个人都能吃饱、穿暖和住好。

"发动全民开动脑筋考虑这样的问题，这做法本身就多么地鼓舞人心呵！这是个多么美好的新世界呵！

"我们的改革工作，是从消灭各种弊端陋习开始的。

"不用说，一切污垢都被一扫而光了。

"事情就像旧的一切全都是祸害与灾难似的，不论是度量衡、时刻、行政区域，或者是事物名称、风俗习惯，几乎一切的一切，我们都加以改变。这是一场全面而剧烈的革命，一次彻底的变革，一次真正的革新。

"人们甚至连自己的姓名也去旧易新，就像一个新的民族完全取代一个旧的民族似的。整个国土也显得焕然一新，因为所有的省份、城镇、道路和河流全都换上了新的名字。

"扫除了种种污垢以后，人们就着手新建和改建工作。到处都可以看到这样一个适用于一切的口号：'首先是必需，其次是实用，然后才是舒适。'

“为了使穷人们能吃饱穿暖住好，人们提出了各种各样的建议。有的主张降低食品、服装和住房的价格，在保证就业的前提下提高工资；有的建议向穷人分发必需的食品、服装和住房，或者发放款项供他们购买这些东西，并为此征收济贫税；有的人又提议发行公债，甚至发行纸币，以便共和国能够在不过分加重富人负担的情况下，有足够的款项来救助穷人。

“所有这些措施，总起来都是为了实现一个目标，就是使共和国拥有巨额的资金，足以应付各项开支。

“农业是大家最关心的部门之一。政府采取一切必要措施，来保证所有的土地都种上作物和获得好收成；它派遣人员到国外学习先进经验；它指导农民种植最适合当地土质的作物，少种过剩的作物，多种缺少的作物；它还鼓励改良谷物、蔬菜、水果和牲畜的品种，总之，就是改良所有食物的品种，以便所有的公民都能营养充足，吃饱吃好。政府还利用国营农场和公社庄园在各方面作出示范。那一千个隶属于公民大会的农业委员会，又孜孜不倦地致力于改进农业生产。此外，国家还出版了一份专门性的农业报，来报道先进经验，指导全体农业劳动者的工作。

“主要由一些医生、化学家和厨师组成的食品委员会，讨论了成千上万个有关用餐的次数和时刻，菜肴的数目、种类、先后次序、烹制和调味，优劣食品的划分，何种食品适合于何种季节、年龄、性别和职业等等问题。这个委员会不仅指出过去食品供应制度上的种种弊病，应该避免哪些缺点，实行哪些改进措施，而且还提出一个将在建成共产社会时实行的完善的食品供应制度和营养标准。到那时，所有的食品将一律由共和国分发，而且所有的公民都能有同等优良的伙食。

“全国代表大会暂时延缓这个最后计划的执行，但是却积极地为将来实行这个计划作准备；而且，只要情况许可，便局部地开始实施，例如，在国家办的医院、学校和工厂中首先推行。它陆续通过了一些当时可行的过渡性措施，并且不遗余力地改进人民的营养条件。

“主要由一些医生、服装设计师和有经验的工人组成的服装委员会，也同样地研讨了成千上万个有关男装、女服、童装、工人服的问题。它给广大人民群众指出哪种服装比较好，哪种最大方舒适。

“全国代表大会通过了一个在全体公民有可能穿着同样良好的服装时将实行的制度，同时又采取了一些在它看来当前比较可行的过渡性措施。

“应该提到的是，由于立法人是人民自己选举出来和得到人民信赖的，所有的法律又都经过人民自己讨论和批准，而且都是以谋求人民利益为唯一目的，所以，制定的法律根本不会遭到任何人的反对。全国代表大会有关食品和服装问题的各项决定，即使是其中的一些细微末节，人们也都争先恐后、分毫不差地遵照执行。

“关于住房和家具陈设方面，情况也是一样。

“在共产制度下，所有公民的居住条件都应该完全一样，而且尽可能地舒适。全国代表大会决定以人民的名义授予能够提出在各方面都最完善的住宅典型设计图的公民以巨额奖赏，并在共和国所有住宅中为其树立小型半身塑像。

“应征的图样经过公开评比以后，全国代表大会便采纳其中优胜的图样，并且命令以后为共产社会修建的住宅一律以此为据。

“我想，大家一定都了解，这样做的好处是难以估量的，例如，所有的住宅、农场、村镇和城市的门窗等等部件都有各自的统一规格，因此可以大批地预先制造。

“与此同时，我们又腾出大批公共建筑物来安置许多穷苦家庭，并且采取了其他种种必要的措施来立即改善人民的居住条件。

“这一公平和人道的伟大措施，人民十分满意，极大地激发了他们的热情；甚至有大批的富人，为伊加尔的榜样所感召，也向共和国献出建筑物供穷人居住。

“关于农场、各类工厂、医院和学校，政府也采取同样的办法征集、评比和选定典型设计图。

“室内陈设和每一项家具，也采取了同样的办法。

“在共产制度下，所有的公社镇都应该完全相同。对提出最完善的公社镇模范规划的公民，也给予巨额奖赏，并在各公社树立其全身塑像。

“省会和首都的规划，以及公共建筑物的设计，也照此办理。

“哪些城市坐落的地点不适宜或者规划不周，哪些是需要重建的，哪些只需要略加改建，如何改建等等，我们都认真地作了调查，采取了必要的过渡性措施。

“全国代表大会又命令立即重建那些毁于战火的城市和新建若干用以安置伤病战士和穷人的城市。这些城市一律立即实行共产制度。

“它还命令重建几乎全部的村庄。

“共和国全境划分为一百个面积尽可能相等的省份。

“每一省又分成十个大小大致相同的公社。

“我们尽量把省会（或叫省的首府）设在全省的中心，公社镇（即公社首府）设在公社的中心。公社镇所在地的交通要方便，以便分散在公社境内的所有公民都能在一小时之内到达公社镇。

“每一个省会的面积和人口，相当于三个公社（包括其公社镇）的面积和人口。首都则相当于六十个公社。

“我们还采取了各种措施使人口大致平均地分布到各地，因此每一个省份的人口也就大致相等。

“政府又查明哪些公路的设计不良，应该作哪些改动。运河、水道也是这样，不过，几乎全部都需要修直、疏浚和清理。政府还指示哪些道路需要展宽或修理，而且下达其中最紧迫的一些工程任务。

"政府还组织勘探，查明全国的矿藏。

"需要进行的工作规模实在巨大，因此，工业委员会便组织国内所有在工业技术上卓有才干的人参加工作，其中有些还是外国人；鼓励发明创造，并且从国外进口一些可以提高效率和代替人力从事各种危险、污秽或劳累作业的机器和技术。

"在各种制造业中，我们都尽量采用最省工的操作方法。例如，在服装制造业中就选定最容易缝制的式样，以便减少裁缝的数目，把省下的劳力用到其他方面去。

"共和国甚至还陆续吸收了一百多万外国工人，让他们在我国安家落户，生儿育女。不过，我们只接纳那些品行端正或者富有技艺的人，以便既促进工业，又改良人口。

"全国代表大会还指导工商业，及时指出哪些种类的商品和劳力过剩，哪些种类欠缺。

"它甚至还代表人民充当巨型贸易商和巨型工厂主。因为，它命令执行委员会收购大宗原料，尤其是从国外进口；又命令它建立巨型的共和国制造厂和车间，以制造人民所需要的布匹、衣服、家具和修建房屋需用的瓦木预制件和五金配件。

"它还命令建设一些巨型的共和国矿山和机械厂，以开发矿藏和制造机器。

“在这些工厂矿山中工作的大批工人，都是有报酬的，或者更确切地说，都由共和国供给食品、服装和住宅。

“为了便利这样大量的改建和制造工作的进行，公共工程委员会在一个由学者和企业家组成的咨询委员会的协助下，决定工程的先后次序，规定哪些工程先开始进行，以便为别的工程作准备和克服各种面临的困难。

“公共卫生委员会负责提出工厂或其他单位应该采取的保健措施。有一本专门指导人们在各种生活环境下怎样注意卫生的读物，受到全国代表大会的表扬，翻印了几百万份，免费赠阅。人种改良委员会则孜孜不倦地致力于改良人种。

“公共教育也许是伊加尔最注重的事情了，而且也吸引了哲学家们和全体人民的注意。

“全国代表大会命令组织临时学校，并且把最好的公共建筑物拨给这些学校使用。

“它采取了一切措施来保证立即或者尽早地把各种必要的辅导员和教师配备齐全。

“它首先关心十五岁至三十岁的成年人的业余教育，组织他们学习文化和其他对工人和公民最实用的知识。

“它制定法令，规定一种在共产主义时期适用的在各方面都最为完善的学校教育和业余教育制度。

“它的另一项法令，又规定了一种当前就实行的过渡性教育制度，不过，尽可能地使它与上述最终制度不要区别太大。

“男女儿童不论其家庭贫富，只要年在十岁至十五岁之间，都必须自己选习一种劳动技能，而且要接受关于过渡性制度和共产制度的教育。

“不满十岁的儿童，一律由国家免费抚育到十八岁，集体教养，使他们完全习惯于共产制度的生活。

“最后，它还组织编写各种必要的读物，供培养教师、教育儿童和教育全体公民之用。

“伊加尔有一个自己最喜爱的计划，就是要创造一种最合理和最有规律的新伊加利亚语，其中语言规则要尽量减少，而且没有例外情况，成为最简单明确，最容易学懂的语言。

“全国代表大会采纳了他的计划，并且决定在所有学校里给提出最完善的新语言方案的公民树立塑像，以资奖励。其后，它又命令向所有的青少年和儿童教授这种新语言，并且把现存的优良书籍翻译成新语言，这样，坏书也就自然消失了。

“关于宗教和教士的问题，也经过伊加尔、全国代表大会和全国人民仔细的研讨；共产制度下最终的宗教制度和过渡性的宗教制度都分别规定了下来。

“我们宣布尊重一切信仰，容许举行各种各样的宗教仪式。

“教会完全与政府分离，把宗教引向敬仰神明和传播道德的轨道上。

“所有年轻的教士都由他们的教友选举产生，而且可以结婚。

“神职人员都自己声明与外国教会脱离关系，宣布服从政府的法律。

“不过，我们在尊重原来的教士和信徒的习惯的同时，又通过系统的教育来培养既值得人们尊敬，又于人们有益的新型教士，以便正确地引导新一代人的思想感情，并且使宗教简明纯洁，人们也就喜爱和尊重宗教。

“伊加尔、人民代表以及人民本身就是这样地建设过渡性社会和为终极的共产社会作准备。

“一切都进行得十分顺利，所以，到 1798 年伊加尔本人逝世时，整个事业的进程已经不致受到多大的影响。

“伊加尔手下的成千上万追随者和拥护者到处宣传和实践他的学说；甚至我们可以说，全国人民都赞同他所主张的一切原则。

“一切事情都已规定好了，计划就是这样有组织有准备地逐步付诸执行；完全可以说，这是一整个演习的过程。

“此外，旧观点和旧习惯也通过教育，通过新习惯的形成，通过讨论和实践而逐步在改变，甚至富人们也主动向共和国献出他们的财产，以便自己也能参加某种局部的共产制度生活。

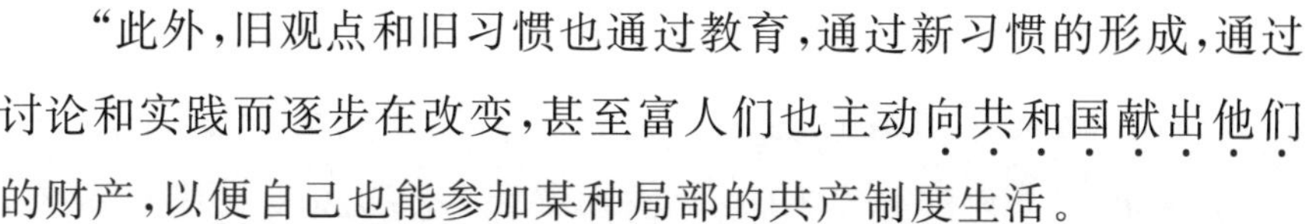

“伊加尔本人就率先作出榜样。他把自己的全部财产捐献出来建立一个共产区，有一百户穷人定居在那里，自成一个村落，实行共产制度。

“一位极其富有的贵族阿利佐尔公爵，也用自己的巨额财产建立了一个由他自己挑选的三百户穷人组成的共产区。

“另外一位叫玛布尔伯爵的贵族，也效法他们的榜样，从孤儿院里挑选了二百名九岁和十岁的男孩和二百名五六岁的女孩，由他负责教养，准备在他们长大结婚以后把他们接受进他建立的共产区。

“还有一位贵族，与另外二十个人合办了一个团结公社。一位可敬的教士则说服了所在小城市的全体私有主把各自的财产集中共有，共同组成一个共产区。

“事情还不止于此。这些范例鼓舞起群众高昂的热情，出现了成千上万要求缩短过渡时期的请愿书，为首签署这些请愿书的甚至还有富人；同时，准备工作也确实进行得很迅速，所以，原定的五十年过渡时期先是缩短为四十年，后来又减为三十年；最后，到了1812年，也就是革新的第三十年和伊加尔逝世后十四年，共产制度终于完全地、最终地建立起来了。

“我想，你们现在已经明白这样一个幸福的共产社会在我国是怎样建成的了。不过，如果你们有谁还需要我就某些问题作进一步的说明（而且我知道有的人一定还想了解某些更详细的情况），那么，像我原来已经给你们说过的那样，什么问题我都愿意解答，因为，我是非常希望你们在思想上不致留下任何疑窦的。因此，下一次会议我们不妨专门用来讨论你们的某些反对意见。

“不过，在结束今天的讲话以前，请允许我再说几句。

“如果你们不介意，我将冒昧地请你们设想一下，过渡时期进行的建设和生产的规模该有多大，工商业的发展又有多快呵！智力和体力的活动又是多么紧张呵！科学技术上的发现、发明和改进又是多么丰富多彩呵！我们民族在这三十年里完成的工作之多，取得的进步之大，即使把过去所有年代的成就总合起来，也难与此相比！

“请你们也想象一下，我们的父辈在经历了过去那些可怕的风暴和骇人的事件，深受风霜苦难和艰苦考验以后开始过上的是一种多么安乐和幸福的生活呵！

“自从革命胜利的第二天伊加尔提出他的计划以后，人民唯一的思想感情就是对伊加尔无限地信赖，对政府衷心地满意以及对前程抱着无比的希望。每天都取得新的胜利和进步；大家对祖国、对骨肉同胞、对整个人类的热爱日见深厚。我们的父辈因为童年时比我们不幸得多，所以他们面对自己所取得的种种成就和胜利所感到的精神上和物质上的欢乐与满足，比之我们今天在共产制度下感受到的幸福欢愉，显然更要深切呵！”

第七章　对平等与共产制度的反对意见

虽然狄纳罗只准备解答一部分人向他提出的问题，但是，因为我们大家都十分愿意继续听他讲话，所以大厅里还是像前些天一样，座无虚席。

出现了一个新的情况，使大家的好奇心更大，听讲的兴趣更高了。原来，有一位名叫安东尼奥的以博学机智著称的西班牙宗教法官，宣称他有许多反对意见要提；他的一些拥护者怂恿他出来挑起辩论，并且预先就庆贺他辩论胜利。

安东尼奥的一位助手问狄纳罗说："我记得您曾经说过，你们重建了所有的农场、住宅、村庄和城市。但是，怎么可能在短短的三十年时间里完成这样大量的建设工程呢？我也能设想到，您给我们说到的各种建筑方法一定都很有效；但是，面对着这样惊人的工作量，我的想象力也只好甘拜下风了。也许还有一些我所不知道的其他什么方法吧。如果真的有，是不是请您给我们介绍介绍。"

"其实，重要的并不在所有的住宅都必须在规定的期限内建成，"狄纳罗回答说，"关键是要多盖一点容易修建、工期较短的房屋，少盖一些结实坚固、经久耐用的房屋。

"就像我以前说过的，在选定住宅典型设计图和城市模范规划以后，我们就进一步注意选取最简捷的施工方法，一切都朝着这个方向安排。我们修建了一些轻型住宅，耐用期可能只有三四十年，准备以后比较从容地用更为坚固的房子来取代它们。

"在城市里，我们暂时推迟那些只起美化作用的公共建筑物的修建，把预定供这些建筑物使用的地皮先空出来。

"家具和其他物品也是这样。在这三十年里，我们只制造必需的东西，把实用的和享受的东西放到共产时期才制造。

"此外，我也给你们说过，我们采用了外国已有的一切机器，我们自己也发明了无数别的机器；全国的智慧都使用到建筑方面来；劳动者都学会了一套惊人的熟练本领；过去闲散或者使用不当的劳力现在全用到是处，从事有益的劳动；我们又吸收了一百多万外国工人；还有就是，我们的机器总动力，比二亿匹马或三十亿工人还要强大。

"此外还要加上：到处都建立起大型车间，巨型制造厂；我们又大批地预制建筑上所需要的材料和配件（砖、瓦、木器、门、窗等等），使随后的施工速度高到难以置信的程度。我还应该告诉你们：伊加尔就亲自指导过工人们在一天里修好一幢住宅，五天修好一个街区的房子，三个月修起一座公社镇。

"还要请你们注意的是：在大部分新建的城市中，计划修建的房子都比当时的实际需要要多，这样就可以把若干街区的建筑暂时延缓，待以后根据人口的增加情况陆续地修建。"

第二个人又问道："这我明白……；不过，我不太理解的是，怎样从过渡性制度转变到共产制度？这个转变怎么可能突然一下子便在全国实现呢？”

“事实并不像你所说的那样。这转变是一部分一部分、一步一步地实现的。请仔细听我说吧！

“我们先从那些受战争破坏最严重的省份开始过渡，然后是那些条件比较具备的省份。每年我们都只在一两个或三四个省份里改行新的制度，就是说，我们从革命胜利的第二年起开始实行，到第三十年才全部完成。

“你们已经看到，这个转变过程并不复杂，困难也不大。现在来说说在一个省份里，或者更确切地说，在一个公社里，我们是怎样过渡到共产制度的。

“首先应该给你们说明：每一所住宅，或者说每一个家庭应有的家具用品的种类和数目，是由法律规定了的；各种法定家具的品种都是成批地制造；而且，每一户人都是多退少补，让出多余的品种，领取缺少的品种。

“其次，公社的统计表早已列出公社的住户和人口的数目以及他们所需要的各类家具用品的数量，因此，仓库完全可以事先作好准备。

“这样，当一幢新住宅落成，配齐了各种法定家具，可以住人的时候，便让一户穷人迁入。并且把这户穷人原有的家具存入公共仓库；其中凡是还可以使用的东西，一律留供将来配备别的住宅之用。

“公社里所有的穷人就这样在短期内，比方说六个月内，先后住上了房屋和用上了家具。在他们绝大部分都安置好以后，再陆续解决小康户和富有户。这时，同样也是把他们原有的家具都收存起来，或者让他们保留法定数量的东西，而把多余的收存到公共仓库里。

“照这个办法，在一两年内把所有的家庭都安置停当以后，便着手选举新的公职人员，并且宣布这个公社实行共产制度。

“不仅如此，你们马上还可以看到，实际上共和国的所有公社是同时地在部分进行着这项工作。为什么呢？请你们注意听我讲。

“当第一年决定了所有的省份和公社、城市和乡村、住宅和农场的建设都应该大致相似，也就是说全都要进行重建以后，政府就派人员为每个新省份和它的新公社，每个新公社和它的一些新村庄、新农场和新道路拟制规划，而且具体勘定这些农场、村庄、城市的位置和道路的线路。

“我们规定了哪些城市应该在新地点修建，哪些应在原址改建。前一类就在当地地面上划定哪块作广场，哪片是住宅，哪段又是街道。后一类则把原有建筑布局绘成大型地图，甚至还制成浮雕模型，然后比照模范规划，列出需要进行的改建工程；接着再根据这个改建项目表，在当地标出所有新的街道、广场、公共建筑物和散步坪等等的基准线。由于工程师们都掌握了非常高超熟练的技巧，所以，这项工作四年内就在全国完成了。

“这时，各地便开始修筑最必需的道路、农场和村落。在几乎所有的城市里，也都开始修建若干街道和房屋，以安置那些最迫切需要住宅的人家。只要一个街区、甚至一幢住宅一完工，可以住用了，便安排一些原来住房破旧的人家搬进去，然后把旧房拆掉，尽量利用其中还可以使用的旧料。

“因此，你们可以看到，穷人们是从最初的几年起便切身享受到新制度所创造的某些福利；而且，某些地方甚至是整个公社或者整个省份，从那时起就完全实行共产制度。你们知道，到了现在，也就是1836年，我们的全部省份，都最少实行了二十四年共产制度了；而且绝大部分省份享受共产制度幸福的时间，都比这还要长，有的已经四十八年，有的四十七年，有的四十六年，以此类推，凡是二十四年以上的数字都有；也就是说，从四十八年前到二十四年前这段期间，每年都有新开始实行共产制度的省份。

“共产制度是怎样在一个省份的所有公社里同时起步而又陆续地建立起来，许多省份又是怎样既同时开始又先后建成共产社会，以及全共和国又怎样最终实现了共产制度，这点，我想你们现在都明白了吧！

“你们一定会问道，这样岂不是会损失很多房屋和家具吗？其实，这种损失并不像当初人们预料的那样大，因为，一些比较好的建筑可以保存下来；即使是拆掉的房子，也有一些旧料可以重新使用。至于家具，有的可以修旧利废，继续使用，有的甚至可以原样留给原主使用到完全破烂为止，而且最多也就是过渡时期的这三十年内需要暂时采取这种办法。

“从第二年开始生产的一切家具，都是按照新的设计来制造，而所有旧的家具到三十年后也已经完全废坏，或者近乎废坏，这样，国家的家具库存，就几乎没有受到任何的损失。”

“第三个人又起来问道：‘可是，那些珠宝钻石和奢侈用品呢？……既然法律禁止使用这些东西，那么共产制度一建立，它们不是全都废弃了吗？’

“是的！但是这类东西其实并没有什么真正的价值，而且，因为大家对奢豪的兴趣很自然地在逐渐减弱，这些物品的生产又早就无声无息地取消了，所以这些东西的数量也就不断在减少。

“由此你们也可以想到：三十年以后，当我们让富人把他们的全部奢侈品交存到公共仓库时，根本就不发生什么困难；因为，这些东西既然没有什么用处，人们也就不想保存它了。”

“那么，钱币也是这样吗？……”第四个人又说。

“当然啦！因为钱币也毫无用处，人们再也不习惯拿它来计价了。”

“那么，那些持有纸币的人，不是比持有黄金的人损失更大了吗？”

“他们谁也没有什么损失，因为共产社会免费供应他们所需要的全部东西，实际上已使他们都变成富裕者了。”

“债务和债权也取消了，是吗？”第五个人问。

“当然啦！因为不论是债务人或债权人，都应该把自己的金钱全部交存到公共仓库。”

第六个人又问道：“但是，这样岂不是妨碍了过渡时期建设资金的筹措和流通吗？”

“不！首先是因为，这并不妨碍短期的信贷；其次，资本家们既然必须向国家交存自己的金钱，而且金钱根本就无处使用，他们又有什么必要把金钱保留和收藏起来呢？自私的资本家会及早拿它挥霍享受，那样，这金钱也就在流通；慷慨的资本家则索性把款项赠送给人，或者有息或无息地借贷出去；在接近实行共产制度时尤其是如此。而且，人们一旦接受了共产原则，就必然出现一种可喜的局面，就是从过渡时期的中期起，人们便愈来愈不那么向往富裕，愈来愈不害怕贫穷，彼此的财富也愈来愈趋于平等；共产时期愈接近，这种趋势也就愈明显。”

“那么股票呢？……”

“这个呀，你们应该猜想得到吧！三十年过去以后，它就完全取消了；而在这以前，随着股票持有者愈来愈多地进入实行共产制度的公社，股票也就逐年地减少；可是在这三十年里，股票仍然如数分红，而且甚至可以和以前一样地出售，不过，股票交易所却取消了。

“你们也一定会猜想到，外国人持有的股票是在三十年期满以后才赎回的；不过，在共产制度的原则通过以后，我们便开始核实外国人持有的股票数量，法律规定他们从这时起不得新买股票。”

“那么，那些股票经纪人呢？他们怎么会同意取消他们的行业，甘心失去自己生财之道呢？”

“他们就和其他所有的富人一样，共产社会在取消了他们原来的私有财产的同时，又使他们富裕起来，使他们比以前更加幸福了！”

“那些在你们国内拥有不动产的外国人呢？对他们怎么办？”

“这些不动产必须出售给伊加利亚人，否则就根据过去有关公益征用的法律加以没收或者赎买，供公众使用；同时，禁止外国人以后再购入任何不动产。”

“这样不是把外国人都赶跑了吗？……”

“不，不会的！只要他们付给共和国一笔适当的款项作膳宿或其他的费用，我们就接受他们进来，就像现在接待你们的情况一样。”

“但是，穷苦的外国人付不起这笔钱怎么办？”

“我们倒是希望能够接受他们，让他们分享我们的幸福；但是，你们一定也明白，我们事实上不可能接待世界上所有的穷人。不过，我们还是接纳了一些虽然穷苦、但由于有才能而对我们有用的人，甚至还接纳了某些受本国专制政权迫害的外国人。”

大家都在等待安东尼奥出来提问，已经有点不耐烦了，所以当他终于要求发言时，全场听众的注意力便加倍集中了。

他说：“我很荣幸能够向您提几点看法。不过，我还是承认，面对着伊加利亚使人目不暇接的种种美好奇迹，我自己也十分惊讶。”

“请照直说吧！”狄纳罗对他说。

“照直说吧！”四面八方都向他喊道。

他说："我承认，伊加利亚人确实如他们表面上看来以及他们所宣称的那样幸福，而且他们的幸福是有保障和很全面的。我不准备谈论他们在这样短的期间内完成了这样多工作的奇迹般成就了，因为，如果他们三十年完成不了，还可以延长到六十年、八十年，甚至一百年。我只想冒昧地就平等制度和共产制度本身是否适合我们欧洲国家的问题提出自己的几点看法。也许，这些看法谁也不欣赏。"

"请说吧，请说吧！"狄纳罗又催他。

"说吧！"他的拥护者也向他喊道。

"好吧，我就说吧！我认为，社会平等违背了大自然的意愿，是不公平的、无益的，或者更正确地说是有害的和不可能做到的。我还应该加上一句，就是：平等制度早已被一切时代的一切民族所摒弃了；不！我还必须再补充一句：共产制度也是这样！你们中有些人的才干，我是很佩服的，他们的善良愿望也使我很感动；要是我把理由都摆出来，恐怕就会伤害了他们的感情。……"

"说干脆点，说干脆点！"狄纳罗和全场都向他喊道。

"好吧！承蒙你们允许，我就说啦！不过，我的看法只适用于我们一些历史悠久的欧洲帝国，对于幸运地处于一种特别优越的地理环境和具有独特情况的伊加利亚说来，这些意见可能有些格格不入。"

对平等制度和共产制度的反对意见

安东尼奥接下去说："好啦，诸位先生们！我想问问你们：你们在地球上看到的平等与不平等的现象，究竟哪一种合乎大自然的意愿呢？

"大自然本身先于社会而存在，它所创造的人类，难道不是在性别和肤色、相貌和健康、身材和体力、美容和生殖能力、智慧和天才、勇气和品德等等方面都不平等，就像它所创造的各类动物在力气与本能上各不相同，它所创造的各个国家在土地肥沃程度、生产条件好坏、气候温度高低和有利于健康的程度等等方面各不相同吗？既然我们在大自然创造的这无千无万的事物中，根本就不可能找到有两件事物、两个人、两只动物，甚至两片叶子或两颗沙粒是在各方面完全相同的，那么，怎么可以否认上帝、万能之主、至睿之神所期望的正是不平等呢？企图代之以平等，难道不是背叛神明本身的意旨吗？（这时可以听到几声喝彩）

"人类既然生来就在体力、才智、活动能力、预见性、需要和克制力方面是不平等的，那么，不同的人所具有的影响、威信、权力、财产和收入，也应该不平等。因此，社会和政治平等显然是极不公平的。

"这种平等不但远非有利于弱者和无能者，而且对一切人都是有害的，因为它会窒息人们的竞争精神、活动能力和奋斗意志，妨碍天才的发挥和发明创造的出现。

“即使社会为了建立财产与占有的平等而疯狂到企图消灭天然的不平等，这种硬性建立起来的平等也不会持久。因为，一部分人才智过人，小心谨慎，俭朴节约，工作又勤勤恳恳，当然应该富裕起来；另外一部分人则生性懒惰，或身罹疾病，或愚蠢无知，或遭受灾祸，或嗜癖无度，或由于许多别的原因，当然应该贫穷起来，吃苦受难。总而言之，人们天生在能力、品德和嗜习上的不平等不可避免地会摧毁人为的社会平等，并且使社会回复到财产和权力上不平等的天然状态。（叫好声）

“因此，你们不妨看看，当社会开始组成，也就是人类还处于纯洁无瑕、崇尚正义与道德的黄金时代时，我们的祖先是怎样明智行事的。整个地球上的一切大大小小的国家民族，在各个世纪里，也就是从世界创始一直到今天，除了财富与权力的不平等之外，你们还能看到别的情况吗？

“而且，请你们听听人们的议论吧！我指的不是那些无知群众的意见，而是那些由于学识渊博和深受圣灵启迪而比较了解上帝旨意的阶层的意见。请听听那些历史家、学者、哲学家、立法者、政府人士、解释天国意旨的圣职人员，甚至是那些最勇于从事革命和维新的世俗党派与团体的首领们的意见吧！难道他们不都是异口同声地要求不平等吗？

“关于私有财产制和财产公有制的问题，我上面所说的原则同样地适用。

“如果说上帝为人类创造了地球上的一切事物，那么，他难道赋予过任何特定的人以任何特定的东西吗？他难道不是让每一个人去凭自己的能力捕捉野兽、采摘果子和开垦土地以满足自己所需吗？难道不是每一个人都具有通过劳动来获得他所需要的一切东西的可能性吗？

“大自然难道不是一视同仁地赋予每一个人以预见将来的能力、创家立业的精神、耕作土地的本领、对私有财产的嗜爱和积累财富供自己和自己的儿女享受的愿望吗？既然这样，上帝本身难道不是从一开始就建立了私有财产制吗？

“野兽是通过艰难的追捕和生死的搏斗才猎获的，野果是经过艰苦的寻觅和摘集才得来的，住房和耕地是辛辛苦苦地修盖和开垦出来的。所以，每一个人成为自己猎获的野兽、自己采集的果子、自己修建的房屋和自己开垦的田地的所有者和主人，难道不是绝顶公平的事情吗？

“反过来，人们不分勤惰、不分智愚、不分自制与放纵、不分节约与浪费，都一律等同，一切共有；前者为后者劳动，却让后者共享，后者则只顾吃睡，不必为前者操劳，岂不是绝顶的不公平吗？

“假设有那么两个人，一个品格和德行完美无缺，另一个却恶习累累，缺点许多；一个子女成群，而且教养有方，对手下的大批仆从指挥得法，也善于使用自己的大批奴隶，而另外那个人却孤家寡人，无所作为；而且，两人的家庭，多少代以来都一直是这样地不同；那么，前一个人家财增益，后一个人则倾家荡产，前一户富贵腾达，后一户变成贫穷下贱和受人驾驭，难道不是理所当然，公道至极吗？

“总而言之，本来是平均地分配给最早的一些民族和最早的一些公民的财富，由于一部分民族和公民的品行端正和另一部分民族和公民的行为恶劣而很快地转变为不平等的私有财产，难道不是非常合乎情理吗？

“因此，无论何时何地，在任何时代和任何民族中，财产私有和财富不平等都是社会赖以建立的基础，而财产共有和财富平等却不可能牢固地确立。

“请允许我提醒你们注意一下这种由大自然规定了的并且为人类所接受的制度的优越性，并且把这些优越性与财产共有制的缺陷作个对比。也请你们允许我举一两个例子来证明私有财产和富人的钱财是如何不仅有利于私有主和富人，而且有利于这个国家的广大群众，特别是有利于穷人和无产者。

“首先，谁能否认富裕是享受和幸福的源泉呢？谁又能否认，对财富、子女和权力的嗜爱（对子女的疼爱，使做父亲的不仅为了自己，而且也为了子女而渴求财富），是大自然赋予人们心灵的三种最强烈的情感呢？

“正是这三种炽热的情感推动了人们不惜辛劳，反复尝试和不避艰难险阻创造出大量的财富来。反过来，共产制度却由于对人们不加区别和对人们的各种欲望漠然置之，从而根本不可能激发起这样的热情，这点又有谁能否认呢？

“为了使立法者、官吏和学者不乏余暇，心灵恬静，修养深邃，学问渊博，习惯于思考，一句话，就是使他们具有治理国家、造福人民所必不可少的条件与才能，就必须使他们拥有钱财，过富裕舒适的生活。这又是谁能否认的呢？

“一个人如果没有私有财产和富裕的环境，就会堕落为只顾满足身体和物质上的需要，完全不能体会那种来自责任感、慷慨度量、慈善心肠的更为高雅的心灵上和思想上的享受；他甚至会对这些人类光荣所在的高尚品德一无所知。

“何况，如果没有富人的施与，穷人会变成什么样子呢？如果没有私有主来提供工作和发放工资，工人又将是什么样子呢？如果没有大资本家的资助，农业、工业和商业又将出现什么情况呢？如果没有财富在起作用，温良谦恭的文明礼俗和社会的种种娱乐享受，又会败坏到何种田地呢？最后，如果没有豪华舒适的生活作推动力，科学文化、文学艺术又如何能发展呢？

“是的，确实是这样：人类的一切进步，不论是中国、印度、波斯、埃及、希腊、西西里、迦太基、罗马、意大利、法国、英国或美国，在科学艺术上的种种奇妙发明和优秀创作；不论是路易十四[1]或

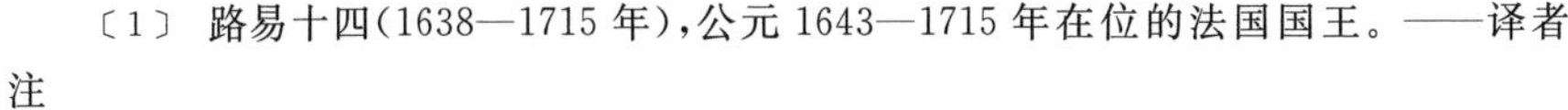

〔1〕 路易十四(1638—1715年)，公元1643—1715年在位的法国国王。——译者注

拿破仑[1]的盛权巨业，一切世间的丰功伟绩与英雄品德；一句话，一切使人类强盛、幸福与光荣的事物，全都是不受限制的私有财产制的产物。

“至于财产共有制度，究竟它在世界上能创造些什么，又究竟实际创造了些什么呢？有哪一个民族敢于冒险试行一下呢？

“在我们欧洲的那些古老而富裕的社会里（因为我始终是撇开伊加利亚来立论），如果实行共产制度，岂不就是要以一种一切都遭到扼杀的死水一潭的局面来代替原来人人在科学和才智上怀抱宏伟的抱负、到处进行着活跃的竞赛和蓬勃的争驰的局面吗？可是，只有这后一种局面才能使一切事物生机焕发，并且在个人幸福的基础上创造出公众的幸福。

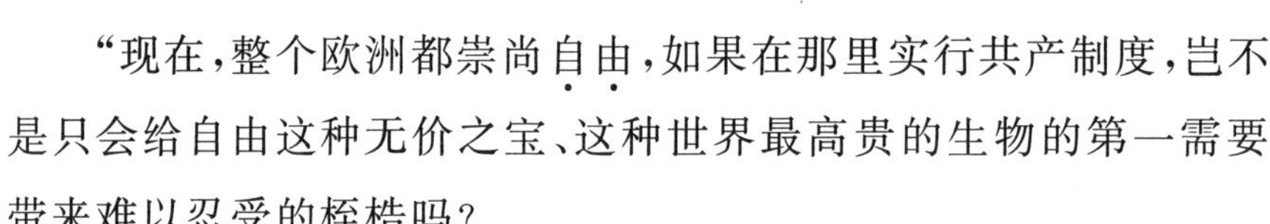

“现在，整个欧洲都崇尚自由，如果在那里实行共产制度，岂不是只会给自由这种无价之宝、这种世界最高贵的生物的第一需要带来难以忍受的桎梏吗？

“在共产制度下，既不能拥有财产，也不能过富裕的生活，既不许继承，也不许赠与；结果，即使作出最杰出的发明或者表现出最出众的天才，也一无所得。人们什么东西都无权处置，哪怕是自己的一举一动和一言一行，或者是自己的儿女、自己的劳动成果，甚至自己的才智也不例外。人们无论休息或工作，旅行或游猎，或者

〔1〕 拿破仑（1769—1821年），1804—1814年和1815年两度为法国皇帝，建立庞大的拿破仑帝国；曾征服几乎整个欧洲，对欧洲封建制起过很大冲击作用。——译者注

让别人侍候自己，都不能悉从己愿。想当个主人，拥有一点仆役猫狗、马匹车辆、别墅花园，都一概不行。不论是吃的穿的、住的用的，以至娱乐享受，不论起床或睡觉，不论活着或死去，全都不自由。这是最可恨的专制制度，最可耻的暴政，最不堪忍受的奴役！

“同时，即使是那些在学识和才干上，在爱国心和品德上，在发明创造和功业劳绩上都非常超群卓著的人，所得的待遇也丝毫不比别人高。这种所谓新颖完善的社会和政治制度用以处理一切的准则，就是忘恩负义和偏颇不公！

“因此，凡是有见识、有判断能力的人，作为人民和整个人类真挚朋友的人，总是不约而同地起来反对这种违背公平、不念恩怨和制造灾难的共产制度。

“只有柏拉图[1]和托马斯·莫尔[2]两人胆敢宣扬这种制度。我倒并不怀疑他们两人怀有善良的愿望，但是，凡是理智的人和有识之士有谁不认为他们是幻想家、偏执狂和疯子呢？其中那位希腊的空想家提出的共产制度，不是被公认为是一种梦呓吗？所谓柏拉图式的梦幻难道不是已经成为异想天开、胡言乱语和癫狂发疯的同义语，而那位英国空想家莫尔的乌托邦也成为不可能性的同义语，甚至几乎成为无稽之谈的同义语吗？

〔1〕 柏拉图（公元前约 427—前 347 年），古希腊唯心主义哲学家，奴隶主贵族的思想家。——译者注

〔2〕 莫尔（1478—1535 年），英国政治活动家，人道主义作家，空想共产主义的最早代表人物之一，《乌托邦》一书的作者。——译者注

“而且，自古以来又有谁真的愿意试验一下他们那种模糊空洞的理论呢？有哪一个王国、哪一个教主、哪一个议会、哪一个立法机构、哪一个民族愿意浪费时间来从事这种试验呢？柏拉图本人就找不到一个君王或者民族赞同他的想法；而他的那个门徒普罗提诺[1]尽管甘冒身败名裂的危险大胆地谏请一位罗马皇帝进行试验，结果也只好眼看着自己的诤议被这位明智的皇帝视如敝履！

“他们甚至连土地法（或者说平分土地）和平等财产制也实行不了。因为这种办法不但元老和富人们强烈地反对，而且连小私有主也大不以为然；而且后者甚至由于地产微薄而比领地广袤的前者更为眷恋自己的土地。为什么人们这样激烈反对呢？这是因为，人们总是相信，这种分配和这种平等难以持久，只能昙花一现；其次也因为，把国民财富平均分配给所有的公民，只会使每一个人得到一份接近于零的份额，从而造成平等的贫困，使愈来愈多的土地荒废，越来越多的人游手好闲。最后，还因为那些最热烈拥护土地法的人所要求的分配，无非是要把一切据为己有，而别人则一无所有；这就等于对原来的私有主说，（请允许我使用一句粗鄙的话）‘你滚开吧！让我来！’

“因此，不论过去和现在，要求在欧洲实行共产制度、哪怕只是要求平分土地的，这都是些什么人呢？一般不就是那些革命党人和无政府主义者吗？不就是那些在革命过程中非但一无所失、而

[1] 普罗提诺（书中原文为 Plantin，是十六世纪法国著名出版商，与上下文不符，疑为 Plotin 之误，故从后译）（公元 204—270 年），唯心主义哲学家，新柏拉图主义（亚历山大里业——罗马派）神秘学说的创始人。——译者注

且可以攫取一切的人吗？不就是那些胆敢谋反作乱，不惜烧杀抢掠的人吗？可是，保守派却不干这些，他们唯一宣传的是秩序与和平，劳动与安宁，崇敬宗教与服从法律，以及人民的幸福与人类的完美化。

“因此，共产制度只是在伊加利亚才算德政，对于欧洲说来，却是一场灾难！”

最后的这一句话音刚落，安东尼奥的那帮本来就不断替他呐喊助威的拥护者们，就迫不及待地用他们狂热的呼喊和鼓掌声向自己的对手示威；大厅里的其他听众却全都缄默不语，一片寂静，显得有点失去把握，心绪动摇。

狄纳罗本来想马上就作答；可是，双方听众出于各自不同的动机，都不约而同地要求推迟这场辩论。欧仁和我也就只好心急如焚地等待明天的会议，心里都有点忐忑不安。

第八章 对反对平等与共产制度的意见的驳斥

狄纳罗开始发言时，听众都充满着好奇心。

他说："我深信，我准备回答其问题的这位高贵的博学雄辩之士，无疑和我一样地热爱真理和人类；而且如果我也认为只有私有财产和不平等制度才能给欧洲带来幸福的话，我也会和他一样，反对在欧洲实行共产制度。

"虽然安东尼奥慷慨激昂地提出了这样多的反对观点，而且这些观点在有些人看来理由相当充足，但我还是希望大家再提出更多的反对意见来；因为我敢肯定，我完全可以驳倒任何一个反对观点，完全可以说明为什么只有共产制度才能给欧洲各国带来幸福，就像它在伊加利亚的情形一样。因此，我是满怀必胜的信心来回答尊敬的安东尼奥的。（这时，大家的注意力更加集中了）

"安东尼奥！你硬说大自然使人们在一切方面都不平等，因而社会也应该维护这种不平等，而且社会与政治的不平等应该体现和加强这种天然的或神定的不平等。我的看法却恰恰相反。我认为，大自然并没有把人分成一些是理应指挥别人、理应拥有财产的上等阶层或上等类别，另一些则是理应服从、理应劳作耕耘的下等阶层或下等类别。

"为了论证我的观点，需要把差别和不平等区分开，把力量与权利区别开。

"不错，人们在身材、肤色、体力等等方面是有差别的；但是，是不是人们就不平等呢？不是的！

"两人之间完全可能在局部上不平等，也就是在某些方面，比方说，在体力上或者智力上不平等。一个身强力壮而秉性愚蠢的人完全可能战胜一个虽有聪明才智但是身体羸弱的人；但是，也可能败于一个尽管体弱、但是却心思灵巧而且持有武器的人。这就是说，一个人在具体面对另一个人时，总的力量对比如何，是一个极其错综复杂的问题，或者说是一件极其错综复杂的事情，它包含着构成双方力量的种种因素（诸如身材、体力、灵巧性、智能、训练、教育、经验、武器、财富、子女多少、支援大小，以及各种不测事故、偶然原因，等等）；这些因素所占的比重各不相同，而且不断地在变化。问题的复杂甚至到了这样一种程度，就是：在胜负最后分晓以前，根本不可能确定两人中谁的力量较强；甚至如果这两个人只是打架，而任何一方都没有被打死，便有可能轮流地取胜。

"可是，一切人的理性，即使不是完全相等的话，最少总的说来是足够的。它指引弱者去联合其他的人来反对一个强者，以便重新建立力量的平衡。由于理性是自然赋予人们行事和自卫的主要武器，所以，我们完全可以在最广泛的意义上说，自然赋予每个人的力量是平等的。

"自然甚至赋予人们以智力上的平等，因为，我们所看到的两人之间在这方面的不平等，实际上是他们出生以后所处的种种不同情况造成的。他们两人的器官生来都是一样的，而且具有同样的用途；他们都同样地无知，同样需要经过教育和培养；如果把他们放在绝对相同的环境下，他们的知识和教养就将完全相同，或者起码是两人都具有足够的知识和教养，差异的程度绝不会形成真正的不平等。

"因此，使人们在知识与教养上不平等的并不是自然，而是社会。如果说确实有某些人天生在智能上比较优越，那么，同样确实无疑的是：自然并没有从人类中划分出一整个特殊的类别或阶层，天生具有他们世袭遗传的特殊智能，使他们得以凌驾于其他人之上，成为天之骄子，或者使某一个民族高出于其他的民族，就像人类高出于其他的动物那样。

"总之，如果说存在着若干在智力上天生优越的人，那也只是极罕见的例外，而且这种情况并非只在某一个阶层里才可以看到，别的阶层里也会出现。其实，这种人在广大群众中，在所有的家庭里都可能发现；而且，在家穷势弱的人中，这样的事例甚至比权贵富户还要多见。……世界上究竟有谁敢自吹自擂地说，'我所属的人种智力比你们的人种要高'……特别是，有谁敢对自己的同胞说，'我是你们中智力最高的一个，因而最有能力管理你们。'

"因此，相反地，就平等这个词的最概括、最广泛的意义来说，我们应该认定：一切人天生的体力和智力，一般说来总是平等或者接近平等的，因而，他们在权利上也是天然平等的。"

（说到这里，雷鸣般的掌声简直淹没了狄纳罗最后的几句结论性的话。）

"再说，即使我们假定人们天生在力量上是不平等的，难道仅仅因为这一点他们的权利就应该不平等吗？难道有一些人生来就应该指挥别人，另外一些人却只应服从他们吗？难道一些人理应生而游手好闲，另外一些人则必须为他们劳作，专门伺候他们吗？难道一些人理应富裕幸福，而另一些人却活该贫困悲惨吗？两个阶层宛若人兽之别，前者是半神明的阶层，生就应该享受，而后者却是野蛮族类，注定要辛劳受苦。

"老实说，这种说法对神明是莫大的亵渎！既然你赞美上帝无比地善良，颂扬他是万能之主，集一切崇高的正义于一身，并且称呼他为人类之父，既然你说所有的人都是上帝的儿女，都是人类，都是同胞，都属于一个大家庭，彼此都是兄弟；为什么又硬说这位无比公正善良的父亲并不普爱自己的所有儿女，并不平等的施恩于他们，并不赋予他们以同样的智慧、愿望、情感以及满足这些愿望的手段，并不让他们每一个人在这片专为他们而创造的大地上享有同样的权利，却要把他们分类划等，区别为人与奴隶、君主与臣民、贵族与平民、有产者与无产者、富人与穷人、消费者与生产者、幸福者与不幸者呢？你这样前后矛盾，究竟是怎么一回事呢？

"假使有那么一位儿女成群的父亲，本来完全应该对子女一视同仁，而他却偏要在儿女中划分高低，偏要按照儿女的身材、外貌、肤色的差别来施与不同的父爱，偏要娇宠其中最美貌、最聪慧的孩子而摈斥身体羸弱、相貌丑陋的孩子，偏要把遗产全部留给身强力壮的儿女，而病残的则一无所得；而且总是称赞高大的孩子，对矮小的则咒骂不停；如果是这样一位父亲，我们会怎样看待他呢？

“何况，不论是在过去的原始时代，当人类一概处于野蛮状态，赤身露体，流荡为生，采食野果，茹毛饮血的时候，也不论是当今的世界，包括一切居住在宫殿或草房的人、身穿华服或衣不蔽体的人、安睡镀金摇篮或栖身马厩草堆的人在内，究竟又有什么神授的特征可以用来区别哪些人理应受到称赞祝福，登上天堂，哪些人又活该遭受诅咒斥责，身入地狱呢？

“不！不！如果认为上帝会这样地不公正，那就是亵渎神明！上帝所创造的人，彼此虽然存在差别，但是在力量上、特别是在权利上却是平等的。上帝不但使所有的人都比别的生物优越，而且使所有的人都具有同样的需求、同样的愿望，要求他们必须完成同样的职责和义务，赋予他们同样的本能、手段和权利，以便他们能够充分利用自己的全部感官、机体和周围存在的一切物品。

“如果大自然赋予某些人以压迫别人、统治别人的意志，那么，他必然也赋予所有的人以同样的意志，正如它把自卫的意志赋予一切人一样。

“如果说某些人的自私心、自大感、支配欲、傲慢心和虚荣心是大自然赋予的，那么，它也会把这些东西赋予一切人，正如它使所有的人都同样地憎恨奴役与压迫和热爱独立与平等一样。

“特别是，它赋予一切人以理性……。

“是的，理性！……为什么上帝只是使所有的人都平等，而不让他们在身材、容貌、肤色、体力和智力等各方面都一模一样呢？究竟这是什么缘故呢？……你们看，它不是给了每个人以理性吗？……这理性不就完全足以启导每一个人懂得如何运用自己的权利，如何建立平等的制度来保障自己的幸福吗？

“理性本身不就完全足以引导人们去组成良好的社会，建立教育上的平等，从而使人们在能力上也平等，以及建立劳动和财富的平等、社会与政治权利的平等吗？

“是的，理性是上天的第二旨意，凭借它就完全能够建立起一切方面的平等。由于这种理性是大自然或者说上帝的一种恩赐，因此，就像我前面已经说过的，平等制度乃是大自然或者说上帝的一种间接的创造物。（掌声雷动）

“但是，大家都承认，人类最初是处于野蛮状态，就如最近三四百年来在几乎整个美洲和非洲大陆以及一些新发现的岛屿上所看到的情景一样。人类开始时类似于动物，和它们一样地赤身露体，居无定处，流浪于丛林之中；和它们一样地只凭本能，别无知识可言，既无荣辱之感，也无善恶之分；和它们一样，谈不上有什么科学技术和文化艺术；和它们一样，与其说是生活于社会之中，不如说只是集群而居，既无私有财产，又无财富上、等级上和权力上的任何区别。在这个原始时期，对人类说来，理性还只是一种尚未应用的工具或舵桨，或者更确切地说，理性这时还处于萌芽状态，有待于随着人类的成长而缓慢地发展与完善。

“这种野兽处境，这种愚昧无知的状态，这种逐步发展的过程，延续了很长的年月，大概有几十万年，也许是几百万年；因为，我们很难确切地想象出究竟经过多长时期人类才发明了语言、特别是文字，以及人类是经历了多少世代才积累起如今这样大量的发明创造。其实，就算人类诞生至今已达几百万年，如果与今后可能还

要延续下去的无数百万年相比，尤其是与这个小得可怜的人类世界出现之前和之后的那个无穷无尽的宇宙相比，又算得上什么长时间呢？在理性与人类的这个童年时期，地球上主宰一切的是兽性与动物，捕猎生人和动物是唯一的生存手段，战争与掠夺长期以来是主要的或者说是唯一的维生途径，战胜与征服是取得财富的最有效的方法，强者和能者唯一从事的就是杀人充饥和劫夺其所有，或者是驱迫他人为奴，强使其为自己劳作。世界各地的国家政府、贵族统治，到处存在着财富不平等、权力不平等的制度，正是在这样的基础上建立起来。

“但是，每一个民族都自以为是最强者，地球上也就征战不休，叛乱不辍。经过无数的战役和骇人的屠杀，一大批弱小的游牧或农耕部落被征服，一些原先的征服者、战胜者和战争英雄们本身又先后变成战败者，反过来被人征服；结果，地球上便疮痍满目，尸骨遍野。古代巴比伦、底比斯[1]、迦太基、推罗[2]、耶路撒冷、雅典和罗马的大片废墟，以及后来圣赫连拿岛上拿破仑的坟墓[3]，都证明了暴力的脆弱。可是，在几乎所有的国家中，却至今仍然由征服者和他们所建立的不平等制度统治着。

“在每一个国家中，公民之间、臣属之间和政党之间，情形也是这样，所谓社会、政权、法律、财产和不平等制度等等，这一切都以暴力和征服为基础；而且，由于各个党派都自认为最强有力，因而内战和动乱绵延不断，屠杀与镇压也就永无终结。到处仍然是暴

〔1〕 底比斯，古希腊著名城邦，位于伯罗奔尼撒半岛。——译者注
〔2〕 推罗，古腓尼基著名城市，在今黎巴嫩境内。——译者注
〔3〕 圣赫连拿岛为拿破仑最后被囚死亡的海岛，位于南大西洋。——译者注

力主宰一切，依旧是依靠暴力来建立不平等制度。

“不过，人类虽说尚属年轻，究竟还是随着时日的过去而逐渐成长了。在压迫制度下，人们的正义感发展起来了；其后，从经验中又产生智慧；在不幸的境遇中，人们的理性也慢慢成熟起来。时至今日，……我们之所以要谈论今日，是因为我们归根到底总是必须撇下过去，集中注意现在；总是要抛开旧日朦胧不辨、难以确定的黑暗年代，回过头来考虑当前的现实世界。让我们忘掉那已经消逝的历史，而集中研究活生生的现实吧！

“今天不也和过去一样，存在着一个大自然和一个人类吗？难道我们可以像苏格拉底[1]所斥责的那种眼睛只看着上天而忽视人间的人那样，目光只朝着已死的人而无视活着的人吗？当初各民族之间以及后来个人之间划分土地究竟是否出于自愿，以及现存的社会制度和不平等制度的建立究竟是否经过人们正式同意，这与我们又有什么关系呢！反正我们现在正蒙受着这种制度之害。我们应该研讨清楚的还是活着的人们的感情、见解、权利和意志，而不是那些早已不存在的人们；因为，我们这一代人拥有旧时代人所不可能有的用以指导我们行动的完美的理性。

“好啦，现在请允许我提出一个看来似乎可笑但是却并非毫无根据的假设：如果地球上出现一场大瘟疫或者其他的灾祸，人类只剩下一些孕妇和鳏寡的老年人；又假如这些既没有什么后代亲人、

〔1〕 苏格拉底（公元前约 469—前 399 年），古希腊唯心主义哲学家，奴隶主贵族的思想家。——译者注

又没有什么个人利益可言的老人们聚集在一起来讨论那些尚在母胎中的婴儿的权利问题，那么，请问，在这样一个所有与会者对议题均毫无切身利害的会议上，难道会有人起来反对这些尚在腹中的胎儿在自然心目中是权利平等的，反对他们应该享受平等的教育、平等的财富和平等的社会与政治权利吗？

“再假定，全人类都集合起来，旁听关于平等问题的讨论，那么，你们以为那只占极少数的贵族和富人内心能够否认每一个人都应该对生存和幸福享有平等的权利吗？如果这个少数里真有那么一些人疯狂到敢于凭借暴力和战争来进行反抗，如果人类社会因此而纷纷瓦解，回复到自然状态，这个少数本身不也就马上丧失了自己的财产和权力了吗？而且，即使他们由于手段高明，能够坚持得住，把斗争延续下去，那岂不也只会到处出现战争和毁灭吗？这时，理性难道不会以调停者的身份出现，设法说服大家相信他们的共同利益在于承认权利平等和最终地建立起以这种平等为可靠基础的社会吗？

“是的，正是理性，或者说大自然，或者说上帝，谕示人类必须建立社会与政治的平等，而人类则接受了这个旨意！（热烈的掌声）

“天才本身并没有赋予人们以支配、统治或指挥别人的权利；因为，只有通过选举才能证实一个人的天才，只有人民的委托才能使这个人享有某种为谋求人民利益而必需的权威。

“因此，平等制度只承认这种由人民授予的职权和荣誉，例外情况是不存在的。

“现在，让我回过头来答复一些属于枝节性的反对意见吧！不过，其中有的实际上我已经作了间接的回答了。

“安东尼奥！你硬说初期的人类比起今天来更为天真无邪，更为高尚，也更为聪慧和完美；你还大谈什么人类的黄金时代；你拼命宣扬和赞美古人如何老成练达、经验丰富和高明伟大。

“但是你所说的一切，不全都是毫无根据的猜测和荒诞不经的神话吗？我们愈是远溯到人类诞生的当初，就愈发现人类是如何地幼稚无知，我们的目光越是接近当今的时代，就越是看出人类的智慧如何成熟，这难道不是不容置辩的结论吗？起初，当人类尚处于它的童年时，它是既无知又哑巴，还只是在牙牙学语和初试步履；只是到了今天，他才长大成人，富有阅历！

“人类的童年表现出多么地无知，犯下了多少的错误与罪过，又是多么地无耻、残忍和不公道啊！

“古人所懂得的事情，我们今天全都晓得，而我们新近发明创造的大量事物，他们却根本一无所知，这难道不是事实吗？

“算了！请你还是不要再宣扬你的那套关于古人高明的废话，尤其是不要妄谈什么古人就已经接受了不平等制度吧！因为，我还可以替你补充说，他们连奴役制度、饕餮人肉、拷打折磨、火刑屠戮，以及无数其他的恐怖行为也统统接受了呢！

“你断言人类对组成社会和建立财富与权力的不平等曾经一致表示同意，正式达成了某种协议，缔结了某种契约。可是，明显的事实却是：这种双重的不平等，无论在世界哪个地方，都是暴力和征服的结果。

“你把贵族阶层的富裕说成是来自上天，得自神明，而且给他们戴上勤劳、智慧、节俭等等美德的桂冠；反之，贫苦无告的无产者之所以困亟苦难，在你看来却几乎是地狱之规，缘在他们又懒又馋，既愚蠢无知，又恶习累累。照你的说法，富人之所以富，是因为他们勤劳，因为他们具有一切优良的品德；而穷人之所以穷，是因为他们懒惰，而且品行恶劣。在你看来，贫穷只不过是对邪恶的惩罚，而富有则是对德行的奖赏。

“如果事情真的这样，那我也一定会说：既然穷人是由于自己的过错而变得贫穷，那就活该他们受罪去吧！可是实际上完全不是这样，上面这句话是既不公平也不人道。我倒情愿反过来替他们打抱不平，因为他们是我们的兄弟；如果他们能和富人一样地受到教育，就能和富人一样地具有各种美德，因为，他们的所有恶习都是社会的过错与罪愆造成的。

“此外，你刚才说到这个问题时曾经承认：如果所有的人都具有同样的品德，那么，他们就应该对财富享有同样的权利，大家都应该同等富有或者说同等贫穷（因为富有与贫穷是相对而言的）。你的这点招供我是记录在案的。

“请问，你有没有仔细想过，你强加给富裕和贫穷的那些起因究竟确有根据吗？事实果真如你所说的那样吗？真相不是正好与此相反吗？发明和生产一切东西的是从事工艺和耕作的部落，而从事游牧、狩猎和杀伐的部落则征服、统治和毁灭前者，把他们贬为奴隶，迫使他们为自己劳作；地球上一切时代的历史里还有比这更为明显、更为真确的事实吗？在耶稣基督出现以前的整个古代历史中，劳动到处遭到鄙夷，被视为耻辱，只有奴隶才不得不从事劳动，而征战与劫掠才是唯一高贵的事情；在古希腊，甚至到了古罗马，自由工匠还被认为是公众的奴隶，没有资格充当公民，不能享有市民权，不能出席公民大会；即使到了现代，贵族阶层还仍然认为经营工商业是有失他们的身份。所有这些，不都是不容置辩的确凿事实吗？

“罗马贵族阶层的财富是征服得来的，是从世界各地拼命搜刮而来的；公元三世纪开始入侵的各蛮族，是靠劫掠文明世界而致富的；十一世纪诺曼人征服英国时，这些征服者是通过剥夺英国人而养肥自己的；十四世纪西班牙人侵入美洲时，这些杀人犯们也是屠杀了一千二百万美洲人和劫夺了他们的财富才发起财来的。所有这些，难道你又能否认吗？

“你是不是希望我给你一一列举那些教会、僧侣、教士和教皇们怎样通过坑蒙拐骗和敲诈勒索来取得财富，那些宫廷显贵又怎样不惜卑躬屈膝、出卖信义、诬陷告密、暗害人命以博取君王一点赏赐，使自己可以滥事没收，巧取豪夺，聚敛财富的种种事实呢？

“当今贵族阶层手中的财富，来源最清白的难道不就是那种由于出身的偶然性而从前辈继承下来的家业吗？但是，这种遗产不也是浸透着血污、充满着罪恶吗？

“当然，也有个别的大宗财产确实是由于对国家有所贡献或在工商业上有所建树而合法取得的；但是，世界上富人的财产中总共又能找出几笔是真正清白，不靠诈骗，来路正当，不饱含人民的苦难与血泪的呢？

“社会成了个偏私不仁的后母，它使富人和他们的那些娇生惯养的子女始终拥有致富手段，反过来对穷人却虐待备至，不事教养，或者更确切地说是根本剥夺了他们受教育的机会，使他们永远处于困亟危难之中。这样的事实，难道你又能否认吗？

“因此，自有人类以来，尽管互有交错，各有混杂，我们还是可以明显划分出两大类人来：一类是善良积极、勤劳忍让的人，另一类是怠惰纵欲、残忍无道以及诸如此类的人。耕种土地，发展科学技术，创造财富和提供财产的是前一类人；而后一类人却只是游猎征战，盗窃抢掠，专事消费而不务生产，他们除暴力以外不承认其他的手段，除战场胜利以外不承认任何权利，除残暴杀戮和无情压迫以外不承认任何道德准则。

“因此，正是这些懒汉歹徒掠夺了和平的劳动者，正是贪馋者、浪费者和无行者掠夺了俭朴者、节约者和有德者。穷人受桎梏，遭麻醉，不得不永远生活于苦难之中；有可能凭借自己的劳动来改善一下自己处境的人，万中不得其一。社会本身有时甚至颠倒到这样一种程度：兼有德才、卓有劳绩的人，竟然流落在你们的巴黎市或者伦敦城的街头，连工作也找不到，根本无法糊口度日！

“因此，请别再拿你杜撰的所谓起因来为财富的不平等作辩护了！

“不过，也许你还想以这种制度的所谓作用和效果来为它辩解，好吧，那就请听我的答复吧！

“你断言财富不平等是包括穷人与富人在内的一切人们的幸

福所必需的，说这种制度是理性和公共利益所要求的，说它有许多优越性而缺点却很少，说所以要让富人富有，让他们生活舒适和有机会受教育，是为了使他们能成为更加有益于穷人的人，而人民则只有通过贫穷才能享受到劳动的欢乐和服从法律的愉快。你还硬说富人使用他们的财富来获得知识之后又运用自己的知识、财富和通过奢豪的消费来指导、资助和援救穷人，采取的方式是献身于公职，保障工人的就业机会，给工人提供饮食，开设学校、工厂和医院，以及举办慈善事业从事慷慨的施与。你又宣扬大资本是活跃工农业所必需，它可以使一切土地不致荒废贫瘠。你既然赐予这些君主、贵族、教士和富人们以崇高的灵魂和善良的心怀，也就把他们一个个打扮成天使一样，甚至都成了神明了。根据这一切，你又得出结论说，人类只要生活在不平等制度下，就完全可以指靠这种制度获致幸福，最少也能得到大自然容许他们享受的范围内的幸福。你甚至还加上一句说，这个结论是业经历史家和哲学家们的著作承认了的，是人们所已经默许了的。

“哎呀！倘若这幅图景果真是现实，世界果真如此光明灿烂，我可真要和你一道祝福和颂扬这种不平等制度了！我甚至还要为贵族阶层、为专制制度、为迷信盲从大唱一番赞歌！因为，我唯一热烈追求的便是人类的幸福，而你也可以看到，只要是能够保障人民的幸福，不论是什么样的方案，我都是准备满腔热情地接受的。

“但是，老天爷啊！说实在的，世间还有什么幻想比你的这幅图景更为虚无缥缈的呢？请容许我说句不好听的话，你的这幅图景是绝顶辛辣的自我嘲弄！……我甚至应该坦率地对你说，我对穷人遭受的不幸与苦难实在太伤心同情了，对富人的残酷无情实在太气愤了，对贵族们的恶行暴政实在太仇恨了，以致我简直不屑于把我对那些一面压迫人民、一面又无耻地声称自己是在维护人民的利益和幸福的伪善者的全部看法和全部感情一五一十地倾泻出来。所以，请恕我只就其中的几点作答。

“你说，‘富人是慷慨为怀、乐善好施的。’这点我承认，起码可以说其中的某些人确实是这样。但是，如果说布施对于富人来说是一种乐趣，那么，对于那些被迫不得已而接受施与的穷人来说，难道不是一种屈辱吗？如果说布施确是一种美德善行，难道不正是因为贫穷本身是种苦难，所以救济贫穷才成为美德善行吗？请问，富人们为什么不和穷人易地而处呢？其实，工人所需要的乃是平等，是他们自身的权利，是工作，是通过劳动获得安定的生活，而不是施舍和救济。穷人进了救济院，只会在那里屈辱而死，更何况往往连那样的地方也无缘进去！

“你还补充说，‘知识、教养、品德和悠闲是财富最可贵的产物。’那好吧！就请你把全国的财富分配给大家，让每一个人都能过悠闲的生活，都能接受教育，获得知识，都能培养优良的品德吧！

“‘要是这样，就再也没有富人，而只剩下穷人和平等的贫困了！’如果你让今天的一切都原封不动地保留下来，那当然会出现这种情况啦！可是，要是你照我们伊加利亚的做法，根据理性的要求采取各种恰当的措施，那就完全不会这样。如果那些自命渊博的治世名医把全国收入用数学方法平均地分配给每个居民，然后洋洋自得地宣称每人一年所得将是一百或者一百五十法郎，结果人人都不得不冻饿而死；那么，我就必须说，这些所谓博学之士无非是些厚颜无耻的江湖庸医、骗子手罢了！

“‘文学艺术将无人过问，从而销声匿迹了。’这又有什么要紧呢？原先的文学艺术不过是供富人消遣娱乐之用，对于占大多数的广大穷人来说，存在那么一点文学艺术就和根本不存在没有两样。对人类的幸福来说，文学艺术本来并不是必不可少的东西；何况，从另一方面说，一个良好的社会制度不但同样可以产生文学艺术，而且一定会创造出供全体人民享受的更为优秀的文学艺术。

“‘正是因为存在着财富不平等的制度，世界才能这样美好。’不对！不应该说‘因为……’，而应该说‘尽管……’。

“‘大资本是完全必要的。’你这么说就好像全国的财富要是不放在少数人的保险箱里而是分到每个人的手里，就会遭到毁灭似的；就好像由无数的机关团体来自由地提供资金（它们总是会从事许多有益的事业的），竟然不如由几个贵族垄断投资那样有利于生产似的！

“你还说，‘如果根据一项土地法把土地平均分配出去，就会有许多耕地荒废，无人耕作，这对土地所有人和整个社会都是个损失。’这种说法就好像穷人对自己小块土地的耕耘照管反而不如富人对自己大片领地那样精心似的；就好像贵族们从来没有荒弃大片土地，圈作花圃庭院或公园猎场以尽声色之乐似的。如果真有那么几个懒汉不事耕作，荒废自己的那份土地，以致贫困潦倒，那就活该他们倒霉好了，没什么好怨天尤人的，而且，他们的贫困也就此到头了，往后也不可能比现在更贫困了；至于社会本身因此所受的损失，并不比现在由于贵族们修建城堡而受的损失更大。平等制度虽然也还有某些缺点，但是，比起不平等制度和贫富不均来，无论如何缺点总要少得多！……

“何况，你的上述假定又是多么荒诞可笑呵！怎么可以设想有那么一个家庭，哪怕是过去曾经日子不错的，在目前只有自己那块土地可以谋生的情况下，竟然会眼看着周围别人的地块耕作得非常精细，眼看着别的人家依靠劳动过着幸福富裕的生活而甘愿荒废自己的土地呢？相反地，有了良好的社会制度，特别是人们有了良好的教育以后，土地肯定都会用于种植，而且还会种得比今天更为完美，更为出色，平分土地的结果也就必然会导致平等的富裕和幸福，这难道不是显而易见的道理吗？

“‘由于土地的转让以及家庭人口的增减，平等制度将很快就崩溃。’不，不会的！因为社会可以制定各种为维护平等制度所必需的土地法令和禁止奢侈浪费的法令；它可以像古巴勒斯坦和古斯巴达那样，宣布地产不得转让；也可以像古秘鲁那样，按人头来分配土地，并且根据各家人口的增减，经常加以调整。

“‘每个民族在建立各自的社会时早就不平等地划分了土地。’哈哈！就像我已经说过的，这正是不平等制度拥护者的所谓公理正义和英明睿智的绝好注脚！难道事实果真如此吗？相反地，所有的哲学家们，甚至包括那些为富人的占有作辩护的人在内，难道不是都承认在最初分配土地时，不论是经过明示赞成或者默认同意的，都是所有的人一样平等的吗？希伯来族这上帝之民，当初在上帝的福地定居时，不就是根据摩西[1]的指示，遵照上帝的谕旨，平均分配土地吗？稍后，罗慕鲁[2]和他的战友们对后来成为罗马城址和罗马帝国首都的那一大片土地，不也是这样分配的吗？而且，还有许多其他的部族大概也是这样分配土地的，因为，所有战胜的部族都是平均地分配战利品和得自战败者的劫掠物。更何况，那时人类还处于蒙昧无知的野蛮状态，没有文字，缺乏历史记载，究竟实际经过如何，我们又哪能确切地了解呢？

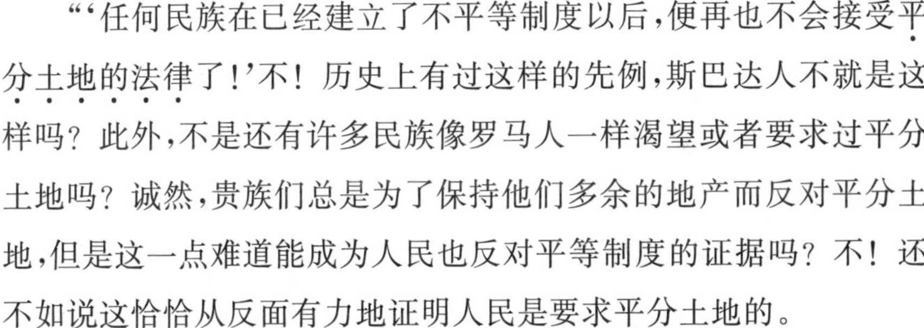

“‘任何民族在已经建立了不平等制度以后，便再也不会接受平分土地的法律了！’不！历史上有过这样的先例，斯巴达人不就是这样吗？此外，不是还有许多民族像罗马人一样渴望或者要求过平分土地吗？诚然，贵族们总是为了保持他们多余的地产而反对平分土地，但是这一点难道能成为人民也反对平等制度的证据吗？不！还不如说这恰恰从反面有力地证明人民是要求平分土地的。

“‘穷人和小私有主并不喜欢平分土地。’我否认这种说法。你不妨把他们集合起来，征求征求他们的意见，那就清清楚楚了！如果真有那么一些小私有主不喜欢，那也是因为大家觉悟还不够；可

[1] 据圣经所说，摩西是把古犹太人从埃及法老的迫害下解放出来的“先知”，为犹太人制定了法律。——译者注

[2] 罗慕鲁，传说他是古罗马的奠基人和第一位国王。——译者注

是，公众的理性总是不断在发展，一旦舆论觉醒了，那么或迟或早，甚至是马上，广大的穷人和小私有主，也就是说每个民族中占绝大多数的人，一定会一致要求建立平等制度。根据同样的理由，我也不打算去反驳另外一种诬蔑了。据说，只有暴徒、无政府主义者、窃贼和强盗才要求平等，因为他们想使别人破产，以便自己发财。这种诬蔑本来是那帮贵族们无耻捏造出来的，他们为了攫取一切财富和巩固他们非正义的统治，历来总是不惜使用一切暴力和种种卑鄙的手段；可是，有些好心人也跟着附和，抄袭这套谰言。古罗马的那些护民官们，本来自己就是最贪得无厌、最残忍无道的掠夺者和盗贼，却又肆意反咬拥护平分土地的人是所谓贪婪者。对这种贼喊捉贼的人物，我们怎能不气愤和憎恨呢？因此，我不准备答复上述的这种诬蔑。

"'各个民族都默认同意了不平等制度。'照这种说法，似乎贵族们从来就没有禁止过人民发表议论、表示不满和进行反抗，仿佛监房和地狱里的囚徒表示沉默就是他们赞成和拥护的证据；还有，这种说法就好像人民不断举行的反对压迫与不平等制度的暴动与起义根本就没有其事似的！

"'历史学家们也赞成了。'其实，在那个时代，只有富人和他们豢养的人才能受教育，才有撰写历史所必需的文献和余暇；所有这些贵族阶层和不平等制度的辩护士们，本人如果不是贵族，最少也是僧侣，要不就是与贵族利益息息相关的贵族侍臣或仆从。

"'哲学家们都反对平等制度。'好吧，让我们等着看是不是这样吧！其实，只要举耶稣基督为例，就完全足以驳倒你的这种说法！

"'发财的需要、致富的欲望、对财富的向往，以及竞争、争夺和雄心，这些都是生产发展的灵魂与动力。'不！不！伊加利亚并没有这一套，却什么东西都生产出来了；反过来，卑鄙的自私心，疯狂的贪欲，对金钱的无止境和拼命的追求，奢豪的恶习以及随此而来的导致犯罪的贫困，这一切正是行将淹没人类的罪恶的渊薮。因此，我愈是深入地思考，就愈是确信：只有平等制度才能拯人类于灭顶之灾。

"因此，关于平等制度的问题我的结论是：即使大自然没有使所有的人在一切方面都平等，理性也会指引社会去建立平等制度；何况，作为理性和社会之母的大自然，实际上本身就希望人们通过平等制度来寻求和争取幸福。

"不过，平分土地和财产在我看来还不是最完善的解决办法；因此，我不想中途而废，只停留在议论这个问题，而是迈前一步，进而探讨一下最后一个讲题，即共产制度的问题。

对各种反对共产制度的论点的驳斥

"我认为共产制度胜于均田法和个人私有制，因为共产制度没有什么弊病，而好处却不但不亚于私有制，而且远胜于它。

“共产制度不存在私有制带来的那些弊病，因为；它使个人利益消失了，把个人利益融合于公共利益之中；它消灭了自私而代之以博爱；消灭了贪婪，代之以慷慨；消灭了孤立主义、个人主义和分散主义，代之以集体主义或社会主义，代之以为公益而献身的精神和团结统一的观念。

“同时，共产制度却又具有私有制的一切实际好处。私有制原来的主要优点就是可以合理地使用各自的耕地、房屋和园圃；可是共产制度也完全能做到这一点，所不同的只是共产制度剥夺了人们从事巧取豪夺和任意危害社会的权利！

“共产制度还有许多其他的优点，好就好在它可以在一切方面建立真正和完美的平等，而且能防止各种偶然事故和天灾人祸所可能造成的不平等。

“另一方面，共产制度主宰着一切，它集中一切，统一一切，调节一切，融合一切和指导一切；而且它具有一些独特的和难以估量的良好作用，就是避免浪费与损失，实现彻底的节约，充分发挥人们的才智，无限地扩大生产力，增加产量和增长财富，不断地改进人类本身，并且随着人种改良的限度不断被冲破而不断超越人们幸福所受的限制。

“可是，安东尼奥却大肆攻击共产制度，宣称它不如私有制优越。他扬言，即使他接受了财富平等制度，也还是要反对共产制度，原因是这种制度极端违背正义，有害于人类，根本不可能实现，而且业已为世界舆论所拒绝。他认为私有制是一种神授的制度，共产制度则不过是狂人的梦呓。对他的这种说法必须加以驳斥。

“不过，由于前面我已经维护了财富平等和平分土地的制度，而且我相信我的论战是成功的，所以，为了捍卫共产制度，也就不需要费多大的力气了。

“你说私有制是一种神授的制度，因此上帝本身就摒弃了共产制度；……可是，究竟什么是共产制度呢？它与私有制是否真有天壤之别呢？其实，共产制度无非是另一种形式的财产所有制，是一种不加分割的共同财产所有制，就如若干继承人在分割遗产之前的情况一样。它是一种共同所有和共同使用的制度，情形有如兄弟之间不想分割父亲留下的遗产而共同加以使用、共同耕种、共同享受收获的果实或者平均地分配果实的情况一样；也犹如一个村子里的乡亲，不把牧地分割开分别使用，而是共同使用的情况一样。事情难道不是如此吗？因此，财产共有制度并不是别的，它不过是一种属于若干人，或者许多人，或者整个村庄、整个城市，甚而整个民族的排他的财产所有制。这种财产不加分割，不是一小块一小块地分配给各个共同所有者，不是各人分别享受不平等的份额，而是由一切所有者友好和睦地共同耕作和享用，并且向每一个人提供平等的食物和衣服，保障每一个人都有平等的生活条件和幸福享受。既然它和私有制之间只有这么一点小小的区别，又有什么理由据此就把分割的私有制称为神授的制度，而共产制度或不分割的共有制却被视为地狱般的制度呢？有什么理由把分割、也就是无政府状态，加以神化，而不分割、也就是秩序和统一，却被诅咒为地狱呢？

“我们不能把所有制和作为所有制对象的物混为一谈。物品

确实是神授的,因为地球上存在的一切东西都是大自然或者说上帝所创造的;但是,大自然让人类享用它所创造的各种物品时,并没有规定必须用某种方式而不许用另一种方式来享用,没有说必须通过私有制而不许通过共产制度来享用。因此,私有制并不比共产制度神圣,而共产制度也并不比私有制庸俗。

“最足以证明这一点的是这样一个千真万确、显而易见、根本不容辩驳的事实,就是:每一个民族在它的每一个历史时期里都有着许多关于所有制的不同法律;人类既然包括有千百个民族,也就存在过千百种关于所有制的立法;同时,由于每个民族都经历了千百万年的历史,因而每个民族本身关于所有制的立法也有千百万种。

“任何历史变革,都不如所有制所经历的变革那样地频繁!

“问题还不止如此。我还确有把握地相信,如果私有制和共产制度两者中,真有一个是天国神授的,那么,这制度只能是共产制度。

“大自然难道不是在事实上把人类创造成一种本质上是社会性的生物,从而使人类需要社会和追求社会吗?它本身不是已经使人类生来就如蚂蚁和蜜蜂一样地结成社会,按照共产原则来生活吗?无论何时何地,大自然的意旨不是总是倾向团结而排斥分离,倾向联合而排斥孤立,倾向集聚而排斥分割,倾向组合而排斥瓜分,倾向一致而排斥分歧、对立和抗衡吗?

“我们不妨看看宇宙万物,看看大自然赋予人类的大量食物、丰富的生活资源、空气和电力、光和热、天上的雨水和地上的海洋。所有这一切，不都是除了每个人可以按照自己躯体的需要适当加以享用之外，根本就不能由个人排他地占为己有吗？大自然难道不是希望所有这些东西都归人类共同所有，成为公共财产吗？它不是已经建立了空气与阳光的共产制度了吗？太阳不是普照着全世界吗？理性也在昭示我们：既然土地产品也和空气与水一样地为人们生活所必需，那么土地不是也应该实行共产制度吗？所有的哲学家不是都承认在财产初次分割和私有制开始建立以前，人类曾经在许多世纪里实行过一种天然的、原始的、全面的共产制度（一切东西都属于一切人所有）吗？他们不是都承认这种原始共产制度的权利实际到了今天仍然在影响着某些方面吗？他们不是都承认最初分配时必然存在一个大家所默认的前提条件，就是财产的私有不应该妨碍任何人的生存吗？他们不是也都承认存在所谓必需状态，就是说，任何人间法律都不应该禁止任何人为了免于死亡而有必需时可以取用别人的所有物吗？

“我们也不妨看看人类在农业生产和农耕部落出现以前的千百年里，在狩猎和游牧部落存在的那段更长的时期里的情况，看看一直到目前还存在于美洲、非洲和亚洲以及一切我们还不了解的地方的野蛮部落的情况。所有这些部落，其土地在千百年间不都是共同占有，共同开发，共同用以狩猎放牧和耕耘收获吗？在所有这些部落里，也就是遍及全球的各个角落，在这整段时期里，也就是说人类存在的绝大部分时间里，人类不都是生活在一种与空气共有那样的土地共有制度下吗？在这些年月里，一切事情，包括定居、徙牧、旅行和征战，不都全是由大家来共同决定吗？一切的物品，包括帐篷、战利品、俘虏等等，不都是共同占有吗？甚至，在婚姻制度出现以前，妇女不也是共有的吗？

“你们还不妨回顾一下自从农耕部落出现以来，也就是哲学家们所说的初次分割和私有制开始建立时起一直到今天的情况！请看看现在有多少的东西还一直是共有的：每个国家都有大片的国有土地，每个村社都有大片的村社土地；还有大路小道、天然或人工的河道、海湾港汊，种种的公共场所、公共建筑、公共广场、公共散步坪，以及公共的喷泉、碉堡、寺院、剧场、学校、医院、浴室。正是因为如此，所以所有的城市，所有的村庄才被称为公社，而且确实是名副其实的公社。那些王国本身不也自称为共同体吗？所有的家庭不也称为小共同体吗？至于那称为宗教共同体的无数教堂寺院，那实际上无非也是共同体的无数工业组织，就更不用说了。我也没有必要提到那些按共产精神创办起来的种种便利人民的服务设施了，诸如长途马车、公共马车、邮局、市场、杂货铺、商店、磨坊、烤炉、油房、公共节庆、公共游乐场所，等等，等等。私有制下的法定地役，例如关于共同使用隔墙和通道的规定，不也是以共产原则为依据吗？大量关于共同海损、共同水火救难的立法，不也是源自共产原则吗？

“因此，让我们还是承认，大自然最伟大的一种动力就是那种推动人们联合起来，组成社会，走向共产制度的力量，它比利己主义的动力不知要强大多少倍！

“请你们注意，这里我还没有和你们谈到那位倡议并建立了共有团体的耶稣基督，也没有说到他那个实际上是一个规模宏大的共有团体或共产社会的基督教会呢！

“请你们也不要拿什么各民族已经最终采纳了私有制和没有人愿意接受共产制度等等胡说来反对我吧！因为，第一，我可以给你们举出许多选择了共产制度的民族来，像古斯巴达、古秘鲁和古巴拉圭，他们比别的民族都要幸福；其次，我还可以回答你们说，另外一些民族之所以采纳私有制，就如他们接受奴役一样，是由于蒙昧无知、野蛮不化，是因为他们对于共产制度就像对印刷术和水蒸气一样，完全一无所知。

“让我再说得远一点吧！人类没有能一开始就一直采取共产制度，就如它没有能够更早地懂得接种牛痘一样，的确令人感到遗憾；但是，人类进步缓慢，却并不值得惊奇。因为，我认为，在文明民族中实行共产制度，要比野蛮部落容易，大国又比小国容易，法国、英国或美国就比其他的国家容易；而且，今天比过去容易，二十年以后又比今天更为容易。

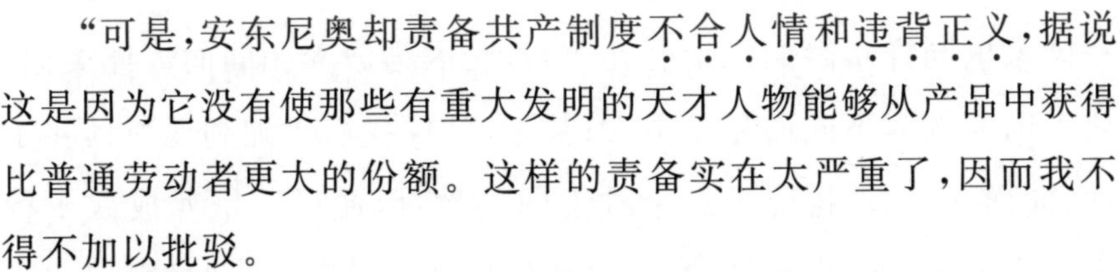

“可是，安东尼奥却责备共产制度不合人情和违背正义，据说这是因为它没有使那些有重大发明的天才人物能够从产品中获得比普通劳动者更大的份额。这样的责备实在太严重了，因而我不得不加以批驳。

“你们听着！我认为共产制度这样做是完全正确的。我的看法是，人们的天才连同他们的发明和贡献，都应该归功于社会，因而理应让社会从这些发明与贡献中得益，而不能责成社会付出代价来购买这些发明与贡献。你们的那位富尔顿[1]发明了水蒸气的用途，要是没有社会来使用它，这种发明又有什么实际用处呢？更何况，如果富尔顿不是从一出生就受到社会的教育，具备了从事科学研究的条件，如果在他呱呱坠地以后，立即把他送到一个荒岛上，让他一个人单独在那里耕作，老死其间，他又哪来的天才智慧，又怎么能作出那日后竟然改变了世界面貌的发明呢？

“是的，社会是万能的，或者说教育是万能的。一个人处在什么样的社会影响下，或者说他接受的是什么样的教育，他就成为什么样的人。这里所说的教育，是最广泛意义的教育，不仅包括家庭父母的教育、学校与书本的教育，而且还包括事物与人情所给予的教育，环境及其变革所给予的教育，也就是说，这所谓的教育是指一个人从襁褓时起就随时随地受到的各种影响。一个人的思想、习惯、处事态度、语言、宗教信仰和知识水平，哪一项不是取决于从童年时起就培养塑造着他的教育呢？二十个分别在不同国度里出生和成长的孩子，难道不是当然在各方面都不相同吗？可是，同样是二十个孩子，如果在一块长大，从小就彼此一刻不离，就像我们在伊加利亚所实行的那样，那他们不就完全类似了吗？即使是同一国家里同样年龄的二十名儿童，也会因为教养相同而大体类似，或者因为教养不同而相差很大；甚至，就像我们伊加利亚所证实了的，同样一个人，接受了二十种不同的教育，便可以培养成二十种人。许多表面看来鲁钝的人，只要给以适当的教育，同样可以成为

〔1〕 富尔顿（1765—1815年），美国著名机械学家，最先提出潜水艇和水雷的设想，并实际设计了汽船。——译者注

天才人物；而许多有天才的人，如果把他们放到另外一种环境里，肯定也只会愚蠢无知！

“既然一个人的才能来源于社会，一切公民当然都应该运用自己的才能来报答社会，作为他从社会所受教育的代价。如果他作出某种有用的发明，使社会因而得益，那也不过只是清偿了自己对社会的债务；既然他能够从社会获得他生活所必需的一切物品，显然就不应该因为自己不能领到比自己同胞更多的财富而埋怨社会。如果说社会另外给他一些奖励，那也完全是为了整个社会的利益，目的在于鼓励大家的进取心，并不是从满足其个人利益、补偿其贡献的角度出发；因为，社会并不因为他的发明而欠下他什么债。

“你们是不是觉得纯属表彰性的奖励不足以达到上述目的，因而认为社会为了本身的利益，为了更好地鼓舞人们的积极性，有必要对公民的发明和贡献给予金钱上的奖励呢？如果是这样，那又是另外一个问题了！不过，我还是可以回答你们说：根据我们以往的教训和你们国家的教训，金钱奖励包藏着许多重大的危险；反过来，我们新近的经验却证明，只要有威力强大的教育来正确地引导公众，而且财富的分配平等，每个人都保证能得到足够的物质福利，那么，单纯的爱国主义激励、非物质的荣誉、精神上的表扬完全可以起巨大的推动作用。事实上，就发明人来说，本身总是热爱钻研、勇于试验、醉心科学研究和发明创造，这些工作本来对他们就有很大的吸引力，用不着什么个人利益的引诱；反之，他们甚至甘愿为此而抛弃一切个人利益，冒各种艰难与风险，不怕贫穷和迫害，即使被捕入狱、牺牲生命也在所不惜。因此，你们不妨设想一下，当这些人有机会受到优良的培养与教育，无忧无虑地过着幸福的生活，在这种情况下从事科学研究，该是多么的高兴，工作起来该多么精神抖擞、专心致志呵！请看看我们这里的情况吧！发明创造不是已经成了我们最大的乐趣，变为我们生活享受取之不尽的丰富源泉吗？对我们说来，财富比别人多又有什么用处呢？我们不是都怀抱着对劳动，对祖国和对人类的热爱在竞相作出最大的贡献吗？我们所有的人不都是这样吗？在我们国家里，你们不是看到人们的积极性比其他国家不知要高出多少倍，发明创造比世界所有国家加起来还要多千百倍吗？

“最后，我需要谈到安东尼奥对共产制度所作的也许要算是最严重的一个责备了，这就是他所谓的‘共产制度与自由水火不相容’的问题。但是，这个责备也和其他责备一样，根本吓不倒我。下面就是我的答复。

“毫无疑问，共产制度必然要给人们一些拘束和限制，原因是这种制度主要的使命是生产财富，创造幸福；为了避免浪费和损失，为了节约资财和大大提高工农业生产，社会就完全有必要集中一切、支配一切和指导一切，人们的一切意志和行动都必须服从整个社会的规定、秩序和纪律。

“但是，你们不妨对比一下私有制和共产制度两种制度下的自由，自己去判断一下哪一种制度下的自由更为充分和更为实际。

“首先，我们来分析一下自由这个极其复杂又十分模棱两可的字眼的真正含义。究竟什么是自由呢？自由是不是意味着有权为所欲为，甚至可以损害别人，比方说盗窃和杀人呢？不！法律禁止这样做！……是不是说有权不做自己不愿意做的事情，比方说可以任意不纳税，不服兵役呢？不！法律命令你必须做这些事情！……是不是说自己有权在大热天一丝不挂地走上街头呢？不！风俗习惯不允许你这样做！……是不是说自己有权对人忘恩负义呢？不！社会舆论谴责这种行为！……是不是说自己有仅随意狂吃暴饮或者摒绝饮食而不招致严重后果呢？不！自然规律不允许你这样做！……

“一个人无论在什么地方都总是离不开大自然和大自然所提供的各种生活要素，像空气和水、风暴和雷雨、温暖和寒冷等等；同样，不论哪一个国家的公民，也总是有赖于社会，离不开社会的法律、风俗、习惯和舆论，这后三者其实也是一种法律规范。

“由此可见，自由不过是意味着人们有权做自然、理性和社会所不禁止的那些事情和有权不做这三者所没有要求人们做的事情；自由必须从属于自然、理性和社会的无数规范。

“可是，事实上现在自由已经变成一种普遍的狂热，人们排斥任何的约束，几乎到了完全放纵的程度。难道这不是有点过分吗？难道这不是一种我们必须弄清其根源并加以纠正和肃清的谬误和偏见吗？关于这点，请听我接着说下去。

“是的，盲目地追求自由，确实是一种谬误、一种祸害、一种严重的灾难，它来自对专制和奴役的强烈仇恨。这种对独立的过分热爱正是过分残酷的暴政所造成的；这种极端的反抗行为正是极端的反动行为所促成的。

“人类在本性上本来就对眼前的灾难看得比未来的灾难清楚，哪怕这未来的灾难也许更为严重；结果，由于过分注意当前的灾难，也就没有余力去考虑未来尚遥远的灾难，或者是设想不到今后灾难的规模。眼前的痛苦往往使人一时迷误，以致为了解除这痛苦而不惜一切代价，采用了一些极为危险的药方。

“正是因为这样，所以，不幸溺水的人总是见什么东西就抓，哪怕是一根火红的铁棍；一个渴得要命的旅行者情愿喝口泥水来解渴；一个见到刀剑迎面劈来的人，宁可冒双手被砍断的危险也要用手去抵挡。也正是因为这样，所以人们往往为了逃脱一个凶恶敌人的威胁，竟然躲到另外一个敌人那里，以致死于后者手中。

“也正是出于同样的原因，各国人民在反对暴政的斗争中总是以‘为了自由！’、‘不惜一切争取自由！’作为集结自己队伍的口号。在反对思想压制时，他们高呼，‘言论自由！’；在反对政府的愚民政策时，高呼‘教育自由！’；在反对厂主、行东、压迫性的同业组织和苛重的捐税时，高呼‘工业自由！’；在反对专制君王任意没收财产、霸占田地时，则高呼‘财产自由！’；还有，在反对警察为维护专制政权而专横跋扈、干预一切的行为时，人们又高呼‘争取言论和行动自由！’。

“但是，理性终将使这些最热衷自由的民族懂得：自由既不是放肆无度，也不是无政府状态，更不是一片混乱；自由应该限制在人民根据社会利益而规定的一定范围之内。

“现在，就让我们来对比一下私有制和共产制度两种制度下的自由吧！

"你说,'共产制度下法律太多了!'在君主政权所维护的私有制下,难道法律还少吗?

"'共产制度束缚了自由!'那么,君主制度呢? ……它允许你为所欲为吗? 它允许你有人身、居住、生育、财产和行动的自由吗? 你不是甚至连思想、信仰、感情和希望也没有自由吗? 难道贫困的处境能让广大的穷人有获得生活必需品的自由吗? 难道皇家的警吏能让你有随意观看演出、任情跳舞饮宴,或者随心所欲地佩戴紫罗兰花[1]、身披绶带或手持方丈吗? 凡是共产制度施加的限制,在私有制下都应有尽有,而且后者的限制要严酷无情得多,简直五花八门,荒谬绝伦!

"在共产制度下,法律是由整个社会和全体人民制定的,甚至风俗习惯、公众舆论也是体现着整个社会和全体人民的意志。这些法律总是以自然和理性为依据,从人民的利益出发,而且都是经过大家的讨论,每个人都了解法律草案的目的所在,在得到普遍的赞同以后才制定的;这种为人民所拥护、反映了人民愿望的法律,人民当然总是怀着愉快甚而自豪的心情来执行。

"可是,在私有制下,在贵族统治或君主专制下情况又是怎样呢? ……!!!

"私有制、不平等和贫困能产生自由吗? 不! 不! 它们只能产生压迫和奴役! 真正能给人们以自由的是共产制度和民主制度,是完善的平等制度和幸福的生活,是秩序与和平!

[1] 紫罗兰花是法国波拿巴派标志,拿破仑皇室的徽号。——译者注

“因此，一切自由之友都应该向往共产制度！

“如果我不是把尊敬的安东尼奥也当成一位真诚的自由之友的话，我本来是连这一点也不准备作答的；因为，我是不屑于在那些戴着朋友面具的敌人面前，在那些为了玷污自由而高喊自由、宣誓热爱自由却又痛恨自由并力图叛卖、扼杀和禁锢自由的诡诈的贵族和伪善的专制君王面前为自由作辩护的。

“我希望我给你们说的这些已经足以使你们坚信人类的目标应该是平等和共产制度！”（经久不息的掌声）

狄纳罗接着又补充说，“啊！要是我能使你们也和我一样地深信共产制度完全可以在你们各自的祖国里建立起来，我该有多幸福啊！如果我竟然认为像英国、法国和美国这样的国家不可能实现我们伊加利亚已经做到的那些事情，那我就未免太骄矜狂妄了！

“因此，我对问题不仅是叙述，而且还进而加以论证，并且尽可能地说得清楚明确，目的是希望你们不致再有什么怀疑。我尤其盼望的是，你们能够和我一样，充满坚强的信念，认定人类生来就应该是幸福的，而且这种幸福完全掌握在人类自己手中！

“下面，还要请你们再听我讲一会儿。

“有人硬说平等是不可能实现的，……。好吧！如果你们希望我讲下去，我就给你们回溯一下人类诞生以来平等与民主制度发展的经过以及它所已经取得的一些重大进展。

“也有人担心平等制度效用不大，……。好吧！如果你们愿意，我将把当今科学技术上的种种进步以及生产上出现的种种奇迹所构成的全部图景展现在你们眼前。

"还有人向我们援引了一些哲学家们反对平等和共产制度的言论,……。好吧！你们如果同意,我也可以给你们历数古今所有作为人类启蒙者与灯塔的一些哲学家们的意见。

"也有人在谈论什么不可能性,……。好吧！如果你们不反对,我将给你们列举一下那些原来人们以为不可能后来却实现了的事情。我们还不妨进一步考察一下究竟人类的未来将会是一个什么样子。这样,你们就一定可以最终看到:人类的前途是无量的,人类将永无止境地日趋完善;而共产制度则既是人类的大势所趋,也是人类的终极目标,又是人类的必然命运！你们愿意听我讲这些吗?"

"愿意！愿意!"会场的四面八方传来了热情的呼喊声。

"那好吧！明天我们再来讲吧！再见!"

狄纳罗用热情激动的声调说完这最后一句话,站起来正准备离开时,会场响起了雷鸣般的欢呼声和鼓掌声,简直快把房顶都给震塌了!

对这阵献给我那狄纳薏丝的哥哥的掌声,究竟谁感到最高兴,用不着我说读者也会明白的!

第九章　民主与平等制度发展史

听众的兴趣看来比前一天还要浓厚。

狄纳罗高声说道："有人怀疑社会平等是不是可能实现，民主制度是不是能够胜利。好吧！就让我们看看人类开始迈步时的情况，看看它经历过的道路、它业已取得的进步和现在到达的境地吧！我们将会看到，大自然所创造的平等制度虽然被暴力所扼杀，但是，之后又像神鸟凤凰一样[1]在灰烬堆中重生，逐渐成长，娇艳夺目，美妙非凡。不久，它又受制于专制制度，奄奄一息，并且在蛮族大入侵时几乎被湮没；后来才又重新显现，终于如红日高照，驱散了一切云雾，放射出无比灿烂的光辉，把光和热撒遍大地。

"请仔细听我讲下去，一点也不要遗漏！我们就来一同扼要地回顾一下人类的历史吧！

"在最初的千百万年里，人类与其说是人，不如说只是动物。那时，人们到处都是集群而居，还没有结成社会，又哪里有什么国

〔1〕 凤凰鸟，埃及神话中的不死之鸟，在沙漠上生存五百年以后自焚，后来又在灰烬中复活。——译者注

王与教主、贵族与教士、公侯与封爵、王冠与朝笏、印玺与华服呢？这时，有的只是平等。

“到了第二个阶段的千百万年里，地球表面已经布满不计其数的部落；一些最精强力壮、最英勇顽强、最老成练达的人，或者是有所发明创造的人，便被自己部落里的同胞挑选和推举出来为大家谋福利，而且一旦公众利益需要，便又由比他们更能干的人来代替。那时，每个部落的迁徙居停、狩猎征战等事务，都是由这个部落的全体成员集会商议，作出决定；被选出来的部落首领，只不过是一位军事头目或者是排难解纷的长老。这又哪来什么神授的君主和世袭的贵族呢？当时实行的不也仍然是民主与平等制度吗？

“但是，有一些部落因为深闭在海岛之上、河域之间，或者栖身沼泽荒原、山谷地带，或者因为居停之所气候温和、土地肥沃，便逐渐改事农耕和手艺，成为比较文明的部落；而另外一些部落却仍然只事游牧狩猎和征战劫掠。这些游牧部落变成了征服者，逐渐夺占和并吞了大批农耕部落，形成若干大部族、大民族、大帝国，如中国和日本、印度和迦勒底[1]、亚述和波斯、腓尼基和埃及。这时，它们依靠征服和掠夺开始建立君主国和专制制度，形成贵族和神权统治阶层，划分种姓[2]，实行愚民政策，孤立别的民族，设定人

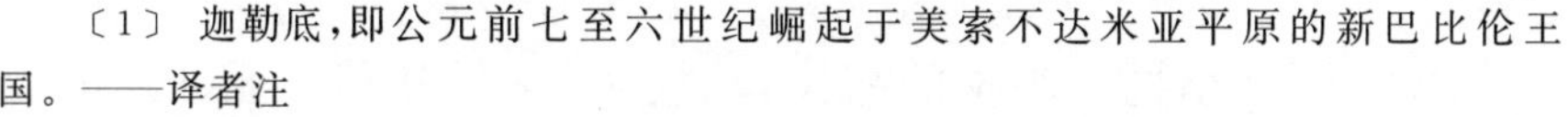

〔1〕 迦勒底，即公元前七至六世纪崛起于美索不达米亚平原的新巴比伦王国。——译者注

〔2〕 种姓是一种职业世袭的等级集团，种姓制是古代和中世纪的一种阶级剥削制度，曾以不同形式存在于许多国家，在印度社会中表现最为典型，甚至至今仍然保留着。——译者注

身依附，总而言之是建立起一种奴隶制或准奴隶制，并力图加以永久化。对于所有这些文明国家的人民说来，这是一种平等地受压迫受奴役的制度。

“但是，这种奴隶制度因为改变了过去在战争中杀死所有敌人的做法，所以相对来说是一种进步；而且，这些文明的大民族（尤其是印度人、亚述人、波斯人、腓尼基人和埃及人）由于战争和征服而经常互相混合，而且科学技术上又有许多重大的发明创造，所以，埃及的祭司们才能收集到三万多条他们称之为神谕的规条。这是事情的一个方面。另一方面，其余的人类却仍然停留在蒙昧阶段，保留着平等制度。

“经过起初这三个漫长的时期（根据腓尼基人和埃及人的说法就是公元前的那些年月，共三万年，波斯人说是十万年，巴比伦人说是七十万年，中国人和日本人说是二百万年，印度人说是四百万年；据圣经说，则只有四千年），到了公元前两千年，我们便看到平等制度又在世界的中心地区重新出现，逐步壮大和取得了胜利！

“从公元前两千年到公元前一千六百年，我们可以看到东方对西方的殖民实际已经开始了，就如相隔大约三千或三千五百年以后（公元 1500 年左右）出现的欧洲对美洲的移民与殖民的情况一样。

“那时，一小批一小批的移民，从埃及、腓尼基和小亚细亚的海岛及沿岸出发，以传教为名，前往巴勒斯坦、希腊、西西里、意大利和非洲北部定居，在那里修筑了大批城市（耶路撒冷、雅典、斯巴达、底比斯，科林斯[1]和迦太基等），建立起许多小城邦，把当地的野蛮土著消灭或吞并掉，或者加以教化。

“这些移民都是些不满分子、反对派、被流放者或冒险家，总之都是一些渴望自由的人，因而也就给他们的新祖国带去了热爱独立和平等的风尚。

“我们就不必多谈希伯来人了。因为，大家都知道，这个民族之所以逃离埃及，就是因为憎恨埃及人对他们的奴役；摩西就承认主权属于人民，并且向希伯来族推荐过一部宪法。这部据摩西说是上帝亲自拟定后暗授给他的宪法，规定要组织一个共和国，建立民主和平等的制度，特别是财产与选举的平等制度。我们还可以看到，希伯来的十二个部族逐月轮流集会，并且举行过多次有五万人参加的人民大会；在这些集会上，一些先知们向公民布道神谕；希伯来族甚至还出现了一个成员达四千人的实行财产共有制度的团体。我们也不必详谈那个巴勒斯坦共和国了。这个国家存在了将近四百年；然后经历了六百年王国时期，饱受禁锢；可是其后又重建共和，继续维持了几个世纪以后，才又一次沦为君主国，并且终于在公元134年被犹太人击溃，失去家园，流离四散。不过，关于希腊的情况，我们倒不妨来仔细考察一下。

“希腊的许多部族虽然都推举带领他们的族长为国王，但是，

〔1〕 科林斯，古希腊仅次于雅典和斯巴达的一个工商业发达的富有城邦。——译者注

所有这些小小的国王都不过是些军事首领或执法长老，职责只是执行人民集会制定的法律和通过的决定。

“可是，由于这些国王都想篡夺人民的权力，充当专制君王，人民便起来推翻王权统治，共和制很快就在希腊、小亚细亚、巴勒斯坦、腓尼基、迦太基、北非、东地中海各岛屿、西西里、意大利的南部和中部（或称伊达拉里亚）一带鼎盛一时。这些地方的许多城市，从公元前2050年起便陆续建立城邦共和国。

“这些共和国有的还保留着一位从属于人民和长老会议的国王，如拉瑟狄蒙[1]就是这样；但是，其余的几乎都是由一个由全体公民组成的全民大会和一个人数众多的长老会议来治理。

“其中有的国家，像雅典，是由民主派统治；另外一些国家，像斯巴达和迦太基，则是贵族分子在统治。但是，即使在后一类国家中，民主派还是受到尊重，而且他们不断在为实现政治平等而斗争。

“这些共和国都还很幼稚，它们仍然相信奴隶制是合法的。贵族占压倒优势的国家甚至鄙夷工商技艺，拒绝给予受雇于人的工匠和小商贩以市民权；民主派当权的国家就比较善待劳动者和奴隶，不过，无论在哪一种城邦中，广大人民都渴望平等与自由。

“几乎所有的城邦都实行财富不平等的制度，公民一律划分为富人与贫民。但是，因为这种情况成了一切纠纷的来由、成因和根源，所以，米诺斯[2]在克里特岛改行财产共有制，公元前855年来

[1] 拉瑟狄蒙，古斯巴达（又名拉哥尼亚）的首都。——译者注

[2] 米诺斯，相传为古代地中海克里特岛的国王，历史上有所谓米诺斯文化时期。——译者注

革古[1]在斯巴达说服了富人放弃他们的财产，争取到他们同意平均分配土地使用权，同样也建立起财产共有制度；梭伦[2]在雅典废除了债务。人民到处都要求实现财富平等，并且为此不停地斗争。

“甚至贵族们本身也在为自己争平等，希望取消贵族之间的不平等。因此，对平等的向往成为一种普遍的强大潮流，以致人们到处都宣布：为了保障人民的自由，人民有权反抗篡权行为和起义推翻篡权者，有权捕杀暴君。

“希腊人并不像亚洲人和埃及人那样粗野无知，他们是一个重视人格尊严的民族；因此，希腊境内各城邦共和国和邻近的一些共和国中，享有公民资格的人，比土地辽阔的埃及和幅员广大的亚洲还要多，不像后两者那样到处充斥着奴隶。

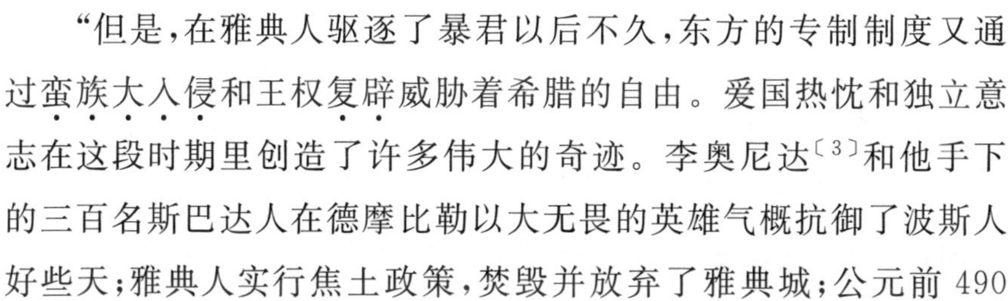

“但是，在雅典人驱逐了暴君以后不久，东方的专制制度又通过蛮族大入侵和王权复辟威胁着希腊的自由。爱国热忱和独立意志在这段时期里创造了许多伟大的奇迹。李奥尼达[3]和他手下的三百名斯巴达人在德摩比勒以大无畏的英雄气概抗御了波斯人好些天；雅典人实行焦土政策，焚毁并放弃了雅典城；公元前 490

〔1〕 来革古，传说中公元前约九世纪时斯巴达的立法家，在周游列国以后为斯巴达创立了许多改革国家的法律。——译者注

〔2〕 梭伦（公元前约 638—前 558 年），著名的雅典立法家，在人民群众的压力下制定了许多反对世袭贵族的法律。——译者注

〔3〕 李奥尼达一世，公元前约 487—前 480 年在位的斯巴达王，以力御波斯军、战死温泉关（即德摩比勒）名著史册。这一战役后来成为希腊史上爱国战斗的范例。——译者注

年，在马拉松、布拉底和萨拉米等地[1]，三万多名共和分子与从海上和陆地入侵的波斯人英勇搏斗，保卫了欧洲免受亚洲专制制度的蹂躏。

“这时，民主制度既摆脱了暴君们的压制，又免于东方桎梏的威胁，便无阻拦地大踏步地前进。在所有的城邦里都可以看到人民经常过问公众事务，几乎每天都举行有五名、十名、十五名以至三万名公民参加的讨论大会；出现了成员为三百、五百或一千不等、每年改选一次的长老会议；建立了由五百或一千名陪审员组成的人民法庭；每年由全体公民改选所有的官员，而且规定这些官员要向他们报告工作；所有的官员，包括陪审员和长老在内，都是抽签选定，任何人都无例外地有机会当选；修建了能容二十名以至三万名观众的大小演技场；给穷人发放补助，以便他们能出席人民大会或观看演出；开辟了许多公共广场、回廊、散步坪和体育场，公民们经常在那里聚会商讨国事，学习知识，锻炼身体；设立了免费的公共浴室；修建寺院；举办各种政治性和宗教性的节庆活动和竞技表演，人们总是从全国各地蜂拥前来参加。

“所有这些设施，以及角力比赛，悬赏评比，发放奖金奖状，建立塑像，组织三五人到五百人的兄弟会和同谊会等等，全都体现着平等精神，促进了平等事业。

“此外，希腊城邦的共和派在摆脱了种姓制的束缚和埃及与亚

〔1〕 马拉松、布拉底和萨拉米都是古代希波战争时著名战地。——译者注

洲的神权统治以后，还克服种种的障碍，大力开展与外族的交往，促进人类的进步事业。他们容纳各种各样的宗教；他们遍访波斯、印度、腓尼基和埃及，特别是在公元前670年埃及法老普萨姆提克[1]邀请一支希腊军队前去援助他与一个敌手作战以后，希腊人更是大规模地外出，在各地吸取人类已有的知识；他们在教育和思想上完全自由，大白天公开讨论国事。因此，希腊共和派在科学技术上，尤其是在伦理学、哲学和政治学上，都作出了重大的发展。

“那时候，他们还不懂印刷术，也没有免费的公共学校；但是，他们希望传播知识，反对恶意垄断知识，因此他们手抄了许多复本。共和国建立了人类历史上第一批公共图书馆（公元前524年在雅典）、第一批学校、体育场、研究所、学院和博物馆。斯巴达给全希腊显示了教育的万能威力。希腊又是人类历史上第一个有本族共同语言的民族。而且，从公元前1300年和1000年奥克芬[2]和荷马[3]的时代起，他们就用这种铿锵美丽的语言通过诗歌形式向世界各地传播各种知识。同时，希腊的一些哲学家和先知们还开创了历史先例，不避自己的同胞，当众公开地讨论人类的权利和利益，设计各种政府制度，甚至创造了联盟和邦联、代表制和代议

[1] 普萨姆提克一世 Psammetique(或 Psammeticus)，公元前663—前609年古埃及法老，即第二十六王朝国王。这个王朝主要依靠希腊和其他外籍雇佣军维持统治。——译者注

[2] 奥克芬，相传为古代色雷斯的诗人和音乐家。——译者注

[3] 荷马，传说中古希腊的盲诗人，但生卒年代和具体经历均无可考。由民间歌谣整理而成的《伊里亚特》和《奥德赛》两部长诗，描写了古代希波战争情况，为研究古代社会提供了重要资料，文学史上合称荷马史诗，称这一时期为荷马时代。有人认为荷马就是对这两部史诗作最后定型的人。——译者注

制、代表大会和公民大会等等政治形式。

“共和制、或者说平等制，还大大地促进了艺术、诗歌、戏剧、建筑、雕塑和绘画的发展。

“而且，正是这个共和制，使希腊人口大幅度地增长，使小亚细亚、西西里和半个意大利布满了希腊的共和移民地，与本土共同组成一个大希腊。后来的罗马也许只能说是希腊培育起来的儿女之一，因为，拜占庭，亦即君士坦丁堡，以及马赛[1]，原来就是希腊的两个共和移民地。

“我们也不必细谈亚洲、西西里和意大利的那些共和国了。它们都是希腊的儿女，或多或少地与希腊相似。还是让我们马上来大略看看罗马共和国的情况吧！

“我们甚至也没有必要谈那个专门从事经商和杀伐的迦太基了，它在自己周围建立了三百个北非城邦或曰共和国，不过后来还是臣服于罗马的统治。

“我们只提一点就够了：在亚历山大大帝[2]崛起的时候，亚里士多德[3]就已经能够收集到二百五十部共和制宪法；而且，希腊

〔1〕 君士坦丁堡和马赛都曾经在罗马帝国版图内。拜占庭是濒临博斯普鲁斯海峡的希腊古城，为君士坦丁堡的前身。——译者注

〔2〕 亚历山大大帝（公元前356—前323年），希腊北部马其顿王国的国王，曾统治全希腊，代表希腊奴隶主阶级的利益征服波斯、埃及等地，建立起庞大的帝国。——译者注

〔3〕 亚里士多德（公元前384—前322年），古希腊哲学家，动摇于唯物主义与唯心主义之间，是奴隶主阶级的思想家。他充当过亚历山大大帝的老师，为他出谋划策。——译者注

和希腊的周围还有着许多其他的共和国。这时的埃及和南亚却还处在奴隶制度下;世界的其他地区则仍然停留在野蛮时期或者近乎野蛮的时期,尚在享受着它们的天然平等呢!

“但是,就像一支军队有时需要暂时停止前进或者后撤来等待或者接应后续的部队,准备在会合后再一起有力地向前进攻,希腊是不是也可以说曾经这样停下步来并且稍微后撤,以便和落在后面的其他民族相汇合,然后带领它们继续前进呢?

“现在,我们不妨就来扼要地回顾一下这只有七八个世纪的短短时期里陆续发生的五个重大事件,这就是:亚历山大大帝的出征,罗马共和国的扩大,罗马帝国的形成,基督教的出现,以及蛮族的大入侵。

“首先,让我们概略地看一看马其顿王亚历山大大帝的出征吧!他在公元前330年前后征服了希腊,然后,又率领一小支希腊军队征服和吞并了小亚细亚、巴勒斯坦、腓尼基、波斯以及印度和埃及的部分地区,建立了亚历山大帝国。他在这个庞大的帝国版图内推广了希腊的语言和学术,把新旧文化糅合起来。

“亚历山大帝国很快便搜集到七十万卷藏书,也就是说掌握了人类拥有的全部知识。它变成了一个地跨亚非欧的文明世界的新雅典。

“希腊在这次接触与融合的过程中得不偿失,而其他被合并的民族却得多失少。事情正像开水与冷水混合时,前者必然失去一定的热度,而后者却吸收了前者所散失的热度,结果两者都变成温水，从而有可能一同加热煮沸。

“但是，其后罗马共和国又吞并了希腊本土和亚历山大帝国的所有征服地，这一来就又把两个冷热相异的海洋混合在一起！好了，我们回头来看看罗马吧！我们就从它诞生时说起吧！

“罗马是公元前 735 年罗慕鲁在一块叫阿尔贝的移民地上建立的。当时土地是平均分配的，居民也都向往平等制。罗慕鲁虽然是国王，但却是选举产生的，而且权力受着一定的限制。后来，元老会议逐渐变成一个贵族阶层，攫取了一切权力；不过，开始时公民还都享有选举权，而且人民还组成一个强有力的民主派。

“很快，罗马就划分为富人与穷人，债权人和债务人两大阶层。

“与此同时，由于历代国王都想压迫贵族和人民，贵族便号召人民起来反抗。经过前后七个民选国王的统治，实行了二百四十年民选君主制以后，王权终于废除了；但是，蛮族的入侵又导致复辟；在战胜了蛮族以后，共和制才重新取得胜利。

“因此，罗马有着久远的共和风向，人们的感情和尊严得到尊重，大家都热爱祖国和荣誉，民主派的力量不断地增大，公共生活活跃，经常举行讨论会和军事操演，经常召开市民会和人民大会，参加者有时达二十万人，每年都进行选举，公众参与讨论国事，人民参加审判，而且还派代表到希腊和其他国家研究当地的法律及风俗，不时举行凯旋仪式，组织节庆活动，举办竞技游艺，而且修建了大型的剧场、马戏场和露天舞台；此外，还实行许多其他浸透着平等精神甚至共产原则的措施。

“但是，自从共和国建立以后，富裕和强大起来的贵族阶层便想取代王室的地位。唯一能够和贵族抗衡的力量只有贫穷、好斗和武装起来的民主派。这个民主派虽然再三要求废除债务和制定均田法，亦即平分征战得来的土地，却始终一无所获。

“因此就不断地出现分歧，发生纠纷、骚乱、暴动、内战、流放、弑君等事件，最后终于导致专制帝政和血腥统治的建立。

“但是，罗马主要是依靠战争掠夺而强盛起来的，反过来也就经常潜伏着被别人征服和消灭的危险。为了消除这种威胁，罗马便进而并吞整个意大利、西西里、迦太基、北非、西班牙，远达莱茵河的高卢全境，甚至连大不列颠也在内，最后，在公元前 146 年又把希腊、小亚细亚、埃及和亚历山大帝国的绝大部分地区都囊括进自己的版图。

“它继续不断地扩大自己征服和统治的疆域：在南面的非洲，它的统治一直到达尼日尔河；在西面和北面的欧洲，它的势力一直扩及大西洋、爱尔兰和多瑙河从发源地到海口的全流域；在东面的亚洲，则一直伸延到幼发拉底河。

“这是一个多么广阔、巨大和宏伟的共和国呵！简直可以说是遍及全球！

“罗马所到之处都吸收别人的成就，又把什么都向外传播！

“它在迦太基、叙拉古[1]、科林斯、雅典、斯巴达、以弗所[2]、

〔1〕叙拉古，在西西里岛东岸，古代大希腊的一个移民城邦。——译者注

〔2〕以弗所，古代小亚细亚临爱琴海的一个著名城市。——译者注

耶路撒冷、亚历山大里亚[1]等地都吸取了东西。

“在希腊各地，只要那里的战役与迦太基战争及亚历山大战争一样没有造成多大的破坏，罗马便吸取其科学技术成就、法律和哲学成果，运走各种雕塑和图书；在小亚细亚，它劫夺自然资源、工业产品、各种财宝和奢侈品。总之，到处它都取走一些东西。

“从世界各地掠夺来的战利品使罗马富裕和美丽起来。它的文化是当时世界一切文化的荟萃。

“而反过来，罗马又使意大利北部、西班牙、高卢和大不列颠文明化。

“它到处修筑公路、营房、水渠、寺院、浴堂和竞技场；它把东方的牲畜和水果引进四方。

“它在奥敦、里昂和图卢兹[2]创办了学院。

“它到处都组织类似一个个小共和国的自治村社和自治市镇。

“它在各地驻扎兵团，并且吸收外族人入伍；它指派人员前往各地充当官吏，又让各地选派人员到罗马参加元老院，并且吸收各地移民到罗马做公民；它向外国派遣使节和各种代表。总之，罗马人出发到各地，各地人又汇集到罗马。

“它仿如一个大圆的中心，圆周上各点的半径全都汇集到这里！罗马成了一个以自己的光和热照耀和温暖着周围各地的太阳！

[1] 亚历山大里亚，古埃及著名海港城市。——译者注
[2] 奥敦、里昂和图卢兹，均古高卢著名城市。——译者注

“罗马还存在奴隶制，所以也具有人类处于童年时期所难以避免的无数缺点和弊病，但是，虽然如此，它却传播了平等精神，它向往统一和均衡，它到处培植起一个与贵族作斗争的强大的民主派。

“但是，罗马共和国掀起的滚滚热浪很快就遇上罗马帝国带来的冰冻寒流。

“罗马帝国的建立，是贵族阶层的胜利，是一个军事化的、武装起来的新贵族阶层的胜利。它的历代专制君王一贯地压制自由，不过他们有时自己就是主宰人，有时则只是充当贵族阶层的工具。

“这是一个豺狼当道、暴力行时的时代！

“像提比略、卡里古拉、尼禄[1]、赫利奥加巴尔[2]这样一些由自己的元老、贵族、公侯、禁卫军和侍宦簇拥护卫着的人面妖怪，都强使人们遵奉他们为神明。

“哲学家遭到放逐，科学与进步学说噤若寒蝉，在刀光剑影和专制君王的严刑威胁下完全中止了发展。

“这时的所谓统治和管理的艺术，无非就是压迫的本领；到处的所谓秩序不外是有组织的奴役！

“在这四百年间，我们看到的只是暴动、内战、外战、屠杀和弑君。

---

〔1〕 三人都是早期罗马帝国朱里亚·克劳狄王朝的皇帝，史传均为暴君。提比略，公元 14—37 年在位；卡里古拉，公元 37—41 年在位；尼禄，公元 54—68 年在位。——译者注

〔2〕 赫利奥加巴尔，即埃拉加巴尔，罗马帝国塞维鲁王朝皇帝之一，公元 218—222 年在位，史载以挥霍、独裁和淫乱见称。——译者注

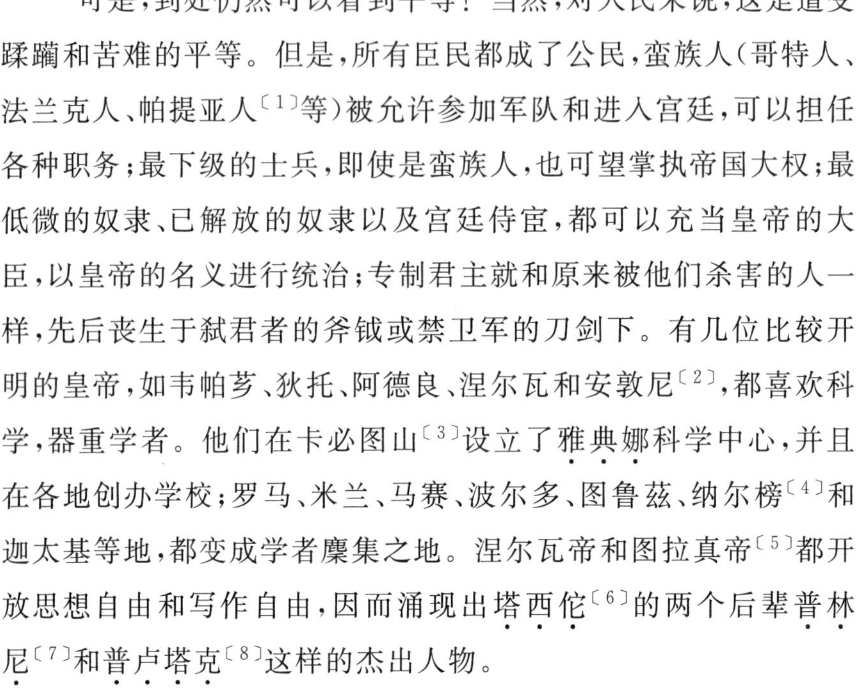

“可是，到处仍然可以看到平等！当然，对人民来说，这是遭受蹂躏和苦难的平等。但是，所有臣民都成了公民，蛮族人（哥特人、法兰克人、帕提亚人[1]等）被允许参加军队和进入宫廷，可以担任各种职务；最下级的士兵，即使是蛮族人，也可望掌执帝国大权；最低微的奴隶、已解放的奴隶以及宫廷侍宦，都可以充当皇帝的大臣，以皇帝的名义进行统治；专制君主就和原来被他们杀害的人一样，先后丧生于弑君者的斧钺或禁卫军的刀剑下。有几位比较开明的皇帝，如韦帕芗、狄托、阿德良、涅尔瓦和安敦尼[2]，都喜欢科学，器重学者。他们在卡必图山[3]设立了雅典娜科学中心，并且在各地创办学校；罗马、米兰、马赛、波尔多、图鲁兹、纳尔榜[4]和迦太基等地，都变成学者麇集之地。涅尔瓦帝和图拉真帝[5]都开放思想自由和写作自由，因而涌现出塔西佗[6]的两个后辈普林尼[7]和普卢塔克[8]这样的杰出人物。

[1] 帕提亚人，里海东南的一个游牧部族，公元前一二世纪时曾在波斯高原建立帕提亚王国，即我国史书所载的安息国。——译者注

[2] 前二人是弗拉维王朝皇帝。韦帕芗公元 69—79 年在位，其子狄托公元 79—81 年在位。后三人是安敦尼王朝皇帝。在位年代分别为：涅尔瓦，公元 96—98 年；阿德良，公元 117—138 年；安敦尼，公元 139—161 年。——译者注

[3] 卡必图山，罗马城附近七个山冈的总称，为古罗马诸神之主丘比特的神殿所在，当时被视为圣地。——译者注

[4] 纳尔榜，古高卢南部近海城市。——译者注

[5] 图拉真，罗马帝国安敦尼王朝第二帝，公元 98—117 年在位。——译者注

[6] 塔西佗（约 55—120 年），罗马最著名的历史学家，著有《编年史》、《历史》和《日耳曼尼亚志》等。——译者注

[7] 普林尼（23—79 年），罗马自然科学家，著有自然史三十七卷，为当时最广博的百科全书式知识总汇。——译者注

[8] 普卢塔克（约 46—125 年），古希腊作家，道德论者，唯心主义哲学家，写过一部《希腊罗马名人传》。——译者注

“不过，平等制度后来又从另一方面得到巨大的推动，这就是基督教。基督教的汹涌热潮四处扩展，大大地温暖了人类。因此，我们还是赶快煞住关于罗马帝国的话题，回过来讲耶稣基督吧！不过，关于罗马帝国，还需要指出一点，就是：原来希腊的首要城市、地处欧亚非三洲交界、蔚为世界中心的君士坦丁堡，这时成了全罗马帝国的首都；在两帝分立以后，它虽然只是东罗马的首都，但是一直是整个希腊罗马的文化中心，学者云集，著述山积，那部很快就成为欧洲各国共同法典和立法典范的罗马法大全，便是根据查士丁尼大帝[1]的命令在这里编纂的。

“另外，让我们再花一点时间来考察一下这段时期里人类的思想状况。

“希腊文化及其后的罗马文化，是古代类似于培拉吉[2]派的宗教思想与来自埃及和亚洲的学说的混合产物。前者总的是相信地球上存在着世俗神人，也就是由神明诞生的、具有不灭灵魂的人；另外还存在着和动物、泥土、房屋等一样属于财产之列的没有灵魂的人。所谓共和，只是对世俗神人而言，其他的人都不过是牲畜而已。可是，根据埃及和印度的学说，人类的前身却是古代的天

〔1〕 查士丁尼大帝（482—565年），东罗马帝国即拜占庭帝国的皇帝。曾组织审订罗马共和国以来历代的法令和元老院决议，编成《查士丁尼法典》十卷，主要目的在巩固奴隶主和地主对奴隶和隶农的统治。——译者注

〔2〕 培拉吉（约360—420年），中世纪不列颠的神学家，一个异教派的创始人，他的学说反对原罪说，宣扬自由意志，主张自力救济，称培拉吉主义。——译者注

使，身份本来都是平等的，只不过因为在天国犯了罪孽，被贬谪下凡，留在世间受苦，一直到刑罚期满，赎完罪恶为止；如果在人间修炼不够，这有罪的灵魂便还要轮回降生，从一具死亡的躯体转移到另外一具躯体上。这些灵魂按照他们原来罪孽的轻重，划分为六七个种性，从僧侣一直到奴隶、牲畜。

“因此，每一个种性都比位于其下的罪孽更重、堕落更甚的种性优越；而且，人们认为，每一个灵魂都永远固定在一个种性内，不可更易，种性之间绝对不能逾越。

“这些说法虽然并不是全部得到哲学家们的赞同，但是，可以说，它是这个时期人类的基本思想。

“从这种观点出发，就不仅产生种性，出现专制君主，出现贵族与奴隶之分，而且还产生丈夫对妻子、父亲对儿女的生杀权。

“由此人们也就普遍抱着一种庸俗的信仰，认为上帝将赦免一切罪孽，拯救整个人类。

“这就是罗马帝国开始时人类的社会、宗教和政治观念。

“正好这时从帝国的一个位于亚欧之间的边远省份传来了一个声音，宣告人类期待已久的救世主亦即上帝已经降临，宣告人们原先的罪孽已经赎偿期满，世人业已获得拯救，宣告一场巨大的改革或者说宏伟的革命已经到来。

“耶稣大声疾呼：‘余如实告知尔等，尔辈均同一天父上帝之子，人皆兄弟，彼此平等。天国本无长幼之别、贫富之分、男女之界，人皆上帝之天使。……欲为众人之首，务作众人之仆。故尔等须爱人如爱己，而上帝则君临一切之上。’

“耶稣甚至还建议实行财产共有制度！

“圣马修斯[1]说：‘耶稣死于十字架上，是为了以个人的牺牲服满一切刑期，赎免一切人的原罪，结束人们的苦难，在人间重建原始平等制度，消灭人世那种不正常的不平等状态的根源。’

“这个声音不断地从当时作为哲学中心的亚历山大里亚的讲坛上响亮传播开来，全世界都听到了。

“有的人说，这是一位哲学家、一位先知、一位伟大人物的声音，但是广大群众却相信这就是上帝的声音。

“耶稣基督的神化成了一种新宗教的基础。

“这种新宗教的教义就是平等、博爱、仁慈，就是共产制度，就是统治者献身于谋求人民利益，一切人献身于争取全人类的和平和自由。

“耶稣基督指示他的门徒在全世界宣传和布道这种主义，努力使人类组成一个统一的民族、统一的家庭。

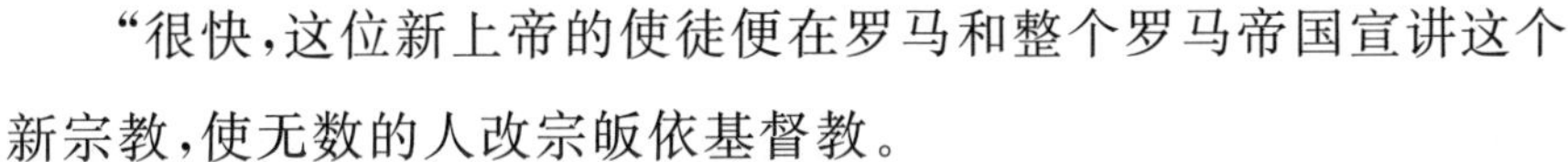

“很快，这位新上帝的使徒便在罗马和整个罗马帝国宣讲这个新宗教，使无数的人改宗皈依基督教。

“很快，这些基督徒便组织了成千上万的团体，建立了一个扩及整个罗马帝国的庞大的共和国，并且把平等、博爱和财产共有原则付诸实施。

“迫害也好，镇压也好，都不能制止他们的宣传。基督教借助于秘密会社的活动，依靠一批烈士的英勇牺牲，终于在公元 320 年

〔1〕 圣马修斯，福音书的四名编撰者之一，死于公元 70 年。——译者注

取得了胜利。教会和十字架取代了旧日的寺院，耶稣基督取代了丘比特[1]（原来谁又相信这是可能的呢?），基督教取代了多神教。于是，出现了代表这个基督共和国的宗教会议和教徒代表大会，制定了宗教宪章，基督徒获得教会内的普选权，有权选举各级教士、牧师、教长和主教；允许公开传道，设立新型学校，为穷人和行旅开办医院。接着，又是一场更加狂热的宣传运动，世界各地，无论是东方或西方，甚至于各个蛮族中，都有基督徒在传播平等博爱的思想。

“但是，祸不单行，北方吹来凛冽寒风的同时，南方又燃起熊熊的烈焰；顿时天空昏暗，人类或者处于天寒地冻之中，或者置身炽热的火堆里。

“北面从欧亚两洲（即所谓人类的工厂区）涌来了成百的蒙昧和野蛮部族（哥特人、东哥特人、西哥特人、法兰克人、撒克逊人、盎格鲁人、日耳曼人、森巴尔人、条顿人、伦巴德人、希鲁里人、盖必特人、阿蓝人、苏尔维人、匈奴人、阿巴莱人、保加利亚人、斯基泰人、鞑靼人，等等），他们犹如一股狂风或一阵巨浪，从俯瞰罗马帝国的高地迅速入侵。南面则是穆罕默德[2]带领着阿拉伯人（沙拉信人、摩尔人、穆苏曼人、奥图曼人、土耳其人），像一股吞噬一切的烈焰从低地崛起。

---

〔1〕 丘比特，古罗马传说中雷神，为诸神之首，相当于希腊神话中的天神宙斯。——译者注

〔2〕 穆罕默德（约 570—632 年），阿拉伯传教士，被认为是伊斯兰教创始人，称“先知”、“教祖”或“安拉的使者”。——译者注

“这些赤身露体、茹毛饮血、形象骇人的男男女女和老老少少，带着他们的帐篷和牲畜，有的步行，有的坐上四轮车，有的骑着马匹或骆驼，如潮涌来。

“他们有的经由小亚细亚、希腊和意大利到达罗马；有的经由高卢和西班牙，越过西西里岛和意大利前来。不久，穆罕默德的可怕的子孙们又征服了所有原先的入侵者，他们征程遍及整个罗马帝国，先是从南面、西面和北面进攻，在普瓦提埃[1]挫败于查理·马特[2]之手；然后又从北面和西面入侵，可是，在维也纳被波兰人阻拦住了。

“罗马失而复得，后又再度沦陷，饱受劫掠、焚烧和破坏。贵族有的逃亡到迦太基的废墟去，客死异乡；有的则退守君士坦丁堡，据城而战。

“帝国境内充斥着蛮族人，他们四处侵占、蹂躏和掠夺，幸存的只有君士坦丁堡一城。它虽然遭到包围和封锁，但是仍然巍然屹立，成为唯一保存着希腊、罗马和世界文明的一小块中心地。

“这场骇人听闻的地震连同它前后的无数次预震和余震，一共经历了大约四百年；再加上毁像派[3]基督徒们为了执行摩西关于反对偶像的条规，到处破坏东方的寺院、神龛和圣像，使整个帝国

---

〔1〕 普瓦提埃，法兰克王国西南部重镇。——译者注

〔2〕 查理·马特，公元714—741年任法兰克王国宫相，曾抗御了占领西班牙的阿拉伯人的北侵，保卫了法兰克的独立。——译者注

〔3〕 毁像派，公元八世纪的一个反对传统教会、反对偶像崇拜、要求废除教阶的教派，专事破坏神像。——译者注

遭到空前的浩劫，摧残净尽。

“大地到处是灰烬瓦砾，血流成河，尸骨成堆，城市遭到破坏，半数人口死亡，剩下的都变成奴隶，被迫为那些已经成为包括人口、土地、用品和牲畜等一切东西的主人的蛮族人耕种田地。

“所有这些蛮族过去都享受着自由，彼此平等，有着自己的民主制政府和族民大会，由全族来共同制定法律和决定各种事务；可是，在征服罗马帝国以后，完全改变原来的做法。他们分散在各地，彼此倾轧，只是在对付被征服者时才联合一致；因此，再也无法举行族民大会，而是授权将领们挑选国王。这些国王在开始时是选举产生的，而且几乎没有任何权威，后来却逐渐改为世袭，变成和罗马皇帝一样的专制君主，自封为人间神祇、神授君主或天命国王；其他的蛮族人则摇身一变，成了亲王或身份与国王相等的贵族领主；公侯伯子男，分等论爵，就像军队里的各级军官。更确切地说，这时是一大批凶狠可恶的贵族制造着惊人的无政府状态，谁都想自成局面，驾驭别人，都想另立法规，审理臣民，都想自己执掌铸造货币和决定和战的大权；于是便各自修建城堡，互相征战和劫掠。至于他们统治下的农奴或奴隶，唯一的任务就是为他们卖命劳动和战死沙场。

“至于科学和艺术，则完全销声匿迹了。几乎所有东方、希腊和意大利的古迹都被平毁，变成一片沙土瓦砾；所有学者都遭到杀害，后继无人；学校和图书馆完全关闭；兰斯[1]和高卢的图书，长

[1] 兰斯，法兰克王国东北部城市，古代文化中心之一。——译者注

期被法兰克人用来烧火做饭，或者成了僧侣的包装用纸；伊斯兰教徒用亚历山大里亚的新图书整整烤了六个月的面包；所有的希腊著述，甚至连《查士丁尼法典》，都在西罗马散失了；西塞罗[1]和许多罗马著名作家的不少作品再也找不到了，幸免的一些著作也长期湮没在几家教堂或修道院的尘土堆中①，无人过问。因为，已经没有人懂得拉丁文和希腊文了；难得有那么几位教士僧侣总算还一知半解，也起不了什么作用，因为，几乎找不出一位主教能够读懂天主经以外的古籍。

“科学和艺术、哲学和宗教学、历史学和政治学，全都奄奄一息。这时候的西方，也许已经没有人晓得曾经存在过希腊和罗马，存在过许多共和国，以及曾经有过一个基督教在宣传平等与博爱的思想！

“这是一个无知和盲从的时代，是一个暴力制胜和野蛮统治的时代，是贵族恣意横行、人民饱受奴役的时代；对人类和平等制度来说，它是寒冬，是黑夜，甚而是绝灭的年代！

“平等制度岂不是无法重生了吗？

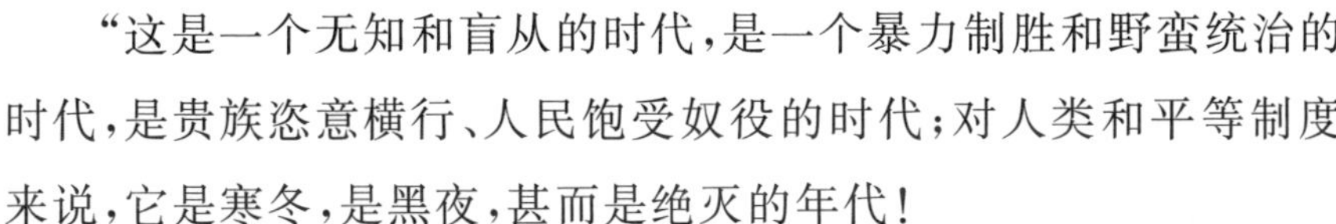

“啊！不！请你们不要失望！先仔细听我讲下去，然后再来判断上帝是否早就确定平等制度必然胜利好了！

“不过，我又多么为难啊！因为，我即将给你们讲述的事情，你

[1] 西塞罗（公元前 106—前 43 年），罗马杰出的演说家、作家和国务活动家，贵族共和国的思想家，折中主义哲学家。——译者注

① 西塞罗所著《共和国》一书完整地保存在梵蒂冈图书馆，到 1819 年才被发现。

们中许多人比我知道的还多；而对这些事情一无所知、因而需要认真了解的人，为数也不少。我究竟怎样讲才能让这后一部分人满足而又不使前一部分人觉得啰嗦呢？从哪里说起好呢？当然，要是你们有耐心，我就情愿冒昧地给你们详细描绘一幅广阔而宏伟的图景。好吧！就让我试试吧！

“你们可以看到，罗马终于依靠君士坦丁堡得救了，它重建起来了，人口逐渐地增加，最后终于赶跑了侵略者，再度赢得独立与自由，并且在一块小小的领土上建立起教皇圣区，或称圣皮埃尔世袭地，由一位定期选举产生的兼有神俗领袖身份的大主教按照共和制进行治理。这难道不就是平等制度复兴的开始吗？

“你们再看看，这位由新罗马的人民选举出来的罗马大主教，自称为耶稣基督的首席使徒圣皮埃尔的继承人，僭号教皇，让西方所有的主教、牧师、僧侣以及一切教会和基督徒承认他为教主，统领一切，从而在封建无政府状态中建立起一个庞大的宗教共和国；他充当这个共和国的选任元首，有自己的各种选举制，既有代表，又有教廷会议、代表大会，还有自己的政府和顾问。

“有机会读书明理的只有教皇一人。尽管他开始看书时感到费解，但是究竟还是逐步增长了知识。他对战败国，甚至对战胜国都有很大的影响；凡是国王都来纳朝贡和献殷勤，使他暴富起来。他又是为数不多的幸存书籍的唯一主人，有机会不断地钻研拉丁语。他又利用驻在罗马的优越条件，在教廷会议里收罗了大批最有学问的人；手里又掌握着比所有国王加起来还要多的传统统治经验;而且他秉性狡诈,手段毒辣,最善纵横捭阖,执行政策又最顽强坚决,因此,你们可以看到,他很快就成为像罗马的一些早期皇帝那样的普天之王,俨然是一切民族一切君主的最高主宰。

“不过,你们必须注意,从这时起的一些新国王和新贵族,一般都是些世袭的饭桶;反过来,这个基督教共和国却因为实行了选举制而得益不鲜。你们是知道的,在这个共和国里,即使是最低微的平民,只要有学问就有机会当大主教和教皇;不少平民就曾先后晋身教廷,充任教皇,他们的名字就用不着我来列举了。

“啊! 难道这不是一个平等制度的伟大中心吗?

“请你们再看看东方的情况。那些焚烧了亚历山大里亚图书馆的凶恶的阿拉伯人,除了他们那部可笑的可兰经之外,不容许世上有其他的书籍。那时他们虽然是埃及、巴勒斯坦、波斯、印度部分地区以及小亚细亚各古希腊城邦共和国的主人,反过来却受了当地战败者的熏陶。他们学习希腊的语言、艺术和科学;他们从君士坦丁堡邀集各种学者,把巴格达[1]变成一个新雅典;他们翻译了亚里士多德的哲学著作;他们推广了阿拉伯的文字和数码,更确切地说是印度的文字和数码,这种文字和数码后来为全世界所采纳;他们还在非洲、意大利和西班牙传播自己的著述、译本、建筑艺术、官吏制度、礼制和工艺,其后又从这些地方传到法兰西和整个西方。难道这不又是朝着平等制度前进的一步吗?

---

〔1〕 巴格达,公元八九世纪阿拉伯帝国阿拔斯王朝全盛时期的政治和工商业中心;现为伊拉克首都。——译者注

“你们再看看，查理大帝[1]重建了西罗马帝国，让罗马教皇封自己为皇帝，合并统一了整个法兰西、德意志、西班牙部分地区以及意大利，使这些地方卷入了整个欧洲的变动和加入了欧洲的文明世界。他还在北欧传播基督教，重新召开公民大会，邀集学者，开办学校，促进了科学与艺术的发展。与此同时，英国也建立了剑桥大学；稍后，阿尔弗雷德大帝[2]又大力开放自由，提倡学术研究，促进了哲学的发展。

“这难道不又是朝平等制度前进的一步吗？

“再看看，西罗马帝国后来便改由一位日耳曼封侯充当元首，国土蹙减到只剩德意志和意大利，不再是专制君主国，而变成一个由一批封侯或者说贵族的共和国组成的具有成文宪法的邦联国家了。

“再看看：克莱桑蒂乌[3]在公元998年驱逐了罗马教皇，在一段短时期内重建一个共和国；意大利的村社从公元1050年起纷纷宣布独立，脱离日耳曼皇帝的统治；还有比萨、卢卡、帕尔马、帕拉桑斯、佛罗伦萨、威尼斯、热那亚和米兰等城市都纷纷成立了共和国。

---

[1] 查理大帝，公元768—800年为法兰克国王，公元800年把法兰克扩大为查理帝国，自任皇帝，经教皇加冕为“罗马人皇帝”。封建统治阶级渲染查理帝国为古代罗马帝国的复活。——译者注

[2] 阿尔弗雷德大帝，公元871—899年在位的盎格鲁-撒克逊国王，曾促进文化的传播。——译者注

[3] 克莱桑蒂乌(？—984年)，罗马贵族，曾驱逐教皇贝奈特六世，建立共和国，被神圣罗马帝国军队镇压，本人被处决。——译者注

“再看看，从公元957年起，法国（公元1112年，在胖帝路易[1]治下）、英国、德意志以及稍后的西班牙，许多市镇都先后通过武装斗争或者赎买而获得了自治权。

“欧洲市镇的自治，难道不是一次有利于平等制度的巨大革命吗？

“再看看那位来自托斯坎尼城、出身木匠家庭的教皇格列哥利七世。他自命为耶稣基督的化身，是率土之王、基督世界之皇、地球上一切国王、民族和国家的裁判者和主宰者，因而有权任免一切君主，建立或取消任何国家和民族。试问，有哪一位罗马皇帝有过他这样大的权力？又有哪一个平民能像他这样成为王中之王？

“各民族的这种大结合本来对人类是很有利的；但是，那些教皇们无疑滥用了这种局面，原因是这时人类究竟还年轻，只是刚刚脱离了野蛮状态。但是，即使如此，这变动难道不是一次反对不平等、争取平等的宏伟革命吗？

“再看看征服者纪尧姆[2]的两位后代（公元1101年的亨利一世[3]和公元1215年的无地王约翰[4]），他们被迫向英国贵族让步，签署了大宪章，从而为接纳市镇代表参加不列颠国会作了准备（公元前1265年篡权者兰彻斯特伯爵为了争取人民支持他篡权而

[1] 胖帝路易（约1081—1137年），公元1108—1137年在位的法国国王。——译者注

[2] 征服者纪尧姆，即英王威廉一世，公元1027—1087年为诺曼底公爵，1066年征服英国，自立为英王。——译者注

[3] 指纪尧姆的第四子英王亨利一世，公元1100—1135年在位。——译者注

[4] 指英王亨利二世第五子，公元1199—1216年在位。——译者注

采取的措施)。同样,其后西班牙市镇的自治又为1283年西班牙大宪章的订立和人民代表的进入议会作了准备;法国市镇的自治则为1301年美丽王菲力浦[1]出于筹款反抗教皇统治的目的而承认第三等级代表和召开三级会议创造了条件。

“再看看公元1095年至1267年的几次十字军东征。它把欧洲各地的几百万普通人、贵族和国王带到巴勒斯坦,摧毁了那里贵族的财产与权力,使意大利的工商业由于东方市场的出现而重新兴旺起来,并且使各民族联合起来。它1204年攻袭了君士坦丁堡,在那里留驻了若干年;甚至在耶路撒冷、安条克[2]和塞浦路斯建立了法兰西的附庸国。十字军还把阿拉伯人和希腊人的科学发现和许多书籍、特别是亚里士多德的著述带回西方。因此,由于十字军的东征,到处吹拂着自由和平等之风。

“公元1135年在那不勒斯王国的阿马菲地方发现了《查士丁尼法典》的一个抄本,由此产生了一大批译本和注释,涌现了许多学派和教师,出版了反对教皇篡权的论著,而且很快就形成了一个与军事贵族分庭抗礼的法学家阶层。

“公元1143年起,布里奇亚的安诺德[3]开始在罗马宣传改革

〔1〕 即公元1285—1314年在位的法王菲力浦四世。——译者注

〔2〕 安条克,土耳其境内一城市,即今安塔基亚。公元前一度为塞琉古王朝首都,七世纪时为伊斯兰教城市,1098年被十字军侵占。——译者注

〔3〕 布里奇亚的安诺德(1100—1155年),意大利政治和宗教改革家;布里奇亚即伦巴底。——译者注

教廷的主张，并且重建了一个为时不长的共和国；虽然后来遭到镇压，但是他的学说仍然到处流传，日后终于取得了胜利。

“英国僧侣罗哲尔·培根[1]是位神奇的天才。他从公元1294年起便重树理性的崇高地位，抨击各种谬误与偏见，提出研究事物的方法，论述过火药、放大镜和聚光镜的原理，设想过机动车船。其后的另一个培根[2]，即那位英国大法官，则编纂了一个人类发明一览表，建议组织一个世界学者协会，也就是世界学者的共和国，从而为科学研究和人类的进步事业开创了一个新的局面。

“为了削弱贵族的力量，法王路易十世[3]在公元1314年解放了他领地内的农奴，迫使贵族们也允许农奴赎买人身自由。他还承认，根据自然法，每一个人都应该平等和自由。

“僧侣培根所预言的火药，终于在公元1340年由科伦僧侣舒瓦尔茨[4]发明出来了；摩尔人[5]1342年围攻阿尔吉西拉斯城[6]

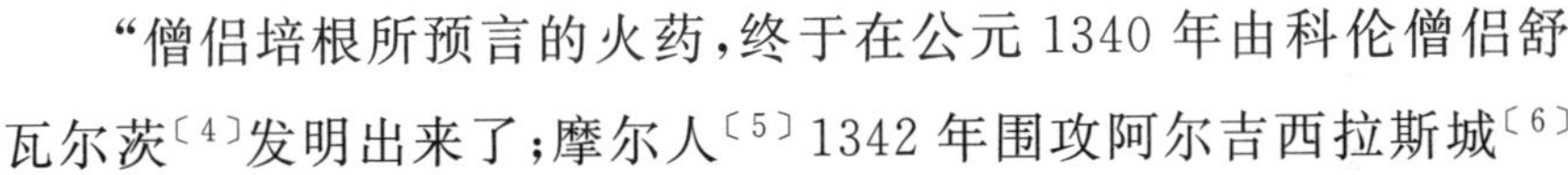

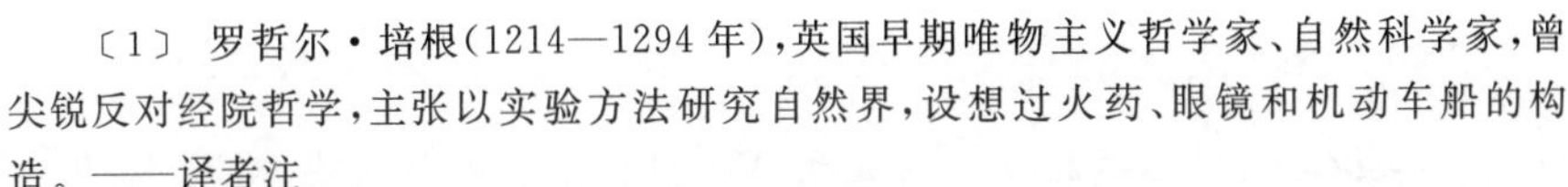

〔1〕 罗哲尔·培根(1214—1294年)，英国早期唯物主义哲学家、自然科学家，曾尖锐反对经院哲学，主张以实验方法研究自然界，设想过火药、眼镜和机动车船的构造。——译者注

〔2〕 指法兰西斯·培根(1561—1626年)，英国杰出的唯物主义哲学家、自然科学家和历史学家。——译者注

〔3〕 路易十世，公元1314—1316年在位的法国国王，美丽王菲力浦的儿子。——译者注

〔4〕 舒瓦尔茨 B. Schwarz(原文为 Schwartz，疑讹)(1310—1384年)，德国僧侣，发明火炮，并制造了西方第一批铜铸大炮。——译者注

〔5〕 摩尔人是阿拉伯人与柏柏尔人融合后形成的种族，中世纪前期曾统治西班牙。——译者注

〔6〕 阿尔吉西拉斯，西班牙南部著名海港，临直布罗陀海峡。——译者注

和英国人1346年围攻克勒西[1]时都先后开始使用火炮。这是战争技术上的一次革命，它减少了攻城部队可能遭受的大量牺牲，使体力上的不平等失去作用，解除了贵族军队原先因为佩戴盔甲而占有的优势，并且使城堡工事几乎完全失去意义，从而重新确立了各城邦之间和不同军队之间的力量均势。

“为了摆脱奥地利的桎梏，瑞士有三个州从公元1307年起建立了邦联；后来，到1514年，包括十三个州的整个瑞士赢得了独立，组成一个联邦共和国，其中大部分州都实行了比旧日的希腊和罗马还要先进的平等制度。

“公元1342年，黎恩济[2]一度在罗马城甚至整个意大利短期建立过共和国；同样，1354年，威尼斯的一名民选首领[3]也曾试图重建民主制，可惜没有成功。但是，这两次尝试对平等事业并不是毫无意义的。

“再看看，法国的变动又多么大呵！三级代表会议1355年否决了一项税收法案，1358年宣布了主权属于人民，要求国王执行

---

〔1〕 指英法百年战争时英军击败法军的一次著名战役，克勒西在今法国西北部阿伯维尔市附近。——译者注

〔2〕 黎恩济（1313—1354年），原为罗马贵族，公元1347年领导罗马手工业者和商人反对教皇和封建主的大起义，在罗马建立了共和国，并准备进而统一意大利。政权被推翻后又于1354年再度夺取罗马，在一次封建主叛乱中遭杀害。——译者注

〔3〕 民选首领 doge，中世纪热那亚和威尼斯的城市首领，民选产生，开始时权力较大，后为贵族控制。原文来自希腊文 dux。——译者注

三级代表会议制定的法律，几乎建立起共和国来了！再看看巴黎的富裕市民在商会会长马赛[1]的领导下举行起义，要求成立共和国。再看看札克雷起义[2]吧！在这次内战中，农民奋起反对贵族，焚毁贵族城堡。再看看铅锤党人[3]即巴黎富裕市民为反对捐税而举行的另一次起义吧！

“王室和贵族仍然是胜利者，因为他们更善权谋，更有纪律，也比较一致。可是，平等制度还是前进了一大步。

“很快法国便又爆发了内战，阿曼纳克家族与勃艮第家族争夺政权。前者勾结英国军队入侵巴黎；后者为了抵御叛徒和外敌对首都的进攻，组织了一支主要由屠宰商组成的卡波士军[4]，四处逮捕和屠杀，被他们指控为从事密谋和叛国的敌人在监狱内外处决的，共达三千五百多人。

[1] 埃蒂耶纳·马赛，巴黎商会会长。公元1355—1357年在法国三级会议中代表富裕市民的利益，积极反对王权，并领导了起义，胜利后曾任巴黎市长。1358年在与王党的一次巷战中牺牲。——译者注

[2] 札克雷起义，指法国农民领袖卡尔领导的农民暴动，发生于公元1358年，法语札克雷原意为“乡下佬”，是贵族对农民的蔑称，起义由此得名。这次起义虽然失败，但削弱和动摇了封建主统治，在法国历史上有很大影响。——译者注

[3] 公元1358年巴黎市民为反对查理六世黑暗统治，占领了军械库，用没收的铅锤武装自己，打开监狱，释放囚犯，杀死税吏及其他官吏。史称铅锤党起义。——译者注

[4] 卡波士军是公元1413年巴黎屠宰商会会长卡波士为首的起义军，成员有手工业者和小商人，支持当时王族内讧中的一方勃艮第家族；曾控制巴黎，颁布《卡波士法令》，准备进行有利于资产阶级的改革，遭到城市上层人物的反对，最后被镇压。——译者注

“英国也有它的札克雷起义：公元 1381 年国会通过的一项向年满十五岁的人征收人头税的法令触发了一场起义[1]。一位热情洋溢的起义领袖向人民宣传了平等思想，十万名农民占领了伦敦，杀死大臣，焚烧了他们的邸宅。不过，贵族很快就击溃了这支缺乏纪律和群龙无首的军队，一共屠杀了四万人。可是，平等思想却在人们心中生根发芽。

“不久，在 1399 年，牛津大学的教授威克里夫[2]便开始宣传教会改革，宣传耶稣基督的学说和平等思想。大批拥护他的所谓罗拉德派[3]教徒，遭到迫害和火焚。但是，牺牲者的精神却鼓舞了人们更加热爱平等。

“再看看发生在基督教共和国中的另一场规模宏伟的运动：公元 1414 年召开了康斯坦茨宗教会议[4]，进行了基督教改革。

“请看，这次会议集中了大批的红衣主教、大主教、教授以及以

---

〔1〕 指公元 1385 年英国农民领袖瓦特·泰勒领导规模宏大的农民起义，由于缺乏组织和经验，遭到镇压，但在历史上占有重要地位，史称瓦特·泰勒起义。——译者注

〔2〕 威克里夫(1324—1384 年)，英国早期宗教改革领袖。他所发动的改革教会的运动得到人民的广泛响应。——译者注

〔3〕 罗拉德派是十四世纪末叶英国一个由下层教士组成的主张改革的激进派，由反对教会进而反对现存社会制度，要求社会平等。领导人是约翰·保尔，他的主张为其后的农民起义作了思想准备。——译者注

〔4〕 康斯坦茨宗教会议举行于 1814—1818 年，是在宗教改革运动开始的情况下为巩固天主教会已动摇的地位而召开的。会上诬蔑宗教改革运动，并暂时弥合了天主教会内部的分裂。这是一个倒退的会议。康斯坦茨是瑞士北部边境城市。——译者注

德国皇帝为首的一百多名选侯；二十七个国王派来了使节；几乎欧洲的所有宗教团体都派来了代表，与会人多不胜数。

“请看这次全欧的代表会议或者说立宪会议宣布自己是欧洲的主权者，废黜了三名教皇，选举了一名新的教皇，而且以拒绝散会作威胁，迫使这位新教皇答应草拟一部教廷宪章并在五年内召集一次新的宗教会议提出宪章草案。会议还规定每十年举行一次这样的宗教会议。

“虽然后来的教皇们都背弃了这个诺言，但是，改革之风却已深入人心。

“这次宗教会议决定把布拉格大学校长约翰·胡司[1]和他的学生布拉格的约翰[2]等两名宗教革新领袖作为异端者处以火刑。经过其后二十年的战争[3]，胡司派才终于被镇压下去；但是，他们英勇的献身行为却鼓舞了人们勇敢地前进。

“1430 年举行的巴塞尔宗教会议[4]，只进行了一次有名无实的改革，他宣布教皇欧仁四世为变节者和异端者加以废黜。可是

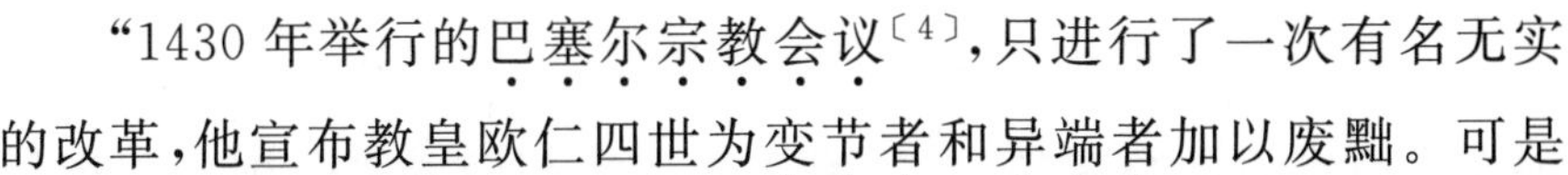

〔1〕 约翰·胡司(约 1369—1415 年)，大学教授、后为校长；捷克宗教改革领袖，捷克民族解放运动的鼓动者，被诬为异教徒，遭受火刑，是捷克人民的民族英雄。——译者注

〔2〕 此处原文疑有误。布拉格的约翰 Jean de Praque(1360—1430 年)是布拉格的红衣主教，以反对胡司派著称。——译者注

〔3〕 即历史上所称胡司战争，是中世纪规模最大的农民起义之一，比英法农民起义更有组织，持续时间更久，其影响超出捷克一国的范围。——译者注

〔4〕 巴塞尔宗教会议举行于 1430—1437 年，因教会内部倾轧，会期迁延达七年之久，派别斗争尖锐，曾黜免教皇欧仁四世，拥立菲力克斯五世。——译者注

这位教皇又反过来指斥会议成员都是疯子、白痴、野人和禽兽，把他们全部革出教门，并且讥笑新教皇菲力克斯五世为看家狗、金牛犊，是回教徒、反基督者。不过，这场互相辱骂、彼此革除的斗争，却从反面促进了后来宗教改革和平等制度的胜利。

“请你们看看接着又发生的一些加速这个胜利的一些重大事件：公元1437年在斯特拉斯堡发明了活字印刷术[1]；1453年君士坦丁堡被攻占；1464年路易十一[2]登基；1486年发现了好望角；1492年发现了美洲；1517年爆发了宗教改革运动。

“活字印刷术的发明很快就导致以法文代替拉丁文，并且出现了报纸；结果，希腊和罗马的所有关于科学、艺术、历史学、政治学、伦理学、法学、哲学和宗教方面的著作都得以公之于世，所有的民族，甚至几乎每一个人都能读到；连那部人民原来一无所知的圣经，也终于付印、传译，成为人所共晓的典籍。这就等于增添了成千上万的教师和开办了成千上万所学校；也等于建立了一个把世界上所有学者联系起来，其规模比一切共和国或君主国合起来还要庞大的文字共和国。它就像一声响彻遐迩的号角，唤醒了人民，使人类历史上第一次出现了代表公众的文字舆论。对于阐发那迟早必将取得胜利的理性和真理，这是一项多么有力的工具呵！

〔1〕 印刷术最早发明于中国，时约为公元600年。毕昇在宋庆历年间（1041—1048年）发明活字印刷术。公元1440年，德国人古登堡（1400—1468年）才在斯特拉斯堡发明活字印刷术和双面印刷术。——译者注

〔2〕 路易十一，公元1461—1483年在位的法国国王。——译者注

“攻占君士坦丁堡的是土耳其人，或者说是伊斯兰教徒。当地所有的希腊学者都逃到意大利；他们把毕达哥拉斯[1]、柏拉图、亚里士多德等历史学家、哲学家和政治学家用希腊文或拉丁文撰写的先前人们闻所未闻的著作全都带到意大利，很快便以希腊文、拉丁文和各种现代语言印刷出版；他们开办学校，教授各种古代语言。希腊重生了，或者更正确地说是希腊的光芒再现了；它照亮了西方和整个世界，推动着它们前进。

“这时多数人们才惊讶地得知，所谓贵族权利神授的说法，原来不过是不久以前才捏造出来的谎言，原来亚里士多德早就收集过二百五十部共和制宪法，原来绝大部分人类过去曾经生活在民主共和制度之下！

“你们不妨想想，这些情况对平等事业是多么有利呵！

“关于法国尔后的几位国王，我只想给你们提这么几句，就是：路易十一击败了贵族和封建制度，采取了一些有利于工商业发展的措施，开办了邮政，设立了圣米歇尔爵位，专门奖励有功之士、也就是有贡献的平民（因为贵族都只重甲胄，鄙弃学术，既野蛮又无知），从而晋布衣于权贵之列；查理八世[2]少龄登基时，三级会议曾再度宣布主权属于人民；至于路易十二[3]则更是有平民国王和

[1] 毕达哥拉斯（公元前约580—前500年），古希腊数学家，唯心主义哲学家，奴隶主贵族的思想家。——译者注

[2] 查理八世，公元1483—1498年在位的法国国王。——译者注

[3] 路易十二，公元1498—1557年在位的法国国王。——译者注

人民之父之称。

“是不是也有必要给你们提一下指南针呢？它是公元1200年发明的，或者说是这年从中国传进来的，到1301年得到了进一步的改进。它使长时间和大规模的远洋航行成为可能，并且为一些重大的事件、特别是好望角航道的发现准备了条件。

“你们肯定意想不到这条航道的发现具有多么重大的意义。它把欧洲人带到印度、日本和中国，使人们接触到亚洲的古代和当代的文化；它使世界上出现了葡萄牙、西班牙、意大利、法国、英国和荷兰等国纵横交错的殖民地；而且，它很快就推动了航海业、制造业和商业，使科学、艺术、哲学和政治学一直朝着平等制度发展。

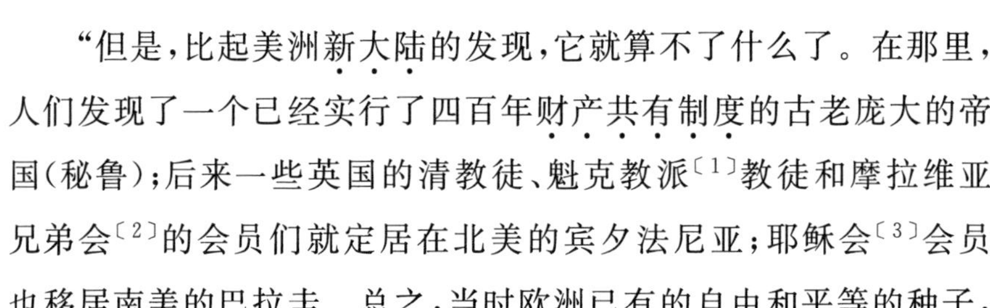

“但是，比起美洲新大陆的发现，它就算不了什么了。在那里，人们发现了一个已经实行了四百年财产共有制度的古老庞大的帝国（秘鲁）；后来一些英国的清教徒、魁克教派[1]教徒和摩拉维亚兄弟会[2]的会员们就定居在北美的宾夕法尼亚；耶稣会[3]会员也移居南美的巴拉圭。总之，当时欧洲已有的自由和平等的种子，

---

〔1〕 魁克教派，英国十七世纪时出现的一个新教派，自称只布道正义，厌恶武力，反对教阶制度。——译者注

〔2〕 摩拉维亚兄弟会，公元1457年在波希米亚由原来胡司派一些教徒建立的新教团体，在国外，特别是美国和荷兰，有许多分支组织。——译者注

〔3〕 耶稣会，公元1534年西班牙贵族罗耀拉创建的一个反动宗教组织，专事维护旧天主教，破坏新教运动，带有军事性质，不择手段地杀害反对教廷的人，其影响远及南美一带。——译者注

都逃亡到美洲去，在那里生根落户，自由自在地发芽成长，然后又把更为伟大和强烈的民主精神带回旧世界来。

“可是，这比起宗教改革运动来，也算不上多大的事情！

“因此，尽管那个由一些自由城邦或者说小型共和国组成的士瓦本联邦[1]意义也非常重大，我还是不打算谈它了；因为，哪怕是最灿烂的星球，在宗教改革这轮红日面前，也要黯然失色。

“宗教改革，多么伟大的运动呵！它敢于改革教会的腐败制度，敢于反抗教士和教皇们的滥权行为；它是对那个已经变成世界性君主国的伟大的基督教共和国进行的改革，是基督教民的权利与自封为耶稣基督化身和王中之王的教廷权贵们的淫威之间的一场严重较量！……

“人民、下层教士和历次宗教会议早就呼吁进行这种改革，但是一直石沉大海；现在，一位默默无闻的教士路德[2]重新提出了这样的主张，而且很快就得到瑞士教士慈温利[3]和日内瓦教士加

[1] 士瓦本，在今西德巴伐利亚州南部。此处指十四世纪多瑙河上游的奥根斯堡、乌尔姆和纽伦堡等城市组成的士瓦本城市同盟。——译者注

[2] 马丁·路德(1483—1546年)，中世纪宗教改革运动的著名活动家，德国新教(路德教)的创始人，市民阶级思想家；1525年德国农民战争时期转到诸侯方面反对起义农民和城市贫民。——译者注

[3] 慈温利(1484—1531年)，瑞士宗教改革领袖之一，提出不少新教主张，并实际进行了一些改革，影响及于瑞士大部分地区；死后其追随者分别加入路德派或加尔文派。——译者注

尔文[1]的支持。就是这样三个小小的人物，敢于抨击罗马教皇这个庞然大物、这位王中之王和亦神亦人的上帝化身。

“但是，这时活字印刷术已经在整个欧洲发挥它的威力；人们的理性也已经成熟，完全能够理解真理。这几位小人物就利用圣经，援引耶稣基督本人的词句和学说，依据人权、基督徒的权利、平等博爱的思想，来攻击教皇这个巨人。他们在欧洲的法庭上控诉教廷，维护宗教、人民和国王们的利益。

“那些国王和贵族们尽管也渴望摆脱教皇的控制，但是完全懂得：宗教改革必然会导致政治改革，平等思想不但威胁着教廷，而且也危及王室与贵族。因此，为了维护王座，他们宁可拒绝宗教改革；与其让人民获得自由，不如暂时受制于教皇，等待以后再摆脱这个束缚。这时，基督教世界本身分裂成两个阵线，或者说两个阵营：一个包括教皇和他手下的大主教，还有皇帝和几乎所有的国王；另一个则包括下层教会人员、小选侯、部分普通贵族和大多数人民。前者是天主派、教廷派、保守派、君主派或贵族派，后者是新教派、改革派、革命派、共和派或民主派。

“这是一场民主制反对贵族统治的斗争，一场共和制与平等制反对君主制与专制政治的斗争。

“这场斗争扩及欧洲的所有国家，人们到处都通过口头布道和文字宣传，互相攻击，甚至在战场上兵戎相见。

“这是一场空前规模的争讼，法庭空前地广阔，参与辩论的人

[1] 加尔文（1509—1564年），法国教士，在法国和瑞士推行宗教改革，新教之一加尔文教的创始人，代表资本原始积累时期资产阶级利益。他的教派一度完全控制了日内瓦，使这个城市成为一个政教合一的神权共和国。——译者注

员也空前众多。

“这是耶稣基督和他的平等博爱原则的重现，而且这次登上的是空前宏伟的讲坛，使用的宣传工具也比以前任何时候都要多。

“教皇维持这场斗争靠的是金钱。他收取贿赂，暗中批准人们作奸犯科，还强征教廷捐来聚敛钱财。

“经过一百五十年的辩论、谈判和在法德两国境内进行的流血战斗以后，经历了无数恐怖的镇压和英勇的牺牲以后，宗教改革终于取得了胜利。

“亨利八世搞改革[1]本来的目的只是想取代教皇的地位，并且以此遏制真正的宗教改革运动，但是，由于他为攫取教会财产而封闭了所有的僧院，由于他揭露了僧侣教士们的种种恶行隐私，由于他召集了一个制定宗教改革宪章和决议翻译印行圣经的圣职人员代表大会，所以反而促进了宗教改革。英国后来又制定了一个半新教、半自由主义的教规，并且把它推行到自己的所有殖民地，亦即整个北美和大半个世界。法王亨利四世则颁布了《南特敕令》[2]，保证新教徒的信仰和礼拜自由。在德国，著名的《威斯特伐利亚和约》[3]宣布容忍新教，保证各种宗教一律平等。这样，半

〔1〕 指公元1509—1547年在位的英王亨利八世。他与罗马教廷决裂，实行自上而下的宗教改革，以加强专制统治和迎合资产阶级的要求。——译者注

〔2〕 由于新教徒的长期顽强斗争，1598年法王亨利四世颁布了《南特敕令》，作出让步，给予新教徒以信仰和礼拜的自由。但1685年路易十四加剧政治与宗教迫害时，又取消了这个敕令。——译者注

〔3〕《威斯特伐利亚和约》是公元1648年德皇为结束三十年战争与瑞典、法国、西班牙、信奉新教和天主教的诸侯代表共同签订的和约，除许多其他规定外，关于宗教问题给予加尔文教徒以与路德派教徒同等的权利，北欧各诸侯享有宗教自由。——译者注

个德意志，还有瑞士、比利时和荷兰，几乎整个北欧以及住有几百万人的部分法国，换句话说也就是全世界的大部分地区，都在进行宗教改革！

“这次运动涉及一切问题，触动了一切制度；人们对任何事情都根据独立、自由、平等和共和的精神重新加以审查、改进和革新，从而为哲学的和政治的全面激进的改革，为平等制度的胜利准备了条件。

“现在，请你们看看这段时期接踵发生的一些有利于平等制度发展的事件：

“公元1517年——路德开始攻击教廷；慈温利起来支持他，接着是加尔文。

“公元1519年——被选登位的德皇查理五世[1]也抨击教皇，派兵夺取罗马，从而非出本愿地促进了宗教改革。与此同时，热那亚重新成立共和国。

“公元1523年——士瓦本和法兰克尼亚[2]的农民响应路德和闵采尔[3]的号召，揭竿起义。

---

〔1〕 查理五世，所谓神圣罗马帝国的皇帝（公元1516—1556年在位）兼西班牙国王（公元1519—1556年，称查理一世）。——译者注

〔2〕 士瓦本和法兰克尼亚（在德国中部），是公元1523—1525年德国农民战争的两个重要地区。士瓦本农民提出了深受闵采尔影响的起义纲领。法兰克尼亚农民则提出了适应中产阶级要求的《帝国改革纲领》。——译者注

〔3〕 闵采尔（约1490—1525年）。伟大的德国革命家，宗教改革时期和农民战争时期农民和平民阵营的领袖和思想家，宣传空想平均共产主义。在起义中被俘，坚强不屈，壮烈牺牲。——译者注

“公元 1526 年——另外一些地方的农民在约翰·德·莱登[1]的领导下，效法上述农民，暴动起义。约翰宣传的是财富平等；再浸礼派[2]和摩拉维亚兄弟会也采用了同样的口号。宗教改革的烈焰燃遍了整个德意志。

“公元 1529 年——帝国议会斯贝伊尔会议[3]谴责宗教改革。

“公元 1530 年——宗教改革派提出抗议条纲(因此得名抗议教派)，申述自己的信仰和政见，得到帝国议会奥格斯堡会议认可。

“公元 1531 年——赛尔维[4]提出比路德和所有其他人都更为激进的主张，否认耶稣基督的神圣性，对一切宗教的正确性提出怀疑。

“公元 1532 年——弗朗斯瓦一世[5]镇压宗教改革运动；但是，因为他在巴黎办了法兰西学院和皇家印刷局，命令推广法语，并且采取了一些保护学者的措施，所以反而促进了运动，并且得文字复兴者之称。

“公元 1552 年——《帕索和约》[6]保证了宗教改革运动的发

[1] 约翰·德·莱登(或译莱登的约翰)，公元 1534—1535 年德国北部闵斯特公社起义领袖之一，城陷时英勇牺牲。——译者注

[2] 再浸礼派，德国宗教改革和农民战争中出现的新教派；宗教上要求取消圣像和教仪，成年人再度受洗；政治上要求消灭贫穷和剥削。其教徒是闵斯特起义的主力。——译者注

[3] 斯贝伊尔，德国莱茵河畔一城市。1529 年帝国议会在当地举行会议，会上天主教诸侯占优势，作出不利于路德新教的决议。——译者注

[4] 赛尔维(1511—1553 年)，西班牙医师和神学家，在日内瓦受火刑身死。——译者注

[5] 弗朗斯瓦一世，公元 1515—1547 年在位的法国国王。——译者注

[6]《帕索和约》，1552 年萨克森与德王查理五世在巴伐利亚城市帕索签订的条约，规定给新教诸侯以宗教自由。——译者注

展。

“公元1540年——耶稣会成立，从事保卫教皇，反对宗教改革；但是，由于他们组织了一个宣传弑君主义的共和团体，不断地诋毁国王和贵族，因而非出本愿地促进了宗教改革。

“公元1559年——法国成立火焰法庭[1]，以镇压国内宗教改革运动。它把信奉新教的议会议长安纳·杜博[2]绞杀并焚尸。一千二百名主要为贵族和富裕市民的新教徒，因为阴谋推翻国王和进攻安博瓦宫，也遭到同样杀害。此外还有成千上万的新教徒在各地被屠杀。但是，他们因为有整个社会民主潮流的支持，而且长期以武力来争取自己的权利，因而终于赢得了信仰自由。

“与此同时，信奉天主教的西班牙国王[3]镇压了低地各省和荷兰[4]的宗教改革；但是，当地贵族却结党反抗，采用了‘乞丐党’[5]这样一个通俗的名称，密谋起义。先后有七个省宣告独立，

〔1〕 火焰法庭，法王设立的专门残酷镇压加尔文教徒的法庭。常遍燃火堆，处决犯人，故名。——译者注

〔2〕 安纳·杜博(1521—1559年)，法国大臣，议会顾问，因建议宽赦加尔文教徒，被控信奉新教而遭火刑。——译者注

〔3〕 指镇压尼德兰资产阶级革命的西班牙和尼德兰国王腓力二世(1527—1598年)。——译者注

〔4〕 低地各省即尼德兰，指欧洲西北部莱茵河、马司河、些耳德河下游和北海沿岸一带地区，相当于今日的荷兰、比利时、卢森堡和法国东北的部分地区，中世纪时处于西班牙的专制统治下。荷兰那时只是其中一个行省。——译者注

〔5〕 公元1566年尼德兰贵族同盟向西班牙任命的尼德兰总督玛格丽特女公爵请愿时被斥骂为“乞丐”，因而同盟即以此字为名，以乞食袋图样为同盟徽号。——译者注

共同组成一个联邦共和国[1]。

“公元1572年——法王查理九世[2]伙同西班牙国王，有计划地在圣巴塞罗缪节日屠杀了十万名新教徒；教皇为此下令在罗马举行庆祝游行；法国国会也在巴黎组织游行。但是，这次屠杀震惊了欧洲，遭到普遍的反对；有一批新教徒在拉罗舍尔[3]英勇抵抗，几乎成立了共和国，最后终于迫使国王发布一项新的和好敕令[4]。

“公元1588年——天主教联盟方面认为亨利三世对新教容忍过甚而掀起暴乱，修筑街垒进行巷战，把法王逐出巴黎[5]。他们宣传圣经允许处决暴君，后来果然把亨利三世刺杀于巴黎的圣克卢区。

“公元1600年——亨利四世颁布《南特敕令》，宣布宗教自由，从而粉碎了贵族企图另立贵族共和国的阴谋；但是，他自己却又死于耶稣会一名刺客的匕首下。同年，英国信奉天主教的贵族和耶稣会教士合谋制造了‘国会爆炸案’，谋刺信奉新教的国王詹姆士一世。

“公元1610年——巴黎索邦神学院谴责了耶稣会教士所宣传

---

[1] 当指公元1609年尼德兰资产阶级革命成功后建立的联省共和国。——译者注

[2] 查理九世，公元1560—1574年在位的法国国王。——译者注

[3] 拉罗舍尔，法国西南部濒海城市。——译者注

[4] 指公元1629年拉罗舍尔城被攻破后，法王路易十三所颁布的允许新教徒信仰自由，但剥夺其从事政治权利的《恩典敕令》。——译者注

[5] 指法国十六世纪末叶宗教战争中三亨利之战。巴黎天主教徒拒绝服从国王亨利三世，控制全城，国王出走，回城后被刺。——译者注

和实行的弑君主义;但是学院的院长公开声明反对这项决定。

“不久,耶稣会教士便垄断了神学教育,他们引导学生崇拜希腊罗马的共和主义者和穆蒂乌·赛沃拉[1]、布鲁图[2]之类人物,公开讲授弑君主义学说,并且在路易十五[3]身上再次把这种学说付诸实践。

“公元 1624 年——黎世留[4]完成了摧毁贵族阶层的事业,创立了法兰西科学院。

“公元 1647 年——‘投石党’[5]起义反对马扎然[6],又进行了街垒战,驱逐了幼王路易十四及其宫相,大力宣传共和制,并且在整个法国提倡批判和反抗精神。与此同时,那不勒斯人起义,废黜国王,拥立了一名渔夫马赞尼洛[7]为王。

“就在这个时期(公元 1648 年),《威斯特伐利亚和约》宣布了

[1] 穆蒂乌·赛沃拉,古罗马青年,公元前 507 年罗马城被伊达拉里亚人包围时,他曾潜入敌营刺杀对方指挥官。——译者注

[2] 布鲁图(公元前约 85—前 42 年),古罗马贵族,杀害恺撒的密谋组织者之一。——译者注

[3] 路易十五,公元 1715—1774 年在位的法国国王;此处疑为亨利四世之误。——译者注

[4] 黎世留(1585—1642 年),法国枢机主教,后任宫相十八年,致力于加强王政。——译者注

[5] 投石党起义是公元 1648—1653 年法国反对王权的运动之一。法语原意为巴黎儿童玩耍的一种投石器,为政府所禁止。贵族统治阶级称起义者为投石党,以示其非法。也有音译为“弗伦特运动”或“福隆德运动”。——译者注

[6] 马扎然(1602—1661 年),法国国务活动家,红衣主教;1643 年起为大臣;路易十四成年以前法国的实际执政者。——译者注

[7] 马赞尼洛(1620—1647 年),公元 1647 年那不勒斯反对西班牙统治的人民起义领袖,同年被害。——译者注

宗教改革的最终胜利，承认了瑞士共和国和巴达维亚共和国[1]，并且确定建立一个由各自由城邦和选侯国组成的德意志邦联，元首由成员国选举产生。

“请再看看接着发生的又一些加速民主制度发展的事件：

“公元 1649 年——原来势力最强大的一位国王，即英王查理一世，在这一年丧生于断头台上[2]。就在这一年，英国显示了一个现代伟大民族应有的榜样，庄严地审判和处决了它的国王，摧毁了贵族阶层，宣布成立共和国；并且在十年里凭借着共和制，励精图治，一跃而成强盛的大国。

“英国当时不仅有一批要求成立共和国和最严格地实行耶稣基督教义的清教徒，而且还有一个要求在财产及其他一切方面绝对平等的人数众多的平等派[3]。

“可惜的是克伦威尔[4]没有成为一个伊加尔式或华盛顿[5]式的人物。

[1] 巴达维亚共和国，即尼德兰联省共和国，西班牙在威斯特伐利亚和约上正式承认了尼德兰的独立。——译者注

[2] 查理一世，公元 1625—1649 年在位的英国国王，实行专制暴政，在英国资产阶级革命中被国会处决。——译者注

[3] 平等派，十七世纪英国资产阶级革命中出现的一个以约翰·利尔本(1614—1657 年)为首的代表资产阶级政治观点和利益的革命派别，在人民及士兵中有很大影响；曾起义反对新贵族，遭到残酷镇压。——译者注

[4] 克伦威尔(1599—1658 年)，英国资产阶级革命时期资产阶级和资产阶级化贵族的领袖；曾任英格兰、苏格兰和爱尔兰的护国公。——译者注

[5] 华盛顿(1732—1799 年)，美国独立战争领袖之一，任独立军总司令，后为第一任总统。——译者注

"公元1660年——这一年在另外一个国家丹麦里，人民因为对贵族深恶痛绝，热切向往平等，所以授予国王以绝对权力，以便他摧毁贵族阶层。

"公元1661年——请看那位专制国王路易十四怎样违背了自己本意为平等制度添砖加瓦吧！他的侵略野心换来的是：结盟抗击侵略的欧洲国王们提出的媾和条件中，包括法国必须重新召开1614年解散了的三级代表会议，并且以后定期举行，以防止法王再度进行侵略战争。他的虚荣自大竟促进了文化的发展，加强了那个学者共和国（这个共和国是弗朗斯瓦一世进行改革时建立的，黎世留当政时又进一步加以发展了）；在这个学者共和国里，布衣平民可以一跃而与贵族平起平坐，甚或凌驾其上。由于路易十四撤回了《南特敕令》，成百万新教徒被迫逃离法国，把他们的工艺技术和共和思想带到了欧洲各地，从而促进了欧洲民主制度的发展。与此同时，柯尔柏[1]又实行了一系列推动平等制度迅速发展的措施，例如：大力振兴工商业，发展科学与艺术，开辟道路和运河，开办工厂和学校，设立天文台，创立梅斯军校、布勒斯特和土伦[2]两所海军学校，在罗马设立美术学校，开设公法讲座，修建大批公共建筑物，还建立了学术活动的中心科学院。其后欧洲几乎所有的国家都仿效法国，成立了类似的科学院。

〔1〕 柯尔柏（1619—1683年），法国国务活动家，曾任财政总监十八年之久，实际操纵内外政策，奉行有利于君主专制制度的重商主义政策。——译者注

〔2〕 梅斯，法国城市，在巴黎东北；布勒斯特为法国大西洋军港，土伦为法国地中海军港。——译者注

“公元1688年——请再来看看又一个被放逐的国王，就是信奉天主教的压迫者詹姆士二世[1]吧！看看英国的贵族怎样以人民的名义再度显示出一个伟大民族的气魄吧！他们召开了国民大会，惩罚了一个侵犯人民权利的违法君王。这个行动虽然实际上不过是贵族阶层推翻了王室，但是却反过来教会了人民将来怎样推翻贵族本身；而且因为贵族们把这次行动称为光荣革命[2]，也就等于鼓励了人民起来进行这样的革命以推翻贵族。

“公元1695年——很快英国便宣布实行出版自由，从而推动了法国人民也去争取并且最终赢得了这种自由。

“诚然，路易十四以及承继他的摄政王、路易十五、贵族阶层和天主教会对法国的统治确实是既专制独裁，又残忍无道，完全胡作非为。可是，正是因为这样，所以到处都出现不满和反抗，全国弥漫着批判和革命的精神。所以，当那位年轻骑士拉巴尔[3]因为被控在阿伯维尔城的桥头亵渎十字架而被判凌迟，由五名刽子手分别砍掉四肢和钳断舌头，遭受种种常见的加上罕有的骇人折磨后，再被文火焚烧至死，全国为之哗然，民怨因之而沸腾。

“由于公众普遍地强烈要求政治改革，所以到了1774年，在马

---

〔1〕 詹姆士二世，公元1685—1688年在位的英国国王。——译者注

〔2〕 公元1688年英国土地贵族与大资产阶级互相妥协，发动宫廷政变，推翻了想恢复天主教会势力和专制政治的詹姆士二世，另立新王，实行立宪君主制。资产阶级历史家称之为“光荣革命”。——译者注

〔3〕 拉巴尔（1747—1766年），一名被法国天主教会和反动政府以莫须有罪名非刑杀害的青年骑士。——译者注

利赛伯[1]和杜尔哥[2]辅翼下的路易十六便认定有必要做些让步，着手废除徭役制；但是，已经为时过晚了，法国连续爆发了两次震撼世界的革命[3]，平等制度终于破土而出。

“这一切事件多么地动人心魄，多么宏伟壮丽呵！

“但是，我们还是暂时打住话头，先回到我们原来的题目吧！

“自从发明了活字印刷术，攻占了君士坦丁堡，发现了美洲和爆发了宗教改革运动以后，哲学及其姊妹学科政治学获得了巨大的发展。不论在英国、法国、意大利，或者是德国、比利时、荷兰，哲学家们到处都在对种种的问题进行考察分析和研究辩论。现代哲学在古希腊罗马哲学的启发下，很快就青出于蓝，达到并且超过了旧日的水平。现代哲学承认并公开宣布一切民族和一切个人都拥有自己的权利，都应该享有独立和平等。成千上万的著作，特别是出版于公元1759年的《百科全书》[4]以及康奈伊尔[5]、克里比戎[6]和伏尔泰[7]等人宣传共和思想的戏剧作品，都在普及这种哲学。

〔1〕 马利赛伯（1721—1794年），法王路易十六的宫廷国务秘书，顽固的王党，雅各宾党专政时被处决。——译者注

〔2〕 杜尔哥（1727—1781年），法国经济学家和国务活动家，重农学派的首要代表人物；曾任财政总监，代表资产阶级利益。——译者注

〔3〕 当指1789年和1830年的两次起义。——译者注

〔4〕 指法国杰出哲学家、无神论者、机械唯物主义者狄德罗（1713—1784年）主编的《科学技术和手工业百科全书》。这本书在反对封建专制制度的斗争中起过重大的作用。——译者注

〔5〕 康奈伊尔（1606—1684年），法国诗剧作家。——译者注

〔6〕 克里比戎（1674—1762年），法国诗剧作家。——译者注

〔7〕 伏尔泰（1694—1778年），法国自然神论哲学家，讽刺作家，历史学家；十八世纪资产阶级启蒙运动的著名代表，反对专制制度和天主教。——译者注

过去，人权虽然在英国和法国的贵族议会上经过多次的讨论和得到确认，但始终只是停留在理论上；现在，这两个世界上最主要的民族却即将把它付诸实践并且给一切其他民族提供经验教训了。

“因此，请你们集中注意听我讲下去。

“英国的贵族十分羡慕他们的国王，总想和国王媲美。他们千方百计压榨本国在美洲的移民，待之如自己的奴隶，向他们强征各种捐税，因而引起了反抗。有一个移民区首先举义，其余的十二个立即起而响应，联合起来捍卫它们的共同权利。

“很快，十三个移民区的代表便集会讨论，作出决定，宣布每个移民区都与英国处于平等地位，具有平等的权利。

“会后这十三个移民区又分别发表了同样的声明。

“然后，他们的特使富兰克林[1]又在不列颠国会上庄严地宣读了这个声明。

“英国有几个贵族将领，也在贵族阶层中宣传这个声明。

“密切注视着这件事情的欧洲报刊，也纷纷报道了这个声明。

“因为压迫者们顽固地坚持原来做法，十三个移民区便被迫宣布独立，并且在一份由富兰克林、杰斐逊[2]和阿丹姆斯[3]起草的

〔1〕 富兰克林(1706—1790年)，杰出的美国政治活动家和外交家，资产阶级民主主义者，北美独立战争的参加者。——译者注

〔2〕 杰斐逊(1743—1826年)，美国开国时政治活动家和作家，资产阶级启蒙运动的著名代表；独立战争时期为资产阶级民主派的思想家，起草过《独立宣言》，后任美国总统。——译者注

〔3〕 约翰·阿丹姆斯(1735—1826年)，美国开国时政治活动家，参加过《独立宣言》的起草，美国第二任总统。——译者注

致全人类的宣言里论证了自己的权利。它们联合起来建立了一个邦联合众国，而且采取了一个和发表《独立宣言》同样地庄严而新颖的行动，就是：幅员加起来几乎相当于整个欧洲的十三个庞大共和国的代表，逐一签署了一部以承认人权并以民主平等原则为基础的成文宪法。

“当英国贵族诉诸武力时，欧洲各国人民都向美洲欢呼，给以道义上的支持；法国和西班牙的国王，也好像命里注定似的，竟然也来支持革命和民主事业！

“就这样，民主制度终于胜利了！

“幸运的是，华盛顿不像克伦威尔，也不像拿破仑，他简直是一位伊加尔。

“之后，英国贵族被迫承认了革命、独立和共和国。

“接着，欧洲的所有国王也相继承认了各民族一律平等，从而也承认了一切公民和一切个人一律平等。

“平等制度很快就带给这十三个共和国以史无前例的繁荣。

“很快又有十一个类似的共和国加入了邦联，使它迅速壮大起来。

“很快，西班牙和葡萄牙的所有殖民地也陆续宣布独立了。

“这样一来，整个美洲都建立了共和制度，形成了一个版图比古代希腊、迦太基和罗马等共和国加起来还要广阔的共和国。

“自那时起，美利坚合众国一直愈来愈民主化。

“民主的美洲由于有大西洋做屏障，与欧洲距离将近两千里海程，还有风雨海浪的阻隔，所以既可以防范欧洲任何国王与贵族的侵凌，又可以吸收外界包括轮船火车等等在内的一切发明创造，可以进行各种各样的试验，可以从事各种各样的改进和革新，然后，回过来又把自己的成就贡献给全世界。

“平等和共产制度的反对者们，你们仔细想想，认真估量估量，这场革命对欧洲平等事业所起的推动作用多么大！试问，民主潮流难道不是汹涌澎湃，势不可挡吗?!

“你们马上还会看到法国的革命推翻了王权和贵族统治，战胜了结盟反对它的欧洲贵族，并且在欧洲的中心高高竖起民主制度的胜利旗帜。你们听到这些不知又该说什么哩!

“可惜，我现在实在需要休息一下，只好下次再讲了。明天见吧!”

这幅包括这样多的伟大事件的图景，给在场的惊奇而激动的听众留下的印象多么深刻，读者们一定不容易想象得出来呵!

第十章 民主与平等制度发展史(续)

“昨天我已经和你们一同回顾了几百次革命,追述了宗教改革运动、英国1649年和1688年的革命,以及美国革命等。

“我不准备给你们谈我们伊加利亚1782年的革命了。这次革命虽然是美国那场伟大革命的产儿,但是,可以毫不夸大地说,它比美国革命还要伟大。要是我们伊加利亚位于欧洲中心,这场革命对世界的影响将不知有多大哩!

“不过,你们不妨设想一下,当美国在法国的启发、鼓舞、甚至亲自参与下爆发了革命以后,法国本身又多么地沸腾激动呵!

“你们可以看看,当路易十六[1]像被命运驱使似的,热狂地模仿刚刚被他打败的英国贵族,摆出至尊的架子,向全国强索捐税时,那个权贵阶层,亦即那些贵族们和议员们,不是也像受命运驱策似的,根本不理睬路易十六的这一套吗?贵族们拒绝解囊相助,议员们则反对他和内阁大臣们的专制行为,援引主权属

---

〔1〕 路易十六,公元1774—1793年在位的法国国王;因镇压革命、通敌叛国被国民公会处决。——译者注

于人民的原则，要求重开已经解散了一百七十五年的三级代表会议。

“结果，王室只好让步。可以说，这时革命已经深入人心，一触即发！

“选民登记完了，总共是六百万！

“陈情书拟就了，内容是要求进行改革，要求制定宪法，要求实现平等！

“代表选出来了，一共一千二百名，其中三百名贵族，三百名神职人员，六百名来自第三等级，全是国内的优秀人物。

“这个全民代表会可说就如集全民族于一堂！

“贵族阶层与民主派之间立刻展开了斗争。前者要求议会按等级分为三院，每院一票；后者则要求只设一个议院，按人计票，或者说表决权完全平等。

“我也不想给你们讲述王室如何惊恐万状，怎样下令解散议会和封闭会堂，以及人民代表们又如何英勇抵抗，怎样庄严宣誓忠于人民的委托；然后，王室又怎样使用武力镇压代表，士兵怎样开小差，巴士底狱[1]怎样被历史性地攻占，以及王室怎样投降了。我准备马上就来讲这个被确认为拥有主权的全国统一的制宪议会开会的情况。

〔1〕 巴士底狱，十四至十八世纪巴黎的城堡和国家监狱；1789 年资产阶级革命时起义军攻占了这个监狱，标志着革命的开始。——译者注

“这一切，欧洲都看到了，听到了，也理解了。

“现在请往下看：

“这个受到十八世纪哲学的照耀、启迪、指导和鼓舞的制宪议会，在8月4日一夜之间便完成了改革的任务，宣布了人权原则，也就是说，一切个人、一切民族和整个人类都享有其权利，其中最主要的就是平等权！它废除了封建制度、贵族专制和神权统治的一切残余，取消了一切特权和垄断。

“理性和正义的威力实在无可抗拒，所以大部分贵族都主动热情地为平等事业而牺牲自己的利益。

“接着，在三年里，制宪议会（请你们注意，它不再是几个孤孤单单的哲学家，而是聚集在一堂的一千二百名国内精华之士）严肃地讨论了必须清除的各种弊害和应该采取的种种改进措施，也就是说，几乎有关道德、哲学、宗教、社会和政治制度的一切问题都研讨到了。

“斗争在两个派别之间持续地进行。在斐扬俱乐部[1]集会因而名为斐扬集团的贵族议员们，遵循英国学派的主张，要求实行不平等制度，划分两院，维持强大的王权，尽量少作变动；而最初分别

〔1〕 斐扬俱乐部是法国资产阶级革命时君主立宪派的政治团体，因在斐扬修道院集会而得名。——译者注

在哥德利埃[1]和奥尔良俱乐部聚会、后来很快就合并成雅各宾党[2]的民主派议员,则崇尚法国学派或者说十八世纪哲学的学说,要求革新,要求只设一个统一的立法议院,王权要受限制,政治要平等,因此,这一派被称为无政府主义派。

“以压倒多数取得胜利的是民主派。他们推翻、打倒和清扫一切旧事物,然后重起炉灶,草拟通过了那部《1791年宪法》。

“这部宪法虽然名义上建立的不是共和国;但是,它所规定的王国,设有一个一院制的议会,因而是一个民主共和制的王国,实际上也就是一个真正的共和国。

“这部宪法虽然没有废除私有制,既没有建立共产制度,也没有规定均田法或者财富平等制;但是,它确立了平等的继承权和平等的教育制度,而这正是一切平等的基础,其结果必然会缩小财产及其他一切方面的不平等。

“这部宪法把全国领土划分为八十三个面积大致相等的行省。

“它宣布容忍异教、承认宗教信仰与礼拜仪式的自由平等,并且赋予犹太人以人的资格和公民权利。

“我不准备详细分析这样一个其成员全部是在旧制度下成长起来,而且其中包括有大批旧贵族的议会是否有可能突然地不经

[1] 哥德利埃俱乐部是法国资产阶级革命初起时一个革命团体,因在哥德利埃修道院集会而得名。——译者注

[2] 雅各宾党是法国资产阶级革命时代表下层资产阶级的政党,1893—1894年曾掌握政权,实行雅各宾专政,采取了一系列废除封建所有制、镇压反革命和反击外国武装干涉的进步措施。——译者注

任何过渡便走得比这更远；我只想指出一个辉煌的事实，就是它所取得的成就已经远远超过1688年的英国革命，甚至比1776年的美国革命还要伟大得多，它完成了许多在几年前即使是最革命的哲学家也认为不可能做到的业绩。特别是我要指出：它公开宣布了并一劳永逸地为人类确立了权利绝对平等的原则。这个原则的内容极其丰富，未来历届议会和世代人民都从中得益匪浅。

“我再给你们重复一遍：这一切，欧洲都看到了，听到了和理解了！

“而且，各国不知有多少部新宪法都以法国的这部宪法作为典范！

“这是一个民主派和整个人类可以据以发动新的进军的坚强堡垒，贵族阶层再也休想摧毁它了！

“但是，法国的贵族却竟然那样地不识时务、那样地罪恶深重，胆敢对革命诉诸暴力。他们逃亡国外，麇集在边境上，向欧洲的所有贵族和国王求援，肆意污辱、咒骂和威胁本国的革命。

“以英国贵族为首的全欧所有的贵族相互勾结起来，决定对法国发动一场新的战争。这是一场不平等制度反对平等制度的战争、停滞反对进步的战争、暴力反对理性与正义的战争、少数人利益反对全人类利益的战争！

“在宣战之前，这个联盟使尽了马基雅维利[1]式的权术诡计，

---

〔1〕 马基雅维利（1469—1527年），意大利政治思想家、历史学家和作家，资本主义关系产生时期资产阶级的思想家之一。——译者注

造谣中伤,分化拉拢,策动叛变,挑起内战,收买叛徒,无所不用其极。

“但是,这些威胁反而激励了法国人民及其立法议会(这时,立法议会已经取代了原先的制宪议会),推动了他们更加倾向共和、民主和平等。

“令人欢欣鼓舞的是,法国人民、或者说它的国民议会,面对着战争和欧洲全部国王的进攻,毅然授予席勒[1]和一切捍卫自由平等的各国哲学家以法兰西公民的称号,讨论通过了一个规定向下一代灌输激进的平等思想的公共教育计划,并且宣布法兰西民族将永远不为征服而战。

“这时,民主思想是这样地普及和强烈,以致有一个亲王为了收买人心,不惜投人民之所好,改名为‘平等’[2],而且竟然认为自己是母亲与她的车夫苟合而生的儿子这一事实对身为太妃的母亲是再荣誉不过的事情,犹如亚历山大大帝自称是丘比特神与自己母亲云雨所生,认为这会给母亲增添光彩一样。

“我不准备给你们谈外国的入侵、王室无耻的叛卖和革命所面临的危险;也不打算讲述人民的起义、8 月 10 日对王宫的袭击、国王的被捕、国王在投奔敌人以前对起义者的屠杀(就像以前勃艮第

〔1〕 席勒(1759—1805 年),德国十九世纪伟大作家。——译者注

〔2〕 法王路易十六的堂兄路易·菲力浦·约瑟夫(1747—1793 年)曾征逐潮流改名菲力浦·平等,并且在国民公会上投票赞成处死路易十六。——译者注

公爵在投奔兵临巴黎城下的英国人以前对阿曼纳克派的屠杀一样[1])、入侵者的溃退以及举行新选举的情况了。这次选举产生了一批最得民心的议员，并且委托他们审判路易十六、挽救革命和重建一个更强有力的平等制度。

“新选出的是国民公会[2]。这是个得到人民重新授命行使主权的议会。

“1789 年至 1792 年发生的一系列事件，给人民上了一次大规模的民主实践课，极大地提高了人民的政治水平，因而，国民公会在 1792 年 9 月 21 日召开的第一次会议上，便立即一致通过恢复 1789 年刚成立、到 1791 年便瓦解了的共和国。

“我不打算在这里评论国民公会各项决定的是非曲直，因为，既然它的成员都是在他们力图改革的那个可恶的社会制度下熏染成人，与国王和贵族并没有两样，又怎么可能不犯点错误呢？我只想提出一些事实，表明民主与平等制度这时正逐步但又迅速地发展着。下面我就接着讲下去。

---

〔1〕 事出十四世纪初到十五世纪中叶英法百年战争期间法国封建王室的内讧。勃艮第公爵为首的集团勾结英国人侵巴黎，对方是得到阿曼纳克伯爵支持的以奥尔良公爵为首的集团。——译者注

〔2〕 法国资产阶级革命时先后组成过几个最高立法机构，即制宪议会、立法议会和国民公会。国民公会是其中最后一个，从 1792 年 9 月存在到 1795 年 10 月，中间经历几次变化。在吉伦特党执政时期，未能彻底废除封建制度和坚决抗击外国武装干涉；在雅各宾党专政期间，它颁布了一系列进步法令，消灭封建所有制，确立民主共和国；在热月党统治期间，它却遵循了大资产阶级的意旨，取消了原来雅各宾党的一些主要革命措施。——译者注

“法国的民主派接受了欧洲各国贵族联盟的挑战。由于十八世纪哲学得到广泛的传播,家喻户晓,成为人心所向,因此,法国深信能够得到各国人民的同情和可以指望他们的支持。

“它宣布各民族平等博爱的原则,号召各国人民起来争取自由。它到处获得响应,遍地是朋友。它凭借自己强大的呼声,使每个国家都分裂成民主与贵族两个阵营,它对各国的王室和贵族展开了宣传战和殊死的武装搏斗,把那个因为叛国而受到庄严审判,并经绝大多数国民同意处决的国王路易十六的头颅迎面掷向这些国王和贵族。

“我不想在这里打住话题来替这位不幸的国王惋惜了。他如果当初能够听从杜尔哥的劝告,稍稍为法国的人民着想,本来是会很幸福的;可是他却效法英王查理一世,给自己的祖国带来惊人的灾难,结果只好和查理一世一样,葬身刑场。这两个人和他们的人民一样,都是自己国家里弊病多端、腐败不堪的社会政治制度的牺牲者。

“再看看社会舆论的巨大的前进步伐吧!从这时起,每年到了这个处决国王的可怕日子,全体法国人,包括各级官员、全体军人和公民,都把它作为节日来庆祝,人人争相誓愿牢记对王权的仇恨。

“但是,请你们不要责怪这整个民族为什么这样地残酷无情。你们最好还是承认:这个民族之所以对这个罪犯的命运毫不怜惜,尽管明知废黜一个国王就等于把他处决,却仍然加以黜免。这并不是因为对这个人有什么特殊的仇恨,而是因为法国的两千五百万无辜者正面临覆灭的危险,为了保存本民族而不得不采取这样的措施。他们把这一天当成节庆日，无非是为了表达对那个使过去的日子充满灾难的腐朽制度的控诉和诅咒罢了！

“因此，人们再也不能怀疑，平等原则已经深深地植根于法国人民的思想深处了！

“很快，国民公会又起草了一部新的宪法，即《1793 年宪法》，它比古代雅典以及除伊加利亚以外的任何其他国家的宪法都更为民主化。

“但是，为了民主制度的利益，国民公会把这部宪法推迟到和平到来时才执行，而暂时设立一个由公安委员会[1]领导的革命专政政府。这个机构的名称本身，就完全足以说明当时祖国所面临的危险多么严重，说明全民族正处于生死存亡的关头。

“在这段恐怖专政时期，或者更确切地说，在这场空前危急的战争中，国民公会能够拯救法国的唯一途径，就是依靠人民的英勇献身，因此，它把民主制度发展到极限，最大限度地鼓舞起人民的义愤与热情。

“它并没有废除私有制和代之以共产制度，甚至也没有制定均田法；但是，请看它又是怎样朝这个方向前进的：它把教会的大片地产收归国有；没收了逃亡者和阴谋者的全部财产；取消了农民拖

[1] 公安委员会是 1793 年 4 月建立的法国革命政府的中央机关。在雅各宾专政时期，这个委员会在与国内外反革命的斗争和依靠下层阶级解决资产阶级革命任务方面起过非常重要的作用。热月 9 日反革命政变后，它失去了领导作用，于 1795 年 10 月被解散。——译者注

欠封建主的一切租税和农民对贵族应纳的岁贡;把贵族们强占的全部土地归还村社。它宣布非婚生子女有权和婚生子女一同继承父母的遗产;它出售国有领地,使土地所有权分散,增加土地私有主的数目;它答应发给捍卫祖国的战士十亿法郎的补助金。总而言之,它力图消除贫富之分。

“另一方面,人民既是选民,又充当陪审员、国民警卫队员和军队士兵;他们每天都出席人民大会;他们担任了各级的官职和公务。

“还有,全体公民都是士兵,而且有权任免自己的军官。过去彼此隔绝的各阶层,都在军队里互相融合。任何人都可以凭自己的勇敢和才干获得升迁;因此人们可以发现鼓手当上了将军。在这场漫长的战争中,一共有十万名以上的平民代替昔日的公侯贵族,充当了各级军官和将领。

“最后还有,在无数事件的推动下,这个国民公会比原先开辟了道路的立宪议会和立法议会前进得远多了。它完成了摧毁和推翻旧政权的工作,改变了一切,使一切都革命化、平等化和平均化,集中一切,统一一切,革新一切,甚至社会和宗教本身也在所不免;它实行了能导致真正的平等制度的教育平等制,在国家研究院里培养一支伦理学和政治学的队伍,为不断地改进民主制度作好准备。

“它还统一了度量衡,规定了新历,开设了电报局和工业技术学校,建立测绘局、音乐学院和东方语言学校,等等,等等。

“人们从来没有见过一个民族这样地热情高昂,这样地充满爱国主义的献身精神，这样地怀抱着实现一切正义理想、博爱原则和社会改革的坚强意志。如果不是富人怀有异见，如果国民公会本身能一致拥护平等制度，法国也许已经建立起共产制度来了！

“不幸的是，一部分贵族和富有者竟然与欧洲的君主联盟勾结起来，策划阴谋，反对革命；许多逃亡者的父母亲友极力破坏国内的治安，暗中支助他们。因而，除了外敌入侵的危险以外，现在又加上内战的威胁。国民公会认为，为了自卫，必须对反革命分子、逃亡者及其父母亲友以及阴谋分子、暴乱分子采取一系列恐怖镇压的措施。

“不幸的还有，当人民正在向往平等，许多富人却极力保持自己的富裕，有的市民或贫苦人也巴望利用革命来发财，结果，国民公会本身分裂成三派：人民民主派（或称山岳派[1]），它要求进步和真正的平等制度；资产阶级民主派（或称吉伦特派[2]），它虽然要求抗战和半平等制度，但是因为受贵族的欺骗，竟然与后者结成联盟；最后是贵族派，他们人数虽少，却通过提供金钱、制造分裂和勾结外敌等方式时刻在进行反革命活动。

“不过，尽管这种分裂令人十分痛心，我们还是不应大惊小怪，因为旧的社会制度总是会产生一些野心勃勃、贪婪诡诈的人；也尽

〔1〕 山岳派，即雅各宾派议员，是当时国民公会中的左翼，代表小资产阶级和广大人民群众的利益，主张继续推进资产阶级革命。——译者注

〔2〕 吉伦特派是国民公会中的右翼，又称平原派，代表大资产阶级和资产阶级化地主的利益，被人民革命浪潮所吓坏，力图阻止革命向前发展。——译者注

管我们对此深感遗憾，事实总是事实：国民公会里虽然有一部分人坚决主张建立真正平等的制度，却也有那么一部分人是坚决反对的。

“因此，这是一场胜负未卜、前途莫测的社会性斗争！

“开始时，吉伦特派、或者说资产阶级民主派，被山岳派、或称人民民主派所击败；接着，后者中的一个派别(埃贝尔派和丹敦派[1])又被其中另一派别所战胜(罗伯斯庇尔派[2])；然后，罗伯斯庇尔派又在共和二年热月9日(1794年7月27日)被所有敌对的派别、即资产阶级民主派和贵族派联合打败了。这两派极力贬毁罗伯斯庇尔的声誉，并且对民主派实行一次新的恐怖，以取代原先民主派加诸保皇派的首次恐怖，其残酷程度有过之而无不及。

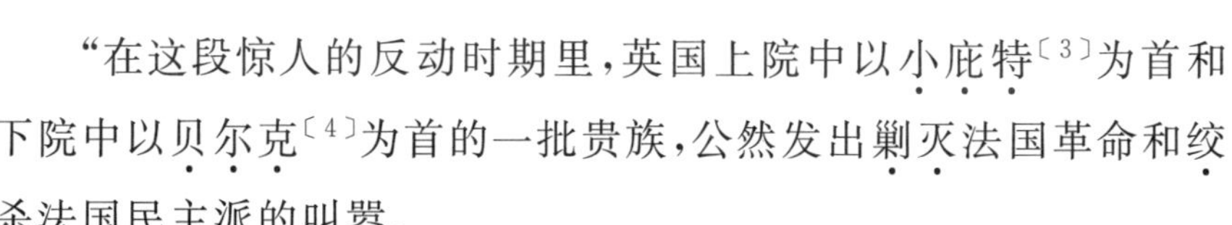

“在这段惊人的反动时期里，英国上院中以小庇特[3]为首和下院中以贝尔克[4]为首的一批贵族，公然发出剿灭法国革命和绞杀法国民主派的叫嚣。

〔1〕 埃贝尔派和丹敦派都是雅各宾党专政后期内部分裂成的派别。前者以埃贝尔(1757—1794年)为首，代表雅各宾党左翼，反对新富阶层；后者以丹敦(1759—1794年)为首，变成雅各宾党的右翼，反对革命恐怖政策，故又称宽容派。两派都因首领被当时的政府逮捕处死而瓦解。——译者注

〔2〕 罗伯斯庇尔(1758—1794年)，雅各宾党领袖，革命专政时期的政府首脑，法国资产阶级革命时期的杰出活动家。——译者注

〔3〕 小庇特(1759—1806年)，英国贵族政治家，托利党领袖之一，曾任首相。——译者注

〔4〕 贝尔克(1729—1797年)，英国作家，当过下院议员，以敢于批评小庇特驰名，但他同小庇特一样极端仇视法国革命。——译者注

“你们不必担心我会赞同此中的任何一次恐怖，因为这两个事件都和我相隔四十多年，发生在两千里地之外，与我毫无关联；我对待法国革命，就如同对待罗马革命一样，是从历史和哲学的高度加以判断的，不存在任何爱憎与偏见；而且，我是伊加尔的学说熏陶出来的，伊加尔牺牲了自己的一切荣誉与幸福，毕生为之奋斗的正是不流血的根本改革，这样的学说教会我热爱所有的人。因此，我不但同情受到贵族残害的民主派人士和人民，而且也惋惜被民主派杀戮的路易十六和贵族；我对他们的不幸遭遇一概感到可惜和痛心，因为他们都是弊病重重的社会与政治制度的牺牲品，都是从一出生就受到这种制度的支配。我反对任何报复，哪怕是最合法的报复，因为这是一种盲目的行为，而且往往是不公平和卑鄙的行为，甚至可以说它几乎总是有害于人类和有损人类的尊严。即使是为了人民的利益、为了促进民主制度而进行报复，我也不赞成。我反对暴力，而且认为：在非必要时使用暴力乃是一种罪行；即使是万分必要时使用暴力，对于使用人本身说来，也仍然是一种不幸。我虽然反对自己的朋友盲目愚蠢地追求妥协，但是，只要个别人的过火行为有可能玷污人民、玷污正义的共产主义事业，那么，对于这个别的残酷无情、不顾大局者，我也是坚决反对的。

“不过，你们也不必期待我会对某些个人或史实进行详细的评论，或者去谴责整个民主制度、国民公会以及它实行的恐怖专政。这些事件虽说离我们已经够远的了，但是，如果我们觉得它们仍然离我们太近，以致对之难于作出毫不偏颇的正确评价，那么，我们不妨设想自己是置身于一百年以后,或者假定这些事件是再早一百年发生的,然后站到历史的高度,以哲学的不偏不倚的态度,以一个成年人而不是儿童的眼光,从一个对事件毫无利害关系的旁观者的角度来公正地观察这些事件,而不要像胆小怕事的妇女或者风烛残年的老人那样,总是怀着恐惧的心情回顾过去的事情。让我们怀着坚强的信念,大胆无畏地来评价这一切事件吧！不要像怯懦者那样,害怕说出不合己意的真理,或者像卑鄙的敌人那样,故意地歪曲事实。

“好了,现在你们说说吧,1792 年到 1795 年这段时期难道不是正进行着战争、而且是一场最危急的战争吗？难道不是在经历着风暴、而且是一场最猛烈的风暴吗？请问,你们见过历史上哪一个民族被这样众多的内外敌人所包围,受到这样严重的威胁,面对着这样艰险的形势呢？民主派因为受骗,遭到叛卖,以致危险比比皆是,难道能够不警觉,不愤怒,不起来拼死斗争吗？在混战中又哪能保证不误杀一点自己人呢？人们日常不也往往错把朋友当成敌人吗？在濒临没顶或大火燃眉时,不是也会不顾一切地为了存活而作出不应做的事情来吗？难道不是有一些马基雅维利式的外国代理人钻进民主阵营里未挑唆某些贵族甚至是民主派去做各种各样的蠢事,然后以此来谴责民主派吗？战胜者不是总是多方毁谤战败者,尤其是诬蔑那些已死者吗？昨天的英雄不是几乎总是明天又被说成是匪帮吗？人们不是往往以成败论英雄,以得失评功罪吗？那些恶毒地抨击革命专政的人们,不正是一批变节者、叛徒和卖国贼,一批先是滥施暴力、双手沾满鲜血,然后又卖身投靠

敌人的富歇式[1]人物吗?

“何况,那些奴役着世界的成千上万的君主和贵族,为了维护他们的非正义统治而犯下的罪行,哪一个不比贵族们指责民主派为了捍卫自己的权利与生存而犯下的所谓罪行要多得多,至少也不相上下呢?这样的例外一个也找不到。确实,一个也没有!

“贵族们不是挑选了那个弑君犯和变色龙富歇当大臣吗?

“更何况,王室、贵族和反法联盟难道不是曾经千方百计地向民主派挑衅,向他们发动一场生死存亡的战争,从而迫使民主派起来自卫吗?

“总而言之,民主派之所以要使用暴力,首要的原因,真正的根源,不正是那多少世纪来的压迫、那圣巴塞罗缪之夜的屠杀、王家龙骑禁卫军[2]对新教徒的屠戮、国王的叛卖、逃亡贵族的挑衅、反法联盟咄咄逼人的威胁以及入侵的危险吗?

“也许我本来就不该抒发这样一番感想的,所以我也就不便再进而分析民主派在国内改革问题上是否犯了急于求成、所务过多的错误,当时人们的思想和习惯是否成熟到可以接受财产平等制度,民主派在引导人们的思想方面是否已经做了应做的工作,以及他们的领袖是否有足够的声誉、威信和才能来驾驭社会舆论等等

---

〔1〕 富歇(1759—1820年),法国的政治活动家,以改弦变节、毫无原则见著。原为山岳派成员,拿破仑帝国时摇身一变,任警察总监;百日政变失败后,他又背弃拿破仑,在复辟王朝中充当大臣。——译者注

〔2〕 龙骑禁卫军是法王路易十四取消《南特敕令》前后专门用以镇压新教徒的反动武装。——译者注

问题了。

“我也不准备分析人民从这一光辉史实中应该吸取些什么宝贵的教训,例如:人民在主宰了局面、力量显得无比强大的时候为什么仍然遭到失败?原因是否就在缺乏领袖、纪律松弛、行动涣散、不够谨慎和没有对人民进行深入扎实的教育工作。

“这就是说,我只想着重指出一点,就是:国民公会为当时以及以后的胜利准备了条件,它挽救了革命和祖国,特别是,它在两年时间里便使民主思想深深植根于法国,从此再也难以铲除了。

“但是,从热月 9 日起,民主派便开始走下坡路了。巴黎郊区的人民被解除了武装,各个革命俱乐部被封闭;贵族们却变得强大和胆大妄为起来,甚至敢于公开以武力袭击国民公会;1793 年的宪法被废除了,取而代之的是保留私有制和贫富区别、民主气息大大减弱的《共和第三年宪法》。这是多么严重的倒退呵!

“不过,这部新的宪法因为建立的是民主共和国,所以仍然是当时各国宪法中最民主的;而且,它尽管是一个倒退,但是在民主大道上还是比制宪议会和立法议会通过的宪法进步得多!

“贵族派由于得助于资产阶级民主派,在督政府[1]初期又卷土重来,重新成为一股威胁力量;而人民民主派则转而致力于改组

[1] 督政府是 1795 年法国代表新贵族和大资产阶级利益的热月党反动统治时期的最高行政机构,由五名督政组成。——译者注

自己的队伍，并且密谋进行大规模的起义，准备建立财富平等和财产共有制度。

“我不想来讨论这种尝试在当时条件是否成熟，用武力是否能成功，以及这类密谋是否正是人民后来遭受种种灾难的原因所在。我只想请你们回答：密谋进行这种目的在于建立共产制度的大规模起义，难道不是1789年以后民主派最重大的一个进步吗？

“但是，督政府在压倒了贵族派以后又粉碎了民主派。它取消了出版自由，不待上诉裁决便执行判决，更具体地说就是，军事法庭对二十名民主派分子判处死刑后立即就执行，尽管后来上诉撤销了这个判决，处决早已是既成事实。

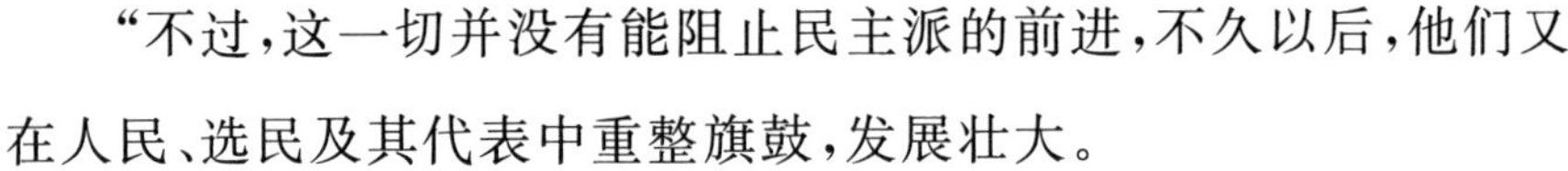

“不过，这一切并没有能阻止民主派的前进，不久以后，他们又在人民、选民及其代表中重整旗鼓，发展壮大。

“经过了十一个年头的革命，到共和八年雾月18日[1]（1799年11月9日）民主制度即将在国民议会中重新取得完全的胜利。

“我们再来看看从1789年到1800年欧美两洲的民主制度向前发展的情况吧！

“君士坦丁堡的苏丹[2]下令把法兰西百科全书译成土耳其文。

〔1〕 雾月18日即拿破仑发动政变、夺取政权、自任第一执政的日子。——译者注

〔2〕 指拜占庭帝国的皇帝。——译者注

"圣多明哥的黑奴举行起义[1],重新赢得人的资格和权利,可惜他们是靠杀人放火,屠戮主人而取胜的。与此同时,瑞典贵族刺杀了他们的国王。

"英雄的波兰响应柯绥丘什科[2]的号召举行了起义。虽然他们的英勇行动没有获得应有的成果,但是,他们发出的反对压迫者的呼声却长久在欧洲回荡。

"比利时和荷兰把法国军队当成解放者来欢迎,重新成立了共和国。

"意大利也同样地被波拿巴[3]领导下的法国民主派所拯救,全境布满了共和国:热那亚成立了里古利亚共和国,罗马成立了罗马共和国(在那里,五名执政官取代了教皇,十四名红衣主教为革命祝福,伊莫拉[4]的大主教向全意大利宣传共和思想),米兰成立了西撒平共和国,那不勒斯成立了帕登诺贝共和国。与此同时,民主派在原来的威尼斯共和国中取得了胜利;瑞士改名赫尔维特共和国[5],进一步民主化了。

"爱尔兰正在准备起义;英国舰队在斯皮赫德港[6]和朴次茅斯港暴动;美国民主制度继续发展。与此同时,波拿巴指挥下的一

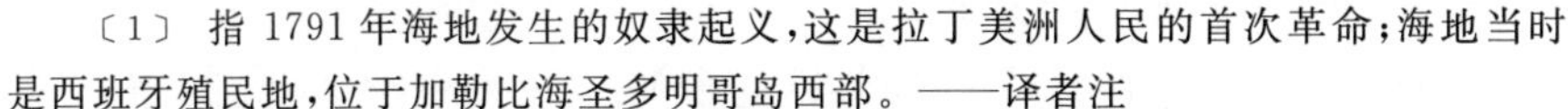

[1] 指 1791 年海地发生的奴隶起义,这是拉丁美洲人民的首次革命;海地当时是西班牙殖民地,位于加勒比海圣多明哥岛西部。——译者注

[2] 柯绥丘什科(1746—1817 年),十八世纪末波兰民族解放运动的杰出活动家,1794 年武装起义的领导人,曾参加过北美独立运动。——译者注

[3] 波拿巴即拿破仑。上一段指 1806 年拿破仑军队进入荷兰等国。——译者注

[4] 意大利城市。——译者注

[5] 瑞士人原为寇尔特族的一支,称赫尔维特人,1798 年资产阶级革命时曾定名为赫尔维特共和国。——译者注

[6] 即今普利茅斯港。——译者注

支法国军队，随带着一批学者，给埃及带去共和思想，为这个古代文明摇篮的解放准备了条件〔1〕。

“因此，平等制度的反对者，你们说说：当雾月 18 日波拿巴成为独裁者时，由于法兰西共和国的存在，世界各地是不是都在开始向民主进军？

“可惜这位光荣的波拿巴并不是伊加尔那样的人物，甚至连华盛顿也不如。这对人类说来是多么不幸呵！

“波拿巴充当起资产阶级民主派的首领，一面讨好和欺骗人民，一面却对人民民主派开战。他起诉、诬告和放逐民主派人士，企图彻底粉碎民主派。他废除督政府宪法，代之以既不承认人权宣言、也不提人民主权和平等制度的执政府宪法〔2〕。他在事实上取消了选举权、结社权、出版自由、共和教育和国家研究院里的伦理学和政治学讲座。他甚至想完全禁绝思想学术自由。不久以后他便重新培植贵族阶层和教士阶层，恢复君主制，公然称帝，自封为上帝授命的皇帝，复活专制主义。与此同时，在国外他又摧毁其他的共和国，代之以王权统治。

“我不想分析雾月 18 日政变是否犯了反对国民议会的最严重

〔1〕 拿破仑在雾月 18 日政变前夕曾率兵占领当时英国的殖民地埃及。——译者注

〔2〕 执政府是拿破仑初次夺取政权后建立的最高行政机构，由三名执政组成，他自任第一执政，统揽大权。从 1799 年存在到 1804 年他称帝时为止。执政府宪法指《共和第八年宪法》。——译者注

的罪行，也不来议论波拿巴取消共和教育、禁绝伦理学与政治学的研究和废除思想学术自由是不是一种反人类的罪行，反正我对这一切感到痛心。但是，这也毫不足怪，因为拿破仑和许多其他的人物一样，也是一个被那充斥着利己主义、野心和贪欲的垂死的社会制度所腐蚀掉的好果实。我举出这些事实无非是想说明这时专制制度和贵族统治又复辟了。

“这又是一次多么严重的倒退呵！

“可是你们看看，拿破仑却做了一些不像是出自他手的事情，他竟不知不觉地充当了平等制度的工具，可见革命思潮威力之大！

“你们听听，他虽然宣称法国人没有自由也能过日子，但是又说法国人最热烈向往的就是平等。你们看，他总是竭力迎合大多数人，并且装成他之建立执政府和称帝是得到大家赞同的。再看看，他主动地在身旁起用一批平民、民主派、革命者和弑君派，任命他们当大使、大臣、参议员、众议员、法制委员、荣誉军团军官、法兰西元帅、帝国大绶亲王、宫廷大员和省长等等。再看看，他不但原来出身平民，而且后来在人民和军队跟前始终保持着身穿一套灰军服、头戴一顶小制帽的军曹形象，在人们心目中，他是革命、共和国和民主派的儿女和代表人。再看看，他把昂根公爵[1]当成一名普通士兵一样无足轻重，随便枪决掉；同样，他后来自己也宛如一

〔1〕 昂根公爵(1772—1804年)，法国资产阶级革命时逃亡贵族之一。拿破仑命令在德国加以逮捕，押解回国枪决。——译者注

名失职的小村警被参议院轻易地黜免了。

“再看看他失败的经过吧：他遭到自己军队里的秘密共和团体‘结义会’[1]组织的不断攻击，蒙受观念主义学派[2]的强烈谴责；与其说他是被外国军队打败的，还不如说他是被民主派摒弃的，而且，参议院废黜他时指控的罪名就是叛变革命与自由。这一切也说明民主思想的威力多么强大！

“至于在国外，情形又怎样呢？他虽然践踏了法兰西共和国所孕育的许多其他共和国，但是却给这些民族带去了尊重人民主权的宪法。尽管因为他图谋征服全世界，为自己建立一个全球帝国，并且为自己的一些兄弟和将领攫取了这个王国那个公国，从而侵犯了各国的主权和国民公会关于‘不为征服而战’的庄严声明；可是，至少据他自己说，他在英国宣布建立的是共和与民主制度，他安插在各地为主的都是些平民，例如，西班牙国王约瑟夫[3]、荷兰国王路易[4]、威斯特伐利亚国王日罗姆[5]、托斯坎尼王后艾丽

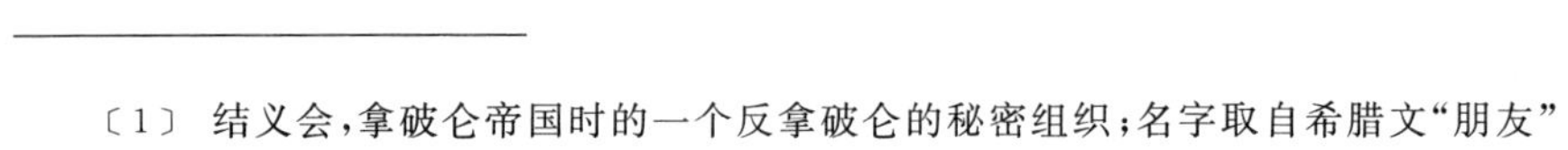

〔1〕 结义会，拿破仑帝国时的一个反拿破仑的秘密组织；名字取自希腊文“朋友”和兄弟。——译者注

〔2〕 观念主义学派，当指法国资产阶级革命时的一些资产阶级理论家西哀士、孔多塞等。——译者注

〔3〕 约瑟夫·波拿巴，拿破仑之兄，公元 1806 年为那不勒斯国王，1806—1813 年为西班牙国王。——译者注

〔4〕 路易·波拿巴，拿破仑之弟，拿破仑第三的父亲，公元 1806 年至 1825 年为荷兰国王。——译者注

〔5〕 日罗姆·波拿巴，拿破仑之弟，公元 1807 年至 1813 年为威斯特伐利亚国王。——译者注

莎[1]、意大利总督欧仁[2]、那不勒斯国王穆拉特[3],统统都是平民出身;瑞典人也选举了平民贝尔纳多德[4]为国王;此外,拿破仑还把法国的法律推广到比利时、荷兰、德意志(直到汉堡)、威斯特伐利亚、巴伐利亚、波兰、伊拉利亚[5]、意大利(直到罗马)和西班牙(几乎到了马德里);而且所到之处都解放了农民和农奴。

"他执政以后打了无数的胜仗,如马连哥[6]、奥斯特尔利茨[7]、耶那[8]、艾伊劳[9]、艾克梅尔[10]、艾斯灵[11]、瓦格兰姆[12]、斯摩棱斯克[13]和莫斯科等战役,从而迫使反法联盟拱手称败,宣

---

〔1〕 艾丽莎·波拿巴,拿破仑之妹。——译者注

〔2〕 拿破仑进军意大利后兼摄意大利王位,任命拿破仑妻子前夫的儿子欧仁为总督。——译者注

〔3〕 穆拉特,拿破仑的妹夫,当过元帅,公元1808年至1815年为那不勒斯国王。——译者注

〔4〕 贝尔纳多德,拿破仑手下元帅,公元1810年被瑞典国王查理十三世认为义子,1818年继位为王,称查理十四世。——译者注

〔5〕 伊拉利亚,指巴尔干半岛沿亚德里亚海一带山区,包括今意大利、南斯拉夫和奥地利三国的部分地区,拿破仑帝国曾在此建行省。——译者注

〔6〕 马连哥,意大利皮埃蒙特附近一村子,1800年拿破仑败奥军于此。——译者注

〔7〕 奥斯特尔利茨,奥地利城市,在维也纳以北;1805年拿破仑败第三次反法联盟的俄奥联军于此。——译者注

〔8〕 耶那,普鲁士城市,在柏林东南;1806年拿破仑败第四次反法联盟的普军于此。——译者注

〔9〕 艾伊劳,普鲁士城市,在华沙以北,濒临波罗的海;1807年拿破仑败俄普联军于此。——译者注

〔10〕 艾克梅尔,奥地利城市,在维利纳以东;1809年拿破仑败第五次反法联盟的奥军于此。——译者注

〔11〕 艾斯灵,维也纳附近村庄;1809年拿破仑败奥军于此。——译者注

〔12〕 瓦格兰姆,维也纳东北村庄;1809年拿破仑败奥军于此。——译者注

〔13〕 斯摩棱斯克,沙俄西部重镇;1812年拿破仑经此攻进莫斯科。——译者注

布瓦解，并且承认了法兰西共和国、法兰西帝国和法兰西革命。

“唉！要是拿破仑是位伊加尔就好了！要是他能所到之处便建立共和国，实行民主制就好了！当时，只要他愿意，恐怕连共产制度也建立起来了！

“他起码做了一些破坏旧世界的工作，而且应该说，他是一个多么能干的破坏者呵！他采取了一系列措施来摧毁北欧的贵族统治和封建制度，这就是：解散了日耳曼同盟和德意志帝国；组织了瑞士邦联和来因邦联；建立了威斯特伐利亚、巴伐利亚、符腾堡、萨克森等王国；重建华沙大公国；宣布但泽为独立的自由市；保护一些小选侯反对大选侯。他侮慢一切原来的国王和贵族，甚至蔑视教皇，加以逮捕，剥夺其财产，押回巴黎监禁起来；他把节节胜利的民主制度带到欧洲几乎所有的首都，到处传播《马赛曲》[1]，到处把各民族和各国军队融合起来。他通过种种方式在各地灌输革命，有时是以战胜者的身份巡视各国，有时是邀请欧洲各国人士到巴黎来瞻仰革命和民主的法兰西的雄伟、辉煌和强盛的景况！

“他虽然篡夺了西班牙和葡萄牙的主权，但是至少他在那里废除了宗教裁判所；如果说他凌辱了西班牙人，可是他的这种行为却唤醒了一个勇敢的民族，激发了南欧的民主派，推动了他们起来争取独立，从而向各国人民提供了凭借为祖国献身的精神而作出丰功伟绩的新范例，并且向整个欧洲展示一部新的民主宪法、一部重

〔1〕《马赛曲》原名《莱茵军进行曲》，是十八世纪末法国资产阶级革命时的革命歌曲。1792 年为抗击奥军入侵，马赛人民义勇军高唱这首歌曲开进巴黎，以后即改称《马赛曲》，并成为象征法国资产阶级革命的歌曲。——译者注

申民族和个人一律平等的接近于共和制的宪法。与此同时，西班牙在美洲的各个殖民地，也效法这位篡夺西班牙主权的征服者的榜样，相继宣布独立，建立起共和国来。

“请你们再看看拿破仑专制政权所创造的另一项有利于平等制度的奇迹，就是：欧洲的国王和贵族为了摆脱拿破仑的统治，竟然不得不充当起自由的宣传者和民主制度的鼓吹者来！他们被迫大谈独立和爱国，主张民族权利，号召哲学家、教授和作家们帮助他们激发人民的热情，特别是点燃青年的怒火；他们不得不到处组织秘密会社，并且正式允诺要制定保障自由与平等的宪法。

“甚至，拿破仑的溃败所导致的欧洲各国军队进入法国和巴黎这一事实本身，也并不是对民主制度毫无益处。这些军队亲眼看到法国革命做出的种种奇迹，便把革命和平等的种子带回本国去，一直远及俄国的内地。

“啊！是的！拿破仑使法国冷却下来，却给欧洲和全世界的革命添热加温！

“此外，请你们再看看这次革命在其他地方引起的一些巨大动乱：

“塞尔维亚、瓦拉奇亚[1]和其他一些省份起义反对君士坦丁堡的苏丹；土耳其全境很快就爆发反土耳其人的暴动；埃及总督也

---

〔1〕 瓦拉奇亚，原为多瑙河畔公国，1918年与摩尔达维亚合并成罗马尼亚王国。——译者注

酝酿宣布独立；而暗中煽动这些暴动的正是俄国皇帝！

“君士坦丁堡爆发了两次革命；两名苏丹被废黜；英、俄、法的君主轮流在背后挑唆暴动。

“爱尔兰起义争取宗教自由。三万名爱尔兰人阵亡和遭到镇压；但是，起义却争得了信仰天主教的自由。

“请再仔细听听：圣多明哥的黑人和解放奴隶宣布成立海地共和国，而支持他们的正是英国贵族！与此同时，这些贵族自己的奴隶、也就是伦敦的人民，反过来又起义反对贵族，声援因为要求国会改革而被捕的法兰西斯·贝尔德[1]。

“总而言之，尽管拿破仑实行了专制统治，到1814年法国遭到进攻时，各国的民主派一直都在大踏步地前进。

“反法联盟终于依靠欧洲各国人民，特别是德国青年的努力而取得了胜利。联盟的入侵使王室和逃亡者得以重返法国。欧洲的王室在法国复辟了王权；欧洲的封建贵族重新扶植起法国的贵族。一部钦定的宪章[2]代替了原先所有的宪法；贵族院取代了参议院；旧贵族复活了，新贵族也保留下来，而且重新规定了爵位等级。目之所及，到处都是亲王、公侯伯子男各等贵族和新老骑士；随时可以见到佩戴荣誉十字勋章或者冠有百合花[3]王徽的奖章和绶带的人。反革命势力叫嚣要处死一切夺取过国家财产的人，威胁

〔1〕 法兰西斯·贝尔德(1770—1844年)，英国激进派国会议员，代表资产阶级利益；十九世纪初曾三度提出国会改革法案，后被捕处刑三月。——译者注

〔2〕 指1814年波旁王朝第一次复辟时颁布的妥协性宪章。——译者注

〔3〕 百合花是法国波旁王朝的徽号。——译者注

要摧毁为期二十五年之久的革命所带来的一切。

“在国外,反法联盟完全取消了法国革命在意大利、西班牙、瑞士、比利时、荷兰和德国所取得的成果,在整个欧洲大搞复辟,拒绝制定原先允诺的宪法,并且废除了业已施行的宪法,既违背了他们许下的一切诺言,又剥夺了各民族的权利。列强纷纷效法拿破仑的专制和侵略,并吞小国,瓜分掠夺,甚至比拿破仑还有过之无不及:俄国攫取了波兰;普鲁士并吞了萨克森,把国王监禁起来,逼他退位;奥地利侵占了意大利;荷兰旧王夺取了比利时。英国尽管对此表示抗议,自己其实也不落人后,赶忙把爱奥尼亚群岛[1]夺到手;斐迪南[2]废除了西班牙议会原来通过的宪法,恢复宗教裁判所;教皇则重建耶稣会;汉堡参议院重新剥夺了犹太人的公民权;路易十八[3]则把法国再度置于圣母玛利亚[4]的保护下。

“这又是多么严重的倒退呵!

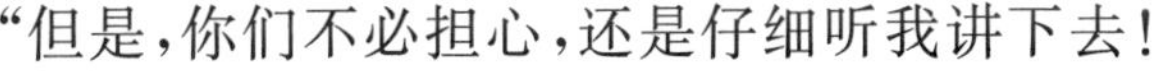

“但是,你们不必担心,还是仔细听我讲下去!

“由于民主势力已经十分强大可畏,所以,不论是贵族和逃亡的王党,还是波旁王朝和反法联盟,都不得不谨慎将事,虚与委蛇,

---

〔1〕 爱奥尼亚群岛,在希腊西岸爱奥尼亚海,原为拿破仑所占,1815年英国攫为保护地。——译者注

〔2〕 斐迪南,指西班牙国王斐迪南七世,公元1808年被黜,1813年复辟,在位到1833年。——译者注

〔3〕 路易十八,法国1814年波旁复辟王朝的第一位国王(公元1814—1824年在位);他借助外国刺刀镇压革命,推行一系列反动措施,包括重新扶植天主教的地位。——译者注

〔4〕 圣母玛利亚是圣经所说耶稣的母亲,此处指天主教。——译者注

作出一些迁就和妥协来欺骗民主派。

“阿多瓦伯爵和昂古里公爵[1]都是在许下了诺言，答应不再动干戈，不再征收苛捐杂税，答应承认人民的主权和按宪法行事之后，才敢重返法国；路易十八和联盟军队也只是在承认人权和保证法律面前人人平等之后，才敢进入巴黎。他们都不得不宣称自己是受人民的召唤，肩负着从专制制度下拯救自由的使命而归来的。诚然，他们在进入法国以后便背信弃义，抛弃了原先许下的诺言，反对立宪；但是他们起码还是颁布了一部宪章，这部经联盟同意的宪章甚至规定了法律面前人人平等的原则。当然，只要立法权还掌握在贵族手中，这个原则就只能是伪善的、骗人的甚至是荒诞的，因为他们制定的法律只会维护各种不平等的制度，尤其选举法更是如此；可是，法律一旦由民主派来制定，这个原则的作用就非常大，威力无穷，它本身便包含着财富平等和共产制度的萌芽！尽管这部宪章复活了旧贵族阶层并保留了新贵族，但是它毕竟不得不只限于给他们以空衔，并没有赋予他们任何特权！它虽然规定只有有产者才能充当选举人和被选举人（交纳三百法郎捐税的私有主才有选举权，一千法郎的才有被选举权），从而更加巩固了私有制；但是，它毕竟被迫恢复了直接选举制。这种制度只要存在民主气氛，出版自由又重新得到保障，陪审制度也仍然保留，就完全可能孕育出平等制度来。此外，这次复辟虽然给许多贵族分子、逃亡王党和各色反革命分子封官论爵，使他们把持要津；可是，它毕

[1] 阿多瓦伯爵（1757—1830 年），路易十八之弟，1824 年继位，称查理十世。1814 年时是逃亡王族首领。昂古里公爵（1775—1844 年）是其长子。——译者注

竟不得不同时也吸收一批富歇式或塔列朗[1]式的人物以及弑君派[2]和民主派人士担任内阁大臣、贵族院议员、宫廷大员和军队将领，甚至一名原先当鼓手的人，也居然跻身于贵族议员、法兰西元帅和内阁大臣的行列！总之，路易十八被迫装扮成一名民主分子，至少在贵族们看来是如此，否则他们就不会径直把他称为雅各宾党人了！

"当贵族们终于明显暴露其反革命意图时，民主派便群起响应1815年3月1日从厄尔巴岛[3]脱逃归来的拿破仑的号召，着手扫荡这一切污垢。

"可是，拿破仑这时算个什么人呢？他是皇帝还是执政？他是代表帝国还是代表共和国来驱逐复辟派呢？

"在民主派的影响下，拿破仑为了夺回皇位，不得不号召民主派、人民、无产者和士兵起来支持他，不得不援引人权，援引主权属人民的原则，不得不重提马尔斯广场[4]的往事和借助迈伊广

---

〔1〕 塔列朗(1754—1820年)，法国主教，后专门从政，先是制宪议会议员，以后担任过督政府、执政府和拿破仑帝国的外交大臣；1814年拿破仑战败时，他又任政府首脑，迎来复辟王朝，在法国历史上也和富歇一样，以变节改事新主见著。——译者注

〔2〕 弑君派指法国革命时主张审讯处决路易十六的人。——译者注

〔3〕 厄尔巴岛，地中海科西嘉岛东面一海岛；1814年拿破仑第一次失败后被流放于此。——译者注

〔4〕 1971年，法王路易十六慑于革命威力，阴谋逃跑，被革命军民押回巴黎。君主立宪派发表声明为国王开脱。7月17日巴黎以手工业者和工人为主体的数千市民在马尔斯广场集会，反对这个声明，要求审判国王，遭到大资产阶级控制的制宪议会武力屠杀，史称马尔斯广场事件。——译者注

场[1]的盛会来激励民心，不得不乞灵于原先制宪议会、立法议会和国民公会的各项反对王室贵族和逃亡王党的法令。他斥责波旁王朝‘什么也没有忘记，什么也没有学到’[2]，指控反法联盟叛卖各国人民和侵犯他们的权利。他命令国务会议起草了一个最革命、最民主和最剧烈地反对旧日王室和贵族的檄文。他还宣布取消新贵族的爵位，由人民集会自行制定宪法。总而言之，就像反法联盟推翻拿破仑时的情况一样，拿破仑为了粉碎这个联盟，也被迫充当民主和平等制度的宣传者和鼓吹者。

“而把他当成人民领袖，使他取得胜利的，正是那些因为对贵族阶层抱有刻骨仇恨而受他笼络、轻信了他的民主派。

“这时，民主派是多么地欢欣激动呵！

“啊！他如果是位伊加尔或华盛顿就好了，共产主义制度也许早已经他的手建立起来了！

“令人痛心的是，他又一次欺骗了人民！他举行的‘迈伊广场’盛会，只是一番哗众取宠的表演。他并没有接受什么宪法，而是钦赐了一个帝国宪法修正案，而且还举行了一个虚伪的颁行仪式。这个钦定的修正案虽然比此前的所谓执政府宪法、帝国宪法和复辟宪章都要民主得多；但是，从民主派看来，这不过是个骗局，是一

---

〔1〕 1815年拿破仑从监禁地回到巴黎，进行百日政变，宣布宪法修正案时，曾在迈伊广场举行公民投票仪式。——译者注

〔2〕 “什么也没有忘记，什么也没有学到。”这是法国一名元帅在波旁复辟时期写的一句话，指保王党没有从革命中吸取任何教训，后来成为一句流行的语言。——译者注

次叛卖与篡权。出现在他们眼前的仍然是一位皇帝、一位专制君王，而不是民主派和革命者，因此他们有的拂袖而去，离弃了他，有的虽然表示支持，也不无勉强，顶多只是半心半意。至于那个反法联盟，当然抓住这个大好机会，大事攻击拿破仑是个野心家和不可救药的专制狂。……最后，他终于在滑铁卢[1]一败涂地了！

“唉！要是专制主义在他心灵里不那样根深蒂固就好了！要是他能真心热爱自己的人民、祖国和人类就好了！如果他能听从自己的责任感、自己的理性和自己真正利益的召唤，思想境界不是堕落下去，而是升华到顶峰，他就一定会宣布成立共和国，只接受大将军或执政的头衔，献身于民主事业，率领民主派杀向欧洲，那么，民主派就一定会再度横扫欧洲的一切君主与贵族！可惜，他心中念念不忘的还是雾月 18 日发出的那套诽谤之词，把拉法叶特[2]、杜邦·德·累尔[3]和所有的议员都看成雅各宾党，首先考虑的是如何重新侵夺国民议会的权力。尽管他没有敢下手犯这样一个也许将使他难以自拔的罪行，他的其他所作所为还是使自己最后不得不被贬黜下台，到圣赫连拿岛上赎还自己反民主的滔天罪行！

〔1〕 滑铁卢在比利时境内，1815 年拿破仑在此为英、荷、普联军打败。这次战役奠定了反法联盟的胜利，导致拿破仑的最后失败。——译者注

〔2〕 拉法叶特(1757—1834 年)，法国将军，资产阶级革命时期大资产阶级的领袖之一。——译者注

〔3〕 杜邦·德·累尔(1767—1855 年)，法国自由派政治活动家；参加了十八世纪末和 1830 年革命；四十年代是温和的资产阶级共和党人。——译者注

“现在剩下的只有那个被遗弃、出卖和瓦解了的法国民主派了。它受到那些热衷于复仇、渴望瓜分法兰西的欧洲各国君主和贵族及其军队的封锁包围。尾随着这些军队返回法国的那批穷凶极恶的复辟派，更是一心要在外国刺刀的卵翼下报仇雪恨。民主派就像一群待决的囚犯，被层层叠叠的押警和刽子手包围着。而贵族呢？他们解除了民主派的武装，把他们革职查办，逮捕下狱，流放出境，枪决绞首，屠戮刺杀，无所不用其极，甚至以死人颅骨作九柱撞球游戏，一直到他们自己实在精疲力竭，再也无力动手杀人时才罢休！

“然后，他们就宣布 1789 年的革命是一次弥天大罪，处决路易十六是忤逆君王，从而宣判了所有的法国人民都是罪人。（这就等于说民主有罪！好一个不打自招！）他们判令全体法国人都必须供认自己有罪，必须为亡王路易十六修建一座纪念碑来悼念这位‘烈士’的英魂，借以弥补罪过。他们把共和国和帝国的所有士兵一律称为匪徒，把一切法国人都视为民主党徒和雅各宾分子。他们胁迫法国人民向反法联盟交纳二十亿赔款以偿付联盟从 1792 年以来所耗的战费，还要拿出不知多少亿款项来赔偿逃亡的王党同一时期开支的军饷；此外，除了要把原先没收的财产归还逃亡物主以外，还要外加十亿赔偿费。他们废除了离婚制度；恢复了一审定案的非常法庭、预定继承权和嫡子继承权；重建耶稣会，恢复教士制度和贫儿教育会；并且重新规定处罚亵渎圣教罪。他们还扼杀了西班牙正在复兴的民主势力。他们始终依仗着反法联盟，随时准备求助于这个联盟来镇压法国的民主派；与此同时，反法联盟本身也在欧洲各国禁锢一切民主派。

“甚至连伏尔泰和卢梭[1]的学说也到处被禁绝!

“多么惊人的倒退呵! 真是冰川横流呵! 人们不免要说,民主制度业已死亡或者冻僵了吧!

“可是,你们不必失望,还是仔细听我说下去吧!

“请看看民主派创造的一些奇迹:路易十八和那些结盟的君主以及法国和欧洲的贵族们尽管嚣张一时,不可一世,却始终不敢撤回宪章,不敢拒绝大赦,不敢撤走国境线上十五万驻军的一兵一卒,而且,非有重兵把守退勒里宫[2],复辟派便不敢与民主派会面。

“贵族们显然操之过急了,因此,小心翼翼的路易十八不得不出来缓和一下。为了平息众怒,他被迫解散了议会,同意开放出版自由和批准了某些有利于人民的法律。

“尽管享有选举权的只限于每年交纳三百法郎捐税的富人,也就是说,只包括贵族阶层和资产阶级民主派,但是,结果民主派还是大批当选,在众议院里占据了多数。这一来,被吓坏了的贵族阶层连忙炮制出一个更有利于贵族的选举法,并且解散了新选出的议会。

“在人民民主派方面,则不断地暴动、密谋来反对贵族。刺杀

〔1〕 卢梭(1712—1778年),杰出的法国启蒙运动者和民主主义者,小资产阶级的思想家,自然神论哲学家。——译者注

〔2〕 退勒里宫,路易十八王宫。——译者注

贝利公爵的卢维尔[1]公开主张所有的逃亡王党都应该处以死刑，而且誓愿献身于灭绝整个波旁王族。一批年轻人组织了一个规模庞大的秘密会社烧炭党[2]，其中许多成员高呼着‘共和国万岁！’的口号壮烈牺牲了。与此同时，众议员中的反对派虽然削弱到只有十一二名，可是他们完全正确地宣称全体人民都是他们的后盾。

“就连那些极力想把人民吸引到教会方面去的传教士们，也不得不让人们用革命歌曲来谱唱圣诗！

“当查理十世[3]开始讨好教会头目，大部分的世俗贵族和资产阶级民主派便开始抛弃他了！

“而当他竟敢动手废弃宪章时，原先被人们认为已经瘫痪无力甚至死亡了的人民民主派，便犹如迅雷般突然出现在大街上，粉碎了复辟王朝和贵族统治，使法兰西回到革命当初的日子，并且当着欧洲所有贵族的面，把路易十六的这位兄弟踩在脚下[4]。

“这真是巨人般的步伐呵！法兰西的天边这时是一片火红灿烂！

---

〔1〕 卢维尔（1783—1820年），法国鞍具工，曾刺杀法王查理十世的第二子贝利公爵，被路易十八处绞刑。——译者注

〔2〕 烧炭党原为十八世纪初期意大利一个要求政治改革、争取民主自由和祖国统一的秘密革命组织。法国在十九世纪二十年代也仿此建立了同名组织，包括有各种政治派别，目标是推翻波旁王朝。——译者注

〔3〕 查理十世，公元1824—1830年在位的法国国王。——译者注

〔4〕 查理十世是路易十五之孙，路易十六之弟。此处指1830年七月革命推翻了波旁王朝的复辟政权。——译者注

“再请你们看看 1815 年以后欧洲的前进步伐吧!

“你们一定还记得那些国王们的诺言和各国人民的艰辛努力与深切期望吧!

“这些国王们虽然千方百计撕毁诺言,仍然挽救不了自己;反法联盟虽然设法改头换面,以伪善的‘神圣同盟’[1]之名重新紧密勾结起来反对法国革命,就是说,反对各国人民及其自由,也已经无济于事。尽管这个同盟先后在维也纳、卡兹巴斯[2]、莱巴赫[3]和味罗那[4]等地举行过多次会议策划扼杀民主派,尽管法兰克福[5]的检察署不遗余力地查禁报刊,迫害各种秘密会社,也尽管俄国沙皇自命为比一切哲学家都要高明的永无谬误的丘比特神,企图靠发布一道圣谕,便如雷电似地摧毁一切他称之为‘荒谬学说’的现代哲学,统统都是徒劳之举。且看一场大风暴怎样把这一伙一扫而光吧!

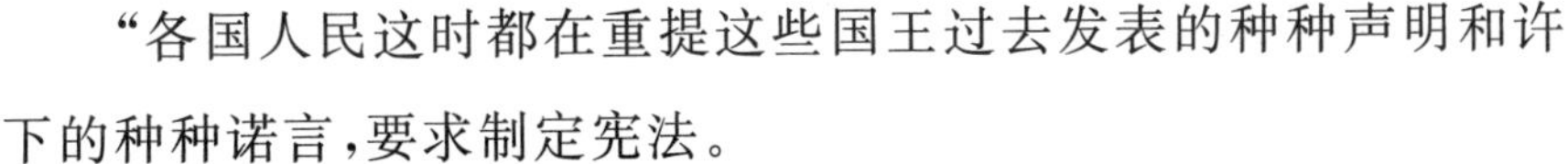

“各国人民这时都在重提这些国王过去发表的种种声明和许下的种种诺言,要求制定宪法。

“有几位国王被迫履行了这个诺言(例如在萨克森-威玛和符腾堡);英国也在爱奥尼亚群岛颁布了一部贵族共和宪法。

“在意大利、西班牙、法国、比利时、德意志、普鲁士、波兰、俄国

〔1〕 神圣同盟是 1815 年俄、普、奥等国为了镇压各国革命运动和维护各国的封建君主制度而建立的欧洲反动君主联盟。——译者注

〔2〕 卡兹巴斯,即今捷克境内卡罗维发利城。——译者注

〔3〕 莱巴赫,即今南斯拉夫境内卢布尔雅纳市。——译者注

〔4〕 味罗那,意大利北部城市。——译者注

〔5〕 法兰克福,普鲁士城市,在今西德境内,当时是德意志邦联和来因同盟的国会所在地。——译者注

以至土耳其等国，不但原来的秘密会社继续存在，而且不断在增加。克累登纳男爵夫人[1]走遍了德国传播耶稣基督的教义，因而也宣传了平等与博爱。来自世界各地的学生聚集一堂纪念宗教改革一百周年，并且当众焚毁神圣同盟协定。一位名叫桑德的青年，根据抽签决定，代表自己的秘密会社刺杀了暴君的特务和专制制度的鼓吹者柯芝贝尔[2]；在桑德为自由而献身的当天，大批青年赶到刑场向他致敬，纷纷跑上绞首架用烈士的鲜血染红自己的围巾！

“西班牙国王斐迪南虽然扑灭了第一次暴动，枪杀了拉西[3]和博利埃[4]，也难逃劫数。他组织了一次远征，妄图镇压殖民地的起义，也同样徒劳无功；被他派遣去维护奴隶制度的军队，反而掉转枪头对准了国王，迫使他颁布了一部宪法，宣布自由和平等！这样，又出来了一个传播民主制度的国王！

“葡萄牙、那不勒斯和皮埃蒙特也先后效法西班牙，由国王颁布了类似的民主宪法。

〔1〕 克累登纳男爵夫人 B. J. Krüdener（书中原文为 La Baronne de Crudner）（1764—1824 年），俄国女作家，虔诚主义的宣扬者；十九世纪时曾误传建立神圣同盟的主张是她提出的。——译者注

〔2〕 柯芝贝尔（1761—1819 年），德国作家，维护专制制度，被桑德刺杀。——译者注

〔3〕 拉西（书中法文为 Lascis）（1775—1817 年），西班牙将军，1808—1814 年西班牙独立战争的著名参加者，因企图发动反对斐迪南七世专制统治的起义而被枪决。——译者注

〔4〕 博利埃 J. Diaz Porlier（书中原文为 Portier，疑误植）（1788—1815 年），西班牙将军，自由主义者，独立战争时曾指挥游击队，因企图起义反对斐迪南七世的专制统治而被处死。——译者注

“比利时发生了骚动;匈牙利人民怨声载道;摩拉维亚农民发起暴动反对贵族领主;挪威取消了贵族称号。

“希腊,不错,正是希腊,终于重生了。它奋起与多年的压迫者英勇战斗。欧洲所有的民主派,都高声为这个古代共和国之母的胜利欢呼。拜伦爵士[1]带着自己的财产、佩剑、印刷机和笔杆赶来参加斗争,写诗歌颂民主事业的新的伟大成就。在舆论的胁迫下,各国君主终于承认了这次起义的合法性。实际上,推动这次起义的却是俄国的专制君王;而容许希腊贵族在维也纳进行反君士坦丁堡的起义准备工作的又正是奥地利皇帝!历史上往往可以看到一些野心勃勃、秉性贪婪的国王,充当了神明的工具,被上帝驱使来促成民主制度的胜利!

“埃及很快也效法希腊的榜样。

“土耳其本身正想着手改革;可是,共和派已经在俄国和波兰境内进行准备,密谋在国内起义。起义者虽然没有成功,未能在这两大陆交界的历代专制皇座的废墟上建立起民主派的统治,但是他们的行动毕竟震惊了欧洲,并且在北欧撒播了自由与解放的种子。

“爱尔兰陷入空前的动乱,以致英格兰的贵族阶层不得不暂时中止《人身保护法》[2]的效力。

“在英格兰本土,人民暴动反对摄政王,以致他不得不又一次

---

〔1〕 拜伦(1788—1824年),杰出的英国诗人,革命浪漫主义的代表人物,积极参加了希腊民族解放斗争,并牺牲于当地。——译者注

〔2〕《人身保护法》是1679年英国国会通过的一项法令,规定逮捕必须说明理由,并在三天至二十天内将被捕人送交法庭,否则应予释放。这个法令体现了资产阶级要求的人身自由;但是,在资产阶级专政下,这只能是一种形式的、虚伪的自由。——译者注

取缔人身、出版和结社等自由。卡瑟尔累[1]因为自己与神圣同盟牵连太深，感到绝望而刎颈自尽。为了取悦向往自由与独立的民族感情，不列颠的贵族不得不声明反对神圣同盟的各项原则。英国的民主派在争取天主教自由和宗教平等方面取得了重大成功。坎宁[2]也公开宣称欧洲的民主势力已经强大得难以遏制，规劝所有的国王都应该打出政治和宗教自由这一神通广大的旗号。

"美洲的情况怎样呢？它给世界贡献了一位简直是华盛顿第二的典范人物玻利瓦尔[3]。北美有十一个新的共和国加入原来的合众国；圣多明哥的两部分合并成一个得到法国承认的统一的共和国；同时，秘鲁、墨西哥、巴西、智利都先后获得解放，整个中南美洲布满了幅员广阔的共和国。这样，美洲就大大地推进了世界民主制度的胜利。

"至于非洲呢？由美洲的解放黑奴在几内亚湾沿岸建立的利比里亚共和国[4]，加上加弗里共和国[5]、埃及和法属殖民地阿尔及利亚，为非洲民主制度的复兴和最后胜利准备了条件。

"另外，美洲许多国家的废除黑奴制，各国政府的禁止奴隶贸

〔1〕 卡瑟尔累(1769—1822年)，英国国务活动家，曾任首相，积极参与组织反法联盟。——译者注

〔2〕 坎宁(1812—1862年)，英国国务活动家，曾任外交大臣，采取了一些自由主义措施，缓和了统治阶级在国内外的矛盾。——译者注

〔3〕 玻利瓦尔(1783—1830年)，著名的南美政治活动家，南美西班牙殖民地独立战争的主要领导人之一，哥伦比亚共和国的第一任总统。——译者注

〔4〕 即1822年成立的门罗维亚，实际是美国的殖民地，美国总统兼任利比里亚总统。——译者注

〔5〕 加弗里，指非洲赤道以南地区，特别是开普省地区。——译者注

易，以及遍及各地的慈善机构，为普遍废除黑人奴隶制和白人无产者的准奴隶制作了准备，也就是说，为民主制度在全世界的胜利提供了条件。

“这就是1830年7月民主制度所处的情况。现在，请你们看看另一次震动大地的事件吧。

“请看看，先后进行过1789年7月14日[1]、1792年8月10日[2]和1815年[3]等三次革命的革命民主派，现在像一个人似地奋起战斗。他们创造了超越以往一切革命的奇迹；模仿了我国的伊加尔，甚至胜过伊加尔，因为他们遭遇的艰难险阻比伊加尔还要多。他们的业绩使过去的一切革命为之黯然失色。经过三天激烈的战斗，他们推翻了神圣同盟羽翼下的法国王政。他们克服了重重障碍，为自己和整个人类重新赢得权利。他们不但表现出非凡的英勇气概，而且显示了无比宽大的胸怀。

“请看，从亚洲的腹地一直到美洲内陆，各国人民都为这次革命鼓掌欢呼。

“再看看，所有的贵族都惊慌失措，一切皇座都在动摇；各国民主派都被唤醒了，都受到极大的鼓舞，满怀着激情，高举法国的民

〔1〕 1789年7月14日是巴黎革命人民攻陷巴士底狱的日子，标志着法国资产阶级革命的开始。——译者注

〔2〕 1792年8月10日是巴黎人民武装起义的日子，这次起义的结果废黜了国王，宣布共和，建立了国民公会，结束了数百年的封建君主制和三年多的立宪君主制。——译者注

〔3〕 指1815年3月拿破仑的百日政变，这次政变推翻了路易十八的复辟王朝。——译者注

主三色旗，高唱着《马赛曲》，迫不及待地要在一切地方结束贵族统治。

“是的，要是那时法国能出现一位伊加尔，整个地球也许早已变成民主和共产的世界了！

“但是，事情却是那样地不幸，那样地使人失望！七月革命竟流产了！我实在没有勇气向你们叙述它悲惨的经过，因为，我虽然是个伊加利亚人，但是法国的事业是全人类的事业，因而也是我们伊加利亚人的事业；说到这里，我也许用得着伊尼给荻东[1]叙述特洛伊城陷落的悲惨情景时说过的一句话：‘可怕呵，女王！难道您一定要我回忆那伤心的往事吗？’如果你们一定让我给你们叙述1830年革命的经过，那就无异要我经受难以形容的苦痛了！

“在为自由而进行了整整三天的战斗，牺牲了上万名法兰西儿女以后，人民仍然还是奴隶，因为三千三百万法国人不得不照旧服从那些由十六万选民中的半数或其代理人所制定的法律。光是向你们承认这一点，就使我够难过的了；何况，那些篡夺了权利的人竟然把‘勿为民意所左右’列为他们政府的工作准则，并且因为自己废除了平等与民主制度而引为荣耀，我心中怎能不痛楚万分呢？

“而这时民主制度也确实好像随同平等制度一起死亡了。这又是一次多么可嗟叹的倒退呵！

---

〔1〕 伊尼和荻东是罗马著名诗人维吉尔（公元前70—19年）模仿荷马史诗写成的诗篇《伊尼艾特》中的人物。故事说伊尼原为特洛伊王，英勇抗击了希腊人的进攻，城陷后逃往罗马的拉丁姆；荻东是推罗公主，因丈夫被杀害而出走，创建了迦太基。两人在流亡中曾相爱，但伊尼因神的启示而忍痛割断爱情。——译者注

“但是,你们千万不要只看表面。不!民主制度并没有死亡!这场赶跑了查理十世及其狐群狗党的革命也并没有失败!相反地,人民继续不断地要求实现这次革命的目标,索取牺牲应得的代价;而且,大量的事实,包括对民主派实行的严厉镇压,向人们证明和宣告民主派还在呢,而且有所发展,力量十分强大。

“诚然,人民民主派没有取得胜利,但是贵族阶层也并非胜利者;得胜的是资产阶级,也就是资产阶级民主派。

“而且,这个资产阶级民主派往往也只能以几票之差勉强压倒反对派、也就是人民民主派。

“而且,贵族并没有能从资产阶级民主派那里重新取得贵族议员的世袭权。

“而且,倘若贵族阶层不是被革命起义和1793年专政[1]的幽灵所困扰,也许我们会看到他们自己跑出来要求实行各种民主措施哩!

“此外,还要考虑到时间的因素,因为时间也是一种力量。随着时日的过去,当儿女一辈取代了父辈,你们就将看到法国又是怎样以更英勇的姿态奋起争取平等与民主了!

“国外的情形又是怎样呢?

“法国人民七月革命胜利的消息引起了多么大的震动呵!他们的大无畏精神,他们的英雄主义和他们的宽阔胸怀对人们又是多么有力的鼓舞呵!全世界的民主派都为他们热情欢呼,拍手叫

〔1〕 指1793年雅各宾党的革命专政。——译者注

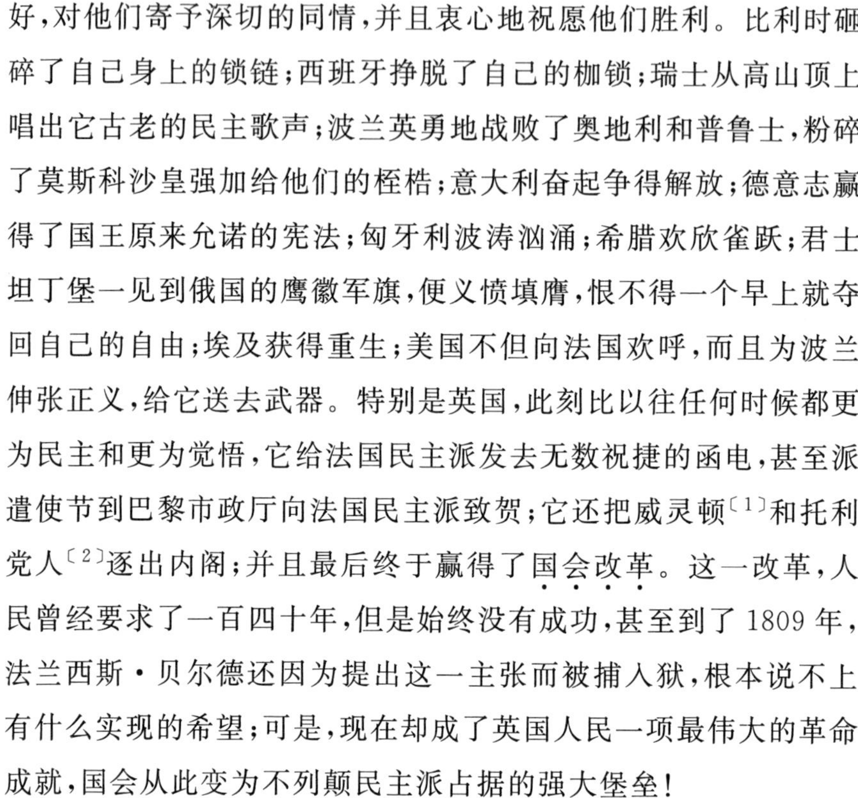

好，对他们寄予深切的同情，并且衷心地祝愿他们胜利。比利时砸碎了自己身上的锁链；西班牙挣脱了自己的枷锁；瑞士从高山顶上唱出它古老的民主歌声；波兰英勇地战败了奥地利和普鲁士，粉碎了莫斯科沙皇强加给他们的桎梏；意大利奋起争得解放；德意志赢得了国王原来允诺的宪法；匈牙利波涛汹涌；希腊欢欣雀跃；君士坦丁堡一见到俄国的鹰徽军旗，便义愤填膺，恨不得一个早上就夺回自己的自由；埃及获得重生；美国不但向法国欢呼，而且为波兰伸张正义，给它送去武器。特别是英国，此刻比以往任何时候都更为民主和更为觉悟，它给法国民主派发去无数祝捷的函电，甚至派遣使节到巴黎市政厅向法国民主派致贺；它还把威灵顿[1]和托利党人[2]逐出内阁；并且最后终于赢得了国会改革。这一改革，人民曾经要求了一百四十年，但是始终没有成功，甚至到了1809年，法兰西斯·贝尔德还因为提出这一主张而被捕入狱，根本说不上有什么实现的希望；可是，现在却成了英国人民一项最伟大的革命成就，国会从此变为不列颠民主派占据的强大堡垒！

“你们不妨听听这时的英国首相葛雷勋爵[3]是怎样说的吧！他在英国讲坛上公开宣称：法国民主势力已经强大到难以抗拒的地步，只要他们说点什么，所有的国王都只能唯命是从。

“咳！要是那时法国有一位坎宁，敢于在自己的旗帜上写上

〔1〕 威灵顿(1769—1852年)，英国国务活动家，曾指挥滑铁卢战役中的反法联军，任过首相。——译者注

〔2〕 托利党人是英国大土地贵族和大金融贵族的政党的成员。这个党成立于十七世纪，代表保守和反动的力量，反对改革。——译者注

〔3〕 葛雷(1764—1845年)，英国国务活动家，是主张温和改革的资产阶级政党辉格党领袖，任过首相，主持通过英国国会改革法案。——译者注

‘普遍自由’的口号,那该有多好呵!……不,更正确地说,要是那时法国有一位伊加尔,那该有多好呵!

“确实,人民作了牺牲,可是却被出卖了,革命遭到了扼杀。希望成为共和国的比利时,被迫接受了王政;西班牙重新处于斐迪南的桎梏下,这位国王下令枪决了托里荷斯[1]和他的五十名英勇的战友;宽大为怀的意大利被肢解了,受到比以前更为残酷和血腥的统治;瑞士蒙受凌辱和压制,而且几乎被吞并了;至于波兰,那英雄而苦难的波兰……,大批青年被强行征召到远及美洲的异国去当炮灰,儿童流落四方,少女被押送到兵营遭受蹂躏!……欧洲的民主制度看来已经被粉碎了,被消灭了。

“但是,幸而这一切都只是表面的现象。

“‘打倒无耻侵略波兰的压迫者!’、‘波兰独立与自由万岁!’,成了欧洲和全世界普遍的呼声,不住地威胁着贵族们,……

“被流放的波兰儿女把热爱独立和自由的情感带到世界各地,又从各地吸取营养,准备有一天带着更远大的理想和更丰富的经验重返自己的祖国,……

“谁也没有预料到西班牙和葡萄牙会重新拿起武器来战斗。它们再度赢得了一部民主的宪法,甚至建立了共和国。那位专制

[1] 托里荷斯(1791—1831年),西班牙将军,曾任国防部长,反对斐迪南七世出兵镇压西印度群岛,被捕入狱后处决。——译者注

暴君斐迪南因为宠爱女儿而宁愿抛弃自己的兄弟[1]，从而亲手把自由还给了西班牙。请看，命运之神难道不是注定要一些国王来充当民主制度的工具吗？

“美国则不但民主制度本身有了进一步的发展，而且国力也日益强大了。

“正在模仿美国、法国和英国的加拿大，也可能很快就要变成共和国了，到时它将给一切正在反对外来侵略者的被压迫民族和正在反对本国贵族统治者的民主派提供一个新的榜样。

“英国保卫了国会改革的成果，选民的数目增加到八十万人，不久，又增达一百万人以上。民主派取得了很大的进展，接着又进而要求实行普选制，要求取消贵族院，或者最少也废除贵族议员的世袭权。几年以前，谁要是敢提出这样的要求，就一定会被放逐到博坦尼湾[2]去。

“英国这次改革影响之大是谁也无法完全估量的。它迟早将在法国导致同样的改革；因为，在毗邻的二千四百万英国人中已经有了一百多万选民，而且很快就可能增加到三四百万的情况下，如果以为那三千三百万法国人竟会安于只有二十万选民的现状，岂不是太盲目无知，麻木不仁，甚至于神志不清吗？即使我们形容得再厉

[1] 指十九世纪三十年代西班牙王位继承之争。一方拟拥立国王斐迪南七世的女婴伊萨贝拉，一方则主张应由国王之弟唐·卡洛斯继承王位。1833年7月最后决定由三岁的伊萨贝拉继位为女王，王后克里斯亭娜摄政到女儿成人。唐·卡洛斯代表的是更为顽固的封建教权阶级。拥护伊萨贝拉的一派则比较反映资产阶级的利益。——译者注

[2] 博坦尼湾，英帝国主义侵入澳大利亚时最初登陆的地点，在悉尼以南；后来被英政府作为犯人流放地。——译者注

害一点也不为过呵！宣称法国的工人就是不如英国的工人那样觉悟,岂不是太荒诞了吗？把法国无产者视为野蛮人,只承认游手好闲和腰缠万贯者才具有人权,把法国人划分为受法律保护和不受法律保护两类,而且宣称法国的三千三百万居民中,有三千二百八十万人没有能力和没有资格充当选民去选举一名议员,岂不是荒谬绝伦,蛮横透顶了吗？对待法国不是也太蛮横无理,侮辱太甚了吗？

"说实在的,如果世界上真有什么绝对肯定的事情,那么,这事情就是:法国经过一次或数次的冲杀以后,迟早必将争得选举改革,必将实现普选制。一个国家如果没有普选制,不管怎么说,它的人民就仍然是奴隶。

"到了那时,不论法国名义上是君主国还是共和国,反正实际上一定是个民主制的共和国。

"因此,你们万万不要以为七月革命毫无成果。固然,要是当时有一位伊加尔出来领导革命,当然成就要大得多,相形之下,现在做的就无疑太少了;但是,它毕竟大大促进了法国、英国、美国和欧洲民主制度的发展。

"固然,贵族阶层还会千方百计地抗拒进步,革命也还会遭到种种的挫折,但是,欧洲各国的民主派最终总是会取得胜利的。这是因为,贵族阶层总是要依靠人民中的一部分人,才能奴役其他的一部分人民,当后一部分人民被打败了,与贵族阶层一起取得胜利的那部分人民,便又会变成民主派,转过来向贵族阶层展开新的斗争;其次是因为,人民总是会从自己的错误和失败中吸取教训,因而他们虽然可能遭受千百次挫折,却绝不会永远失败下去,只要有一次真正的胜利，便可能把他们引向最终的胜利；最后还因为，平等思想是任何枪炮或警察所无法扑灭的精神力量，它将始终牢牢地掌握着人们的心灵。

“平等制度之所以必将胜利，是因为它符合正义，符合理性，是因为它的胜利是一条自然规律。

“世界上的一切，包括奴隶制和种姓制，亚历山大帝国和罗马帝国，多神教和教皇的普天王国，封建制和附庸制，体刑和火刑，丈夫对妻子或父亲对儿女的生杀权，都已了结天年，永远消失，贵族阶层及其特权又怎么会不同样让位于民主和平等制度呢？

“请看，贵族们不是在彼此揭丑、自相残杀和相互毁灭吗？一切时代和一切国家里的贵族、教皇和国王们，不都在竞相贬损、毁谤、监禁、暗杀和处决男男女女的君王吗？根据我手边的一个清表，光是被别的国王或者教皇、贵族，甚至自己的配偶、儿子或兄弟杀害或废黜的国王，就有五千多人！

“再看看这另外一张清表，上面开列的是被国王、贵族、宗教会议或者别的教皇咒骂、凌辱或判罪的教皇的名单。

“请看，公元998年，格列哥利五世教皇下令剜掉约翰十六世教皇的眼睛，迫令他倒骑着驴，手执驴尾巴作为缰绳，沿街示众！

“请看，公元1120年迦力赫二世教皇命令布尔丁教皇倒骑着骆驼前来觐见！

“请看，德皇弗德烈二世因为批准了一本名为《三个骗子——摩西、耶稣基督和穆罕默德》的书籍的出版而被格列哥利九世教皇革出教门;反过来,他又把教皇骂作基督叛徒和地狱魔王!

“再请看,尼古拉五世教皇被另一位教皇,即修鞋匠的儿子约翰十二世,押上断头台,在绞索套着脖子的情况下供认自己的罪行,然后被下狱监禁。

“再看看这又一张清表:五万多名贵族被自己的国王杀害;而这些人原先为了反对国王而策划的阴谋和暴乱又何止千万次!

“特别是请看看:法王路易十一把一些贵族囚禁在铁笼里,并且在这些人的儿女的头上涂上他们父母的鲜血;英王亨利八世也把一些贵族像送宰的牲口一样押送刑场;瑞典国王克里斯提安二世[1]以邀宴为名一举杀戮了九十六名贵族;公元1811年埃及总督也把贵族诱到王宫参加节庆,一下子就绞杀了其中的五百名!

“再看看贵族们又是怎样因为自己的倒行逆施而声名狼藉,丧尽民心的。

“再看看那些主教和教皇、特别是那位臭名昭著的波基亚[2],又是怎样地褊狭不容,残忍无道,骄奢淫逸,道德败坏和恶贯满盈!

“请看查理九世的屠戮成性,路易十四的专制残忍,摄政王的腐化堕落,路易十五的放荡淫逸,波兰国王和路易十六的无耻叛国,拿破仑的野心和独裁。请看围剿法国革命的欧洲各国国王又是怎样地背弃对人民许下的诺言,怎样为了掠夺瓜分各国而结成卑鄙的联盟;路易十八和查理十世又如何无耻叛卖祖国;唐·米古

〔1〕 克里斯提安二世(1481—1559年),丹麦和挪威国王,1520年起为瑞典国王。——译者注

〔2〕 波基亚,即出身意大利波基亚家族的教皇亚历山大六世。——译者注

埃尔[1]以及西班牙、那不勒斯和皮埃蒙特等国的国王如何背信弃义，出卖人民；俄皇[2]尼古拉如何野蛮无知；伊萨贝拉[3]又怎样幼稚轻浮；还有那两位正当盛年、惹人羡爱的娇艳女王克里斯婷[4]和唐娜·玛丽亚[5]又是怎样卖弄风情，放荡形骸呵！

“再看看，今天各国的贵族不几乎都是些不学无术的饭桶吗?!

“相反地，请看看，教会、法律界、学者和平民却不断涌现出民主分子来，只要给你们举出其中几位便足以说明问题了：像耶稣基督，他母亲是个穷苦姑娘，在和一位穷苦木匠结婚以前便怀了他；穆罕默德，是个商店伙计；格列哥利七世教皇，是个木匠儿子；还有路德，富兰克林，华盛顿，拿破仑，玻利瓦尔，奥·康奈尔[6]等人，出身都和贵族无缘！

“好了，现在请你们说吧，上帝或命运之神难道不是早就注定了平等和民主制度必然要发展壮大，犹如一颗良种必然要孕育出丰硕的果实，神胎定将长成海格立斯[7]那样一个力大无朋的勇士吗?

---

〔1〕 唐·米古埃尔(1802—1866 年)，葡萄牙亲王，专制教权派的首领，1828—1834 年为葡萄牙国王。——译者注

〔2〕 尼古拉，指公元 1825—1855 年在位的俄国沙皇尼古拉一世。——译者注

〔3〕 伊萨贝拉，指伊萨贝拉二世，公元 1833—1868 年在位的西班牙女王。——译者注

〔4〕 克里斯婷，瑞典女王，1854 年退位。——译者注

〔5〕 唐娜·玛丽亚，葡萄牙女王。——译者注

〔6〕 奥·康奈尔(1775—1847 年)，爱尔兰律师和资产阶级政治活动家，民族解放运动中右翼自由派的领袖。——译者注

〔7〕 海格立斯，古希腊神话中一个最为大众喜爱的英雄，以非凡的力气和勇武的功绩著称。——译者注

“请你们说说，那些胆敢拼命压制民主制度的各色人物，以及那些阻挠着民主制度前进的种种事件，难道不就像那些只能拦截一天洪流的堤坝，第二天又只好让河水更加凶猛地奔腾而过吗？

“再请你们说说，贵族阶层难道不是已经像一部老朽的机器，支离破碎，行将化为一堆尘土了吗？

“有这么一句话，我想大概是鲁瓦埃·柯拉尔[1]说的吧：‘民主潮流有如滔滔江水，滚滚向前……，总有一天它将漫过河堤，洋溢大地！’请你们说说，这话不是千真万确吗？库辛[2]也说过：‘妄图阻止文明的发展和扑灭哲学的传播，就等于与上帝较量；世界上又有谁能战胜上帝呢？’这话不也同样非常正确吗？

“沙多勃利昂[3]在颂扬共和制这一未来的至尊时曾经说过：‘谁要是想阻止时代的前进，就必将在当今时代和未来时代之间的夹缝里被轧得粉碎！’请你们说说，这话难道不是很有道理吗？

“请你们说说，德·托克维尔[4]的下列呼声不是完全正确吗？

“‘我们往何处去呢？……请看看这场七百年来最伟大的社会和民主革命在整个基督教帝国、特别是在法国所取得的不断

〔1〕 鲁瓦埃·柯拉尔(1763—1845年)，法国哲学家和政治活动家，君主立宪制的拥护者。——译者注

〔2〕 库辛(1792—1867年)，法国唯心主义哲学家，折中主义者。——译者注

〔3〕 沙多勃利昂(1768—1848年)，法国作家，反动浪漫派的首领。——译者注

〔4〕 德·托克维尔(1805—1859年)，法国资产阶级历史学家和政治活动家，正统主义和立宪君主制的拥护者。——译者注

进展吧！这场革命无可抗拒地命中注定要引导我们到平等制度！认为可以阻止或者延缓这个进程，难道是明智的吗？能够设想民主派在摧毁了封建制度和战胜了国王以后竟然会在资产阶级和富有者面前后退吗？不！民主和平等制度看来正在遵照天主至高无上的意旨向前迈进；企图阻挡它前进，就是反抗上帝。因此，各民族唯一的出路就是适应这种上天加于它们的新的社会制度。'

"拉马丁[1]在他的《东方旅行记》中不也正确地写道：

'这些革命，这些动乱，各个帝国的崩溃，旧欧洲所有成员国不断出现的剧烈变动，美洲和亚洲爆发的巨大反响，这一切不以个人意志为转移的一致行动，这一切充满着不由自己和义无反顾的激情的集体行动，都事出有因，都具有一种含义，一种深刻而隐蔽、但是在哲学家们看来却洞若观火的含义，这就是：它们都体现着一种共同的理想、共同的信念，体现着一条社会规律，一条真理；这种理想、信念、规律和真理，不以人们的意志为转移地进入人们的脑海，不知不觉地深入到群众的心灵，并且以一种神授真理的力量，也就是一种不可战胜的力量，努力使自己变为事实。这种理想的依据就是公众的理性，言词是其喉舌，报刊是它的传道师。这种理想正在以一种新宗教的强大威力，凭借着自己的绝对正确性而传播于全世界；它力图按照自己的形象改造一切宗教、文化和社会，并且

〔1〕 拉马丁（1790—1869年），法国诗人、历史学家和政治活动家；四十年代为资产阶级共和党人。——译者注

在平等博爱的基础上重建社会。……’

“名闻一时的纳斯蒂·斯坦霍培女士[1](英国著名首相庇特的外甥女,隐居黎巴嫩山)曾经向马赛鲁子爵[2]说过一段非常正确的话,而子爵专门引述了她的这段话是不无理由的:

‘我去欧洲能看到什么呢?难道去看那些应该受到奴役的国家和那些不配治理国家的国王们吗?用不了多久,你们的那个旧大陆就将连根动摇,那里的一切都已过时:国王们已经众叛亲离,他们将或是被死神或自己的谬误所带走,或是因为堕落而为他人所取代;贵族阶层将很快就从世界上消失,让位给一个渺小而短命的、既乏生机又无活力的资产阶级;只有人民,而且是从事劳动的人民,才仍然保有自己某些高贵的特性和品德。一旦他们意识到自己的力量,你们就等着发抖吧!’

“当过省长的比尧德[3]也完全正确地大声疾呼道:

‘难道你们没有看见那些老大的君主国一个个地倾覆吗?四面八方人们听到的都是共和派的呼声!人人心中都向往共和制!它很快就将霞光四射、威力无比地重新出现!’

---

〔1〕 纳斯蒂·斯坦霍培 Nester L. Stanhope(原文为 Esther,疑讹)(1776—1839年),英国首相小庇特的外甥女,不满现状,移居小亚细亚,被伊斯兰教团体“杜鲁赛斯”尊为女先知。——译者注

〔2〕 马赛鲁子爵 Vicomte de Marcellus(即 L. M. A. Demartin du Tyrac,1776—1841 年),法国贵族,狂热的保皇派,曾任贵族院议员。——译者注

〔3〕 原文为 Billiard,疑为 Billaud 比尧德之误,从后译。原为法国国民公会议员,开始属于山岳派,后参与反对罗伯斯庇尔。——译者注

“你们难道没有听见基佐[1]自己也承认：

‘不管是高兴还是悲伤，反正大家都一致承认现在的社会是民主的社会，民主制度已经最终取得了胜利，……旧制度在民主派的打击下崩溃了。这是一个可怕的失败，但是，这个失败的时刻是上帝事先就规定了的。’

“还有拉梅耐[2]，你们难道没有听到他预言式的呼声吗？

‘做好准备吧！时间已经临近了……。国王们将在他们的王座上惊慌嗥叫，双手拼命抱住自己的王冠不让狂风吹跑，但是，他们终将随同自己的王冠一道被刮掉！’

“还有，你们难道没有听到拿破仑在自己坟前预言欧洲可能很快就会变成共和国吗？

“因此，共产制度的反对者，你们看吧，平等与民主的时代已经到来了！

“而且，明天你们还会看到，这同时也是一个工业发达、生产高涨和生活丰足的时代！”

会场里一片欢腾，使我无法看清安东尼奥和他的同伙究竟狼狈成什么样子。

---

〔1〕 基佐（1787—1874年），法国资产阶级历史学家和国务活动家，代表大金融资产阶级的利益；四十年代曾实际操纵过法国的内政外交大权。——译者注

〔2〕 拉梅耐（1782—1854年），法国神父、政论家，基督教社会主义思想家之一。——译者注

第十一章　工业和各项生产的发展

狄纳罗面色忽然苍白起来，我赶忙跑上前去察看，原来他太疲倦了，所以我劝他暂时休会；可是，他还想接着讲下去，不过同意把会议稍微缩短一下。

他说："反对共产制度的人们，"由于他声音微弱，听众显然更加聚精会神了。"当前这个时代不仅是民主和平等的时代，而且也是工业和生产的时代。

"为了使你们信服，我只需要对你们说：睁开你们的眼睛，仔细看看你们的周围，看看我们国家的一切吧！请看看我们庞大的工厂和那无数的机器，请读一读我们各种惊人的生产数字，请认真观察一下我们生活上丰足和幸福的情景吧！

"不过，我还想从另外一个角度来证明我的论点，就是拿目前欧洲和你们自己国家里工业生产的情况来和我国作个对比。

"首先，我想和你们一道扼要地回顾一下人类发明创造的历史以及科学技术和工商业发展进步的经过，给你们指出它初期的情况、蛮族入侵以前它又是怎样在缓慢地发展，以及亚洲和埃及、推罗和迦太基、希腊和罗马、叙拉古和马赛等地古代各民族在这方面的情况。

“我还想给你们叙述一下经过长时间的蛮族入侵以后生产复兴的情况。关于这次入侵的灾难性后果，我前天已经给你们讲过了。阿拉伯人发明了风车和钟表，并且把他们的建筑术和从印度学来的数码及文字传入西班牙，被整个欧洲所吸收了。君士坦丁堡的一位皇帝派人到中国去寻找丝蚕和学习制造丝绸的技术，之后又传到了西方。希腊人卡林尼克[1]发明了所谓‘希腊火’，用它来焚烧伊斯兰教徒的舰队；在此以前，阿基米德[2]也曾为了摧毁叙拉古城下的罗马舰队而发明了四十种机械。这些机械的秘密在阿基米德死后不幸失传了。伦巴德人发明了汇票。查理大帝和阿尔弗雷德大帝分别在法国和英国罗致学者。一位教皇派人到中国寻找指南针。……

“我还想给你们指出：十字军把工商业扩展到各地，特别是意大利的威尼斯和热那亚，同时又带回了东方的各种技术成就。活字印刷术和纸张的发明，使一切发明创造都得以保存和普及。君士坦丁堡的攻占，使雕塑和绘画传入意大利。好望角的发现，把欧洲人带到了印度、日本和中国，又把这些国家的新工艺带回西方。美洲的发现和欧洲人在亚洲、非洲和美洲新大陆建立殖民地，则大大促进了航海业、商业和工业的新发展。

“我也想和你们一同追溯在发生了这些重大事件和爆发了宗

〔1〕 卡林尼克，公元前七世纪建筑家，相传曾发明火药，称“希腊火”。——译者注

〔2〕 阿基米德(公元前 287 左右—前 212 年)，古希腊伟大的数学家和机械学家。——译者注

教改革运动以来，也就是在一个与过去人类历史相比不过只是一瞬间的短短三百五十年里，人类的才智取得了哪些飞快的进步。

“我还想给你们指出佛罗伦萨在麦狄西斯[1]为王时、罗马在黎昂十世[2]当教皇时、法国在弗朗斯瓦一世治下、英国在亨利八世和伊丽莎白[3]治下，以及法王亨利四世起用苏利[4]当政时、路易十三起用黎世留时、路易十四起用柯尔伯时所取得的巨大发展；还要指出英国1649年革命[5]和那时所成立的共和国、美国革命和它所孕育的美利坚合众国、法国革命和由此诞生的法兰西共和国以及海上大封锁和大陆大封锁[6]时这几个国家所取得的重大成就。

“我还想给你们指出：各国怎样纷纷开设中学、大学、文学研究院，特别是自然科学院，建立艺术博物馆和工艺博物馆，授予发明人以奖金，举办宏伟的工业品展览会，进行以科学研究为目的的航海活动，组织世界性的学术团体，举行学者代表大会，开展学术通讯，出版学术著作和刊物，以及建立新的公共基础教育制度。

“我还想和你们一同回忆一些发明家、特别是那些给人们开辟

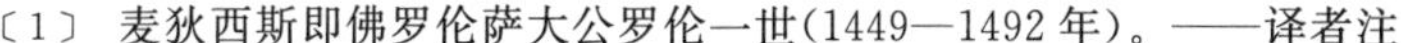

〔1〕 麦狄西斯即佛罗伦萨大公罗伦一世(1449—1492年)。——译者注

〔2〕 黎昂十世，公元1513—1521年在位的教皇。——译者注

〔3〕 伊丽莎白，指公元1558—1603年在位的英国女王伊丽莎白一世，为亨利八世之女。上述四个统治者，史载均实行过保护文艺和学术发展的政策。——译者注

〔4〕 苏利(1559—1641年)，法王亨利四世的枢密顾问和财政总监，与其后的黎世留、柯尔伯等掌执大权的重臣都实行过提倡学术、鼓励工商业等有利于资本主义发展的政策。——译者注

〔5〕 1649年英王查理一世被处决，国会通过废除君主制，建立共和国。——译者注

〔6〕 公元1806年，拿破仑为了从经济上打击英国，宣布封锁不列颠诸岛，禁止欧洲大陆各国与英国进行贸易，史称大陆大封锁，或名大陆体系。英国立即采取反措施，宣布从海上封锁大陆，史称海上大封锁。——译者注

了发明大路的人物，例如那两位培根（一位从1294年起是位僧侣，另一位是1590年的英国大法官[1]）、伽利略[2]、开普勒[3]、哥白尼[4]、笛卡儿[5]、洛克[6]、莱布尼茨[7]、牛顿[8]、柏宾[9]、瓦特[10]和富尔顿等等。

“我还想给你们指出科学技术和文学艺术上的一些重大发展，其部门包括哲学这门包罗万象的科学以及数学、天文学、物理学、化学、地质学、矿物学、自然发展史、解剖学、生理学、内科学、外科学、植物学、药物学，还有历史学、文学、悲剧、喜剧、音乐、绘画、雕塑和美术等等。

“特别是，我想给你们指出科学在实践上的重大成就，也就是数学、天文学、物理和化学如何有效地运用在航海业、农业、制造

〔1〕 指罗哲尔·培根和法兰西斯·培根。——译者注

〔2〕 伽利略（1564—1642年），伟大的意大利物理学家和天文学家，力学原理的创始人，为先进宇宙观而斗争的战士。——译者注

〔3〕 开普勒（1571—1630年），伟大的德国天文学家。——译者注

〔4〕 哥白尼（1473—1543年），伟大的波兰天文学家，太阳中心说的创始人。——译者注

〔5〕 笛卡儿（1596—1650年），著名的法国二元论哲学家、数学家和自然科学家。——译者注

〔6〕 洛克（1632—1704年），英国二元论哲学家、感觉论者和资产阶级经济学家。——译者注

〔7〕 莱布尼茨（1646—1716年），伟大的德国数学家，唯心主义哲学家。——译者注

〔8〕 牛顿（1642—1727年），伟大的英国物理学家、天文学家和数学家，经典力学的创始人。——译者注

〔9〕 柏宾（1647—1714年前后），法国著名物理学家，蒸汽机发明人之一。——译者注

〔10〕 瓦特（1736—1819年），苏格兰机械工程师，蒸汽机发明人。——译者注

业、工业上,特别是如何运用于改进机器与工具。

“我本来还想给你们提供一个图表,说明最近三百五十年来出现的各种发明创造、新型的机器以及目前一个大国可能生产出来供全民衣食住行和日常使用的各种物品的最高数量。

“讲述这些的最终目的是想向你们证明,世界今天的工业生产能力不仅比过去任何时候都要庞大,而且其发展规模已经到了足以实现平等的丰足和平等的幸福的地步。

“不过,我今天实在太累了,不可能再完成这个任务了。

“你们不妨自己阅读一下我们共和国印刷的分别说明当前科学技术情况和它的发展经过、各种发明创造的内容及其发明人以及各种重要著作和新型机器的图表。

“请原谅我不再就此作详细的叙述,而只限于提出自己的一点希望,就是:请你们看看蒸汽动力的发明,看看英国、美国、法国和伊加利亚的各种机器,看看我们这里的教育制度和一整套有利于发明的措施所促成的种种奇迹吧!

“先请看蒸汽!它取代了诸如风力、水力、畜力和人力等等的其他一切动力;它已经实际运用到包括轮船、火车、汽车等在内的千百种各色各样的机器上。

“请看,一台蒸汽机,只用半个月就能把五百名旅客从伦敦越过一千五百里海程载运到纽约;另一台蒸汽机从巴黎载运一千旅客到二百里外的土伦,只要二十个小时;另外,一千部蒸汽机每天总共可以载运二三百万旅客到五十里地远的地方。

“请看,在运送工人、原料和制成品方面,已经不再存在什么路途太远、时间过长的问题，根本不会产生什么困难，甚至连用费也不成其为问题！

“再看看美国的房屋建筑、耕地开垦和工业生产的庞大规模吧！几乎可以说，他们每十天就能修建起一座新城镇、甚至一整个新的国家。

“特别是，请你们看看英国的工业生产规模。那里，庞大的工厂和数不清的机器制造出来的东西，数量十倍于本国所需，几乎可以满足大半个世界的需要。

“请你们设想一下，如果法国以及其他国家的政府能够和人民同心协力，妥善地调动一切力量和全部国民财富来发展工业，那么它们将会有多少完善的工厂和机器，生产能力将会多高呵！

“请你们也设想一下，如果这些国家肯于利用我们伊加利亚的发明创造，采取我们这样的教育制度，以及像我们的政府一样，鼓励所有的公民都来从事发明创造和设计制造新的机器，给他们提供实验和试用的种种方便，那么，这些国家在短期内将会涌现出多少新的发明创造呵！

“如果一国的政府，比方说法国政府吧，愿意建立共产制度，决心把生产提到最高水平，并且召开一次有一切科学技术部门和各行各业的五名至十名第一流人才参加的大会，甚至邀请欧美两洲的阿拉戈[1]式的杰出人物前来出席，那么，你们想象一下，这个国家将能够生产出多少东西来呵！

---

〔1〕 阿拉戈（1786—1853年），法国十九世纪初著名天文学家、物理学家和数学家，资产阶级政治活动家。——译者注

“最后，要是人类终于能够像我们伊加利亚人现在所想望的那样，像驯服蒸汽一样使电力服从于自己的意志，把它使用到各种机器上，从而增大机器的功力，减少其故障，降低其费用，那么，请设想一下，工业生产将变得怎样如虎添翼呵！

“不！任何一个有理性的人都绝不会说财富平等或共产制度对法国、英国或美国来说是意味着什么‘平等的贫困’！

“不过，请你们务必注意，科学和工业上的各种重大发明并不仅仅引起科学和工业的革命，而且也导致社会与政治的革命。因为，自然界中一切事物都是互相依赖，互相联系，或者更确切地说是互相融合的。自然界无非是一个巨大的统一体；我们之所以把其中的各种因素加以区别，只是为了补我们智能之不足。尽管我们把商业与工业区别开，把工业与自由、自由与平等区别开，实际上它们难道不都是同一事物，或者说最少是彼此不断地互相作用着的事物吗！商业难道不是影响着工业，而工业反过来又影响着商业吗？工业和商业难道不是导致自由，而自由又推进了商业和工业吗？自由难道不是平等制度之母或产儿，正如平等制度又是自由的产儿或母亲吗？

“指南针、火药和印刷术的发明，难道不是在引起三次工商业革命的同时，也导致三次社会与政治革命吗？

“轮船的发明难道不是掀起了一次海战革命，从而既引起航海与商业的革命，又导致一场政治革命吗？

“还有铁路呢？可以说，它把每一个帝国都变成了一座城市，原来的城镇和省份都变成了这个城市的街区，而原来城镇间的公路则变成城里的街道。有了铁路，全国各地的人都可以在一天之内到达首都，或者分批迅速地从首都分散到各地（比方说，现在前往巴黎比以前容易多了，再也不必像以前那样从自己村子里长途跋涉，一天步行四五十里，旷日费时才能到达；既然如此，有哪一个法国人不想到巴黎去观光一番呢？）。既然火车只用十二三个小时便能把英国人从伦敦送到巴黎，把法国人从巴黎运到伦敦，不同的民族便有可能比以前任何时候都更为彻底和更为迅速地融合起来。你们说，铁路难道不是既引起一场规模难以估量的工商业革命，也导致一场规模同样难以估量的社会与政治革命吗？

“又比方说，人们一旦普遍习惯于旅行，本国和外国旅行者的数目就不是以百十计，而是以千万计，既然谈判代表、企业家和学者们可以到二三百里外的地方停留上几个小时，处理完一些重要事情以后马上就赶回原地来照料别的要紧事务，往返的时间可以事先确定，连一刻钟也不浪费；那么，又怎么可能再继续保留像查验护照、宪兵盘问和征收关税或过境费用等等奇奇怪怪、麻烦透顶的障碍呢？早晚你们一定将看到行旅人发动的一场真正的大暴动！

“人们又怎么可能再继续垄断邮政呢？

“当行旅人每天随带着成千上万的书报到各地去，当各种事实真相和舆论观点可以风驰电掣地在各地往来传播，试问，设置出版障碍又管什么用呢？

“是的！当机器的吼声从老远就使人感到战栗，当火车以强大的动力在人们眼前疾驰而过，它们实际上也就在孕育着千百次小型的革命，并且最终将引起一场伟大的社会与政治革命！

“是的！最强有力的宣传者和最伟大的革命者既是耶稣基督和路德，也是印刷术的发明者和蒸汽机的创造者！

“民主派理应为这些发明家竖立塑像！

“而且这些塑像应该由人民自己来修造！

“普鲁士的一位国王竟然授予活字印刷术的一位发明者以军事勋章，英国首相利物浦爵士[1]竟然带头捐款为蒸汽机的一位发明人修建纪念碑，这多少也可以说是由于命运的驱使吧！因为，他们一定没有想到蒸汽终将把贵族阶层炸成粉碎。

“现在，既然蒸汽机已经在美国和英国创造了各种各样的奇迹，那就没有任何力量能够阻止法国和全世界也使用蒸汽机了。因此可以说，把蒸汽机赐给人类的是上帝，而且，他还向贵族们高喊道：‘小心！小心！火车来了！……注意！注意！赶快给民主制度让路！’

“明天你们将要听到我介绍一些哲学家们对共产制度的看法。”

全场都听得入迷了，人们就像亲耳听到和亲眼看到一部强大的蒸汽机车拖带着一长列车厢在奔驰前进，上面载运的是那簇拥着平等制度的千百次改革！

〔1〕 利物浦(1770—1828年)，英国国务活动家，托利党人，曾任首相，执行了不少反动政策。——译者注

第十二章　哲学家们对平等与共产制度的看法

“共产制度的反对者们！你们硬说只有那么几个威信不大、地位不高的哲学家赞成共产制度。好吧！我就来当着你们的面请教一下历史和所有的哲学家吧。你们可要听着！

“我不准备和你们细谈某些古代民族的情况了。根据柏拉图、亚里士多德、西西里的狄奥多洛斯[1]、朱斯亭[2]、恺撒[3]和塔西佗的说法，这些民族当时实行着或者曾经实行过财产、饮食甚至妇女的共有制度，特别是早期的埃及人、早期的希腊人、锡兰岛民、斯基泰人[4]、阿马孙人[5]、利巴里群岛[6]居民、阿奇安人[7]、瓦西安人[8]、西尔明尼人[9]，以及意大利南部和日耳曼的一些早期部

---

〔1〕 狄奥多洛斯（公元前约 80—前 29 年），古希腊历史学家。——译者注

〔2〕 朱斯亭，公元二世纪罗马历史学家。——译者注

〔3〕 恺撒（公元前约 100—前 44 年），著名的罗马统帅、国务活动家和作家，著有《高卢战记》等。——译者注

〔4〕 斯基泰是欧亚交界的一个古国。——译者注

〔5〕 阿马孙是南美洲著名河流，在今巴西境内。——译者注

〔6〕 利巴里群岛系西西里岛以北的群岛，在今意大利境内。——译者注

〔7〕 阿奇安人系伯罗奔尼撒半岛北岸古代部落民。——译者注

〔8〕 瓦西安人，葡萄牙北部和西班牙加斯的里地区的古代部落民。——译者注

〔9〕 西尔明尼人，古罗马西尔明尼地区（即今南斯拉夫东部密特罗维奇）部落民。——译者注

落人。

“我也不来详细谈希伯来人了。他们曾经实现过财产平等，而且它的一个支族阿辛尼人[1]还实行过财产共有制度。我也不打算谈那些过共有生活的埃及祭司；也不准备讲克里特岛的米诺斯人，他们在公元前一千年从埃及移植了共有生活的制度，此后，来革古和毕达哥拉斯又从他们那里学来，介绍到斯巴达和意大利去。

“我也不打算给你们谈孔子和琐罗阿斯德[2]了。早在耶稣基督出现以前很久，他们就一个在中国，一个在波斯，不约而同地宣传这样一个道德原则，就是：‘己所不欲，勿施于人；己之所欲，必施于人。’这个原则虽然远不能概全，但是由此却可以引申出各种美德。

“来革古在公元 845 年曾经创建了一个多么动人的社会呵！他说服了富人自愿放弃他们的财产，把全部土地划成三万九千份，分配给三万九千名公民，谁也不许转让这些土地。他禁止奢侈，取消货币，建立财富平等和教育平等的制度；甚至在用品、享受、饮食、教育和几乎一切方面都实行了共有原则。

“来革古是个什么人呢？他本来是位有权登基的王兄，实际上掌握着全族的权力。就是这样一个人，却建立了一种几乎等于共产制度的平等制度！

“而且，他是在得到富人和贵族的同意并且获得解释神谕的巫

[1] 阿辛尼人，史料中发现的死海附近一个远古部落。——译者注

[2] 琐罗阿斯德，即查拉苏斯特拉（公元前约 660—前 583 年），相传为琐罗阿斯德教即祆教的创始人。——译者注

司的许可后建立起这种制度的！

“这种社会与政治制度一共维持了五百年，使斯巴达进入最强盛、最繁荣和最光荣的民族之列，受到色诺芬[1]和亚里士多德以及整个希腊的赞赏。

“现在来看看阿基斯[2]和克里曼尼[3]的作为吧！

“当莱桑达[4]征服了雅典人，把大批战利品带回斯巴达，后来又被允许出卖和赠与自己的遗产后，来革古原来制定的宪法便被推翻了。

“自从嗜财的风气流入这个国家，财富使人贪婪懒惰、奢侈浪费、腐化堕落，斯巴达便开始蜕变为一个羸弱、卑鄙和屈辱的国家。这种情况一直延续了将近三百年，到阿基斯和李奥尼达[5]两王登基时才有所改变。

“在这段时期里，斯巴达城里只剩下七百名土著斯巴达人；其中的一百人占有所有的土地和其他财产，其余六百人都负债累累，贫困不堪。后者满怀仇恨与嫉妒，拒绝保卫国家，并且不断要求改革。

“年轻的国王阿基斯虽然比所有的斯巴达人加起来还要富有；尽管他是在豪华逸乐的环境中长大，但却担当起改革祖国的重任，

---

〔1〕 色诺芬(公元前约430—前355年)，古希腊将领，是位历史学家、哲学家，著有《希腊史》等。——译者注

〔2〕 指阿基斯四世，公元前244—前241年在位的斯巴达王。——译者注

〔3〕 指克里曼尼三世，公元前235—前222年在位的斯巴达王。——译者注

〔4〕 莱桑达，公元前四世纪斯巴达将领。——译者注

〔5〕 指李奥尼达二世，公元前247—前236年在位的斯巴达王，曾与阿基斯四世合称斯巴达的双王。——译者注

重新恢复来革古的旧宪，也就是平等和财产共有制度。

“他从试探同胞们的情绪着手，同时，自己以身作则，过朴素节俭的生活。

“他发现年轻一代都乐于接受他的主张，因此就着手争取他那富有的母亲和王族的另外三位主要成员，特别是他的叔父阿革西拉[1]，结果也成功了。可是，和他一起执政的另一位国王李奥尼达和其他一些富人，特别是那些占有农村的几乎全部土地的贵妇们却反对改革，极力诽谤善良慷慨的阿基斯。

“阿基斯还是提出了自己的改革方案，主张废除债务和分配土地，可是被长老们拒绝了。

“于是，他把全族召集起来开会，当众宣布自己的财产全部交公；并且告诉大家说，他的家人和他的一些最富有的斯巴达友人也效法他的榜样。李奥尼达和另外许多富人这时便公开出来反对。结果，长老会议以一票多数否决了这个方案；不过，人民还是和阿基斯站在一起要求改革。

“李奥尼达受到一位监察官的指控，经过缺席审判，被废黜和流放，王位由他女婿接替；可是，他在阿基斯的保护下出逃国外。救他一命的就是阿基斯。

“后来，阿基斯的叔父阿革西拉因为自己债务缠身，便别有用心地建议首先废除债务。这项措施的宣布，使他大为得利；可是，接着他就利用阿基斯在外指挥作战的机会，滥用自己的监察官职权，一再延宕分配土地以保存自己的地产，并且还擅自征收新的捐税。

---

[1] 阿革西拉，公元前 398—前 358 年在位的斯巴达王。——译者注

“富人们又利用人民对当局的不满，斗胆把李奥尼达召回，重新拥立为王。由于受到李奥尼达的威胁，阿基斯被迫躲在米纳女神[1]庙里。

“有三个自称为阿基斯朋友的卑鄙人物，为了霸占他的财产，串谋把他出卖给李奥尼达。他们假装同情阿基斯并且矢誓效忠于他，先把他骗出神庙，然后把他抓起来，送进附近的一所监狱。李奥尼达这时立即领着一批外国士兵赶到，同时还带着他提名任命的几名监察官和一些反对改革的长老，就地开庭审判阿基斯。他们指控阿基斯企图篡改宪法。一名所谓的法官对阿基斯说：‘你这样做显然是被迫的，你后悔你的所作所为吗？’阿基斯回答说：‘不！我非常钦佩来革古，我想效法他，恢复他所制定的法律。献身于这样高尚、纯洁和壮丽的事业，即使是面对死亡，我也永不后悔！……’

“他们立即判处他死刑。……当人民闻讯赶来，把监狱团团围住，声言要把阿基斯抢救出来的时候，李奥尼达那帮人便急忙把阿基斯勒死了。接着，阿基斯的母亲和祖母哭喊着前来，那伙人又故意放她们进监狱，然后连审判的过场也不走，就把她们两人也勒死了。

“人民虽然愤慨万分，李奥尼达和那些富人们还是照样保持了自己的权力和财富，分毫不损。

“阿基斯王就这样因为试图在斯巴达重建平等与共产制度而牺牲了。他被富人出卖了，而且是被那个他救了性命的国王和几

[1] 米纳女神，斯巴达人信仰的保护神，相当于雅典人的雅典娜。——译者注

个长老所杀害。

“下面是克里曼尼的情况：

“李奥尼达死了以后，继承王位的是他的儿子克里曼尼。这位年轻的国王，在他那位年轻的妻子，也就是阿基斯的遗孀的启迪下，又重新肩负起阿基斯未竟的事业。

“他深信，如果他去征求富人们的同意，就难免落得阿基斯同样的命运；因此，他决心采取暴力，并且从树立武功开始。

“在几度征战胜利以后，他率领着部分士兵凯旋斯巴达，处决了全部五名监察官，放逐了八十名富人；然后，召集人民大会，向他们报告自己的这些行动和目的所在，对自己不得不使用暴力表示抱歉，同时向大会建议废除债务和分配土地，并带头把自己的所有财产交公。

“很快，斯巴达又重新出现了旧日的优良风尚。它在希腊各城邦中再度跃居前列。克里曼尼接着又立了许多新战功，成为最闻名的国王之一。

“这就是说，来革古、阿基斯和克里曼尼等三位国王以及许多贵族和富人，还有解释神谕的巫司，都同意分配土地，都赞成共产制度！

“梭伦是位富翁，不论出身、财产和教养都是雅典首屈一指的人物。公元前549年，他在负责为国家起草宪法时，想模仿来革古的做法，规定分配土地和建立财产平等，可是贵族们都反抗，他就只好暂时限于废除债务和实行政治平等。

“他的同时代人、被人尊若神明的毕达哥拉斯，这时也正在从事一项以教育为基础的伟大改革，并且在意大利的柯洛顿城组织了一个人数众多、名传遐迩的团体，专门研究、宣传和实行平等博爱原则和财产共有制度。

“公元前 510 年前后，西西里和意大利的一些暴君和贵族肆意地诽谤、放逐和解散毕达哥拉斯学派。但是仍然有一大批出身这个学派的著名人士和立法家继续在讲授和传播毕达哥拉斯的学说，特别是阿格里琴托的恩培多克勒〔1〕、巴门尼德〔2〕、芝诺〔3〕、赛琉古〔4〕、卡隆达斯〔5〕和普罗塔哥拉〔6〕等人，后者公元前 444 年在雅典讲授平等学说，并且发表了一部著作，提出了一个建立在财产共有制基础上的共和国的设想。

“苏格拉底和他的学生柏拉图则从事雅典和希腊的改革，他们一个在讲授学说，一个则撰述自己关于共和国的设想〔7〕和为它草

〔1〕 恩培多克勒，公元前五世纪古希腊自然科学家、医生和哲学家，是当时唯物主义思想的代表人之一。阿格里琴托是西西里岛西南岸的一个城市。——译者注

〔2〕 巴门尼德（公元前 6 世纪末至前 5 世纪），古希腊埃利亚派唯心主义哲学领袖之一。——译者注

〔3〕 芝诺，公元前五世纪中叶古希腊哲学家，巴门尼德的门徒和继承人。——译者注

〔4〕 赛琉古，原为马其顿部将，公元前 3 世纪初在小亚细亚建立了赛琉古王朝。——译者注

〔5〕 卡隆达斯，毕达哥拉斯的门徒，公元前约 620 年为西西里岛卡塔尼亚城邦立法。——译者注

〔6〕 普罗塔哥拉（公元前 481—前 411 年），古希腊怀疑论哲学家。——译者注

〔7〕 指柏拉图所著《理想国》一书。——译者注

拟了各种法律。

“他们两个人首先都认定，划分你的和我的，也就是财产私有，乃是折磨人类的一切灾难的根源。

“他们提出国家统一、公民彼此平等博爱的原则，主张一切人都受教育，禁止奢侈，取消货币，主权属于人民，实行普选制，一切职务都是选任，以及把创造共同幸福作为整个社会和一切社会权力机构的目标。

“他们认为必须有一批选举产生的贵族来充当文武官员，负责对内治理共和国和对外保卫国家，所以，他们主张对人民和贵族应该作出不同的规定。

“对人民，他们主张平分土地，财产不可转让，不动产的占有要有最高限额，废除嫁妆和遗嘱，居室相同，教育一样；总而言之，他们主张的还不是真正的财产共有制度，而只是在财产和一切方面绝对平等的制度。

“至于贵族，则应该献身为人民谋幸福，为此应该使他们生活得比较优裕，保证他们能够满足自己个人的各种欲望。他们认为贵族阶层应该形成一家似的，实行财产共有，并且在一切方面，包括居住、饮食、儿女、教育、对内行使职权和对外冒险征战等都实行共产原则，甚至妇女也接近于共有。

“他们主张的是子女共有，因为他们建议儿童出生后一律住在公共宿舍，由妇女们不加区别地加以哺养，全都作为国家的儿女来培育，不需要认识自己的父母。孩子们彼此都是兄弟姐妹，所有的成年男女都是他们应该尊敬的父母；反过来，所有的成年男女又以同样的父母心来对待所有的儿童。

“他们主张的也几乎可以说是一种妇女的共有制度。因为，虽然他们认为婚姻是圣洁的，配偶之间互相忠贞是一种神圣的义务，但是又主张每年用抽签方法重新组合夫妻，这样，每个男女都先后可以有十五至二十名妻子或丈夫。

“这种制度我们可以不尽确切地称之为妇女共有制度，因为，这种制度下存在的是一种短期的婚姻，但是又崇尚贞洁，充满宗教神圣意味和爱国主义精神。

“尽管这种主张从我们今天的教育水平、风俗习惯和社会成见看来有点格格不入，但是，在那个人类对妇女、廉耻、贞洁和礼节的看法与我们今天大不相同的时代，这种主张并没有什么可笑之处。那时候，所有的成年男子和年轻姑娘几乎都是裸体进出竞技场、演剧场和参加节庆，……苏格拉底和柏拉图所设想的共产制度，是针对那时候他们所在国家的情况，而不是以今天欧洲的情况为依据；如果他们是活在今天，肯定就不会提倡子女共有，不会建议抽签决定短期婚姻，更不会主张实行奴隶制了。

“我们且把他们关于妇女和儿童的共和国的设想撇开，着重来研究一下他们是如何主张平等和共产制度的。请听他们说[①]：

‘人人都应该过幸福的生活，无贫富之分。……迄今为止，每

① 以下所有摘述都严格忠实于作者原意及其实质内容。

一个国家都划分成互相敌对的两部分人民，即富人和穷人。……区分我的和你的是社会一切弊病的根源。……只有共产制度可以医治这种弊病。……友朋财产与共(应该说兄弟财产与共，因为人们彼此都是弟兄)是一句可取的格言。但是，这种共产制度能否实现呢？人们可能有这个怀疑。我将提出一个建立模范共和国的方案，指出改革的途径。……只要由哲学家们来治国，或者治国者本身就是哲学家，各国的面貌就会大大改变。因为，当才智和权力没有统一以前，人类就只能永远充当他们主人的野心和贪欲的玩物，看不到自己灾难的尽头，也无从期望能够生活在我所描述的那样一个阳光灿烂的共和国里，也就是说，人类将仍然处于苦难之中。……只要文武官员继续拥有某种私有财产，人类就将永远是不幸的。

'但是，总有那么一天，在那么一个地方，出现那么一位身为哲学家的国王，……到那时候，共产制度就必然会建立起来。'

"这两位在公元前 400 至前 350 年间便提出这样的原则的哲学家，本身是什么人呢？

"他们是人类的两位灵魂最纯洁、心地最善良和才智最渊博的人物，是两位善于独立思考而毫无私虑的哲学家。他们唯一遵循的是自己天资的启示和对人类的热爱。

"苏格拉底被神谕解释人称为首智，身后又被人们敬若神明；世世代代的人都推崇他为最有德行、境界最高的哲学家。多神教的教士把他作为革命者来迫害，但是他却进行了英勇的反击。请听他回答法官说：

‘只要自己从事的是有益于人类的事业，就应该把个人生死置之度外。……我确信教育人类是我命中注定应负的职责，我认定这任务是上天赋予我的；因此，我必须勇敢无畏地坚守神明指派给我的岗位。……我想说得更远一点：如果你们要以保持缄默作为释放我的条件，那么，我愿意对你们说：啊！我的法官们！我虽然热爱和尊敬你们，但是，我应该服从的是上帝而不是你们；只要一息尚存，我就要不停地高呼：你们醉心于征逐财富和虚荣，却无视智慧与真理，难道不觉得可耻吗？’

“那位被誉为神人的柏拉图呢？他也因为捍卫自己老师苏格拉底的学说，致力于恢复苏格拉底身后遭到践踏的名誉和出版苏格拉底的大批有关改革的著作而备受迫害。但是，他依靠自己的门徒，特别是那位杰出的学生西西里国王和解放者狄戎[1]，在叙拉古取得了胜利。他创办了柏拉图学园，领导着一个成员最多和声名最著的学派，许多民族都来请他代为立法[2]，但是因为这些民族不愿放弃财富不平等，所以他拒绝为他们草拟宪法。他的学说为耶稣基督的学说作了准备，或者最低限度也可以说，他的学说很快就与后者融合起来，合成一体。

〔1〕 狄戎（公元前 409—前 354 年），柏拉图学生，曾任过四年叙拉古国王。——译者注

〔2〕 如阿卡地亚人（伯罗奔尼撒半岛中部阿卡地亚城邦居民）、底比斯人（古希腊底比斯城邦居民）、西林尼人（古希腊在埃及西部的殖民城邦西林尼的居民）、叙拉古人、克里特人（东地中海克里特岛居民）、埃利亚人（意大利古城埃利亚居民）和比利牛斯人（西班牙和法国交界的比利牛斯山一带居民）。——译者注

“好了！试问，那些胆敢反对苏格拉底和柏拉图学说的人（我指的是反对这种学说的原则而不是细节），不论在天才、品德、独创性和无私精神，或者在对人类的热爱、献身精神和无畏气概方面，究竟有哪一个人能和他们两人相提并论呢？

“柏拉图的学生亚里士多德是亚历山大大帝的私人教师，吕克昂学院[1]的创始人，是当时活的百科全书。亚里士多德的著作在十字军东征以后，重新在西方出现；当人们还没有接触到柏拉图的著作以前，许多学派在很长时期里一直把他的话尊若神谕。有人就拿亚里士多德的某些话来反对柏拉图。

“不错，亚里士多德在他的著作《政治学》中曾经批评了柏拉图设想的妇女和儿女共有的制度，甚至还批评了财产共有制度。

“亚里士多德写道：‘难道一切财产都应该共有，都应该属于国家所有吗？……只要有良好的法律和良好的风尚，私有制就能起良好的作用（这种说法就仿佛私有制对制定良好的法律和培养良好的风尚并非什么障碍似的）。……最好是像斯巴达那样，按照友朋财富与共是为德的格言，把私有制度和共产制度结合起来，混合在一起，财富一律共同使用。……何况，共产制度看来是绝对不可能实现和极其不切实际的；因为，如果不把人们区分为不同阶层和不把土地分给个人私有，便永远无法建立一个国家。’

“人们正是撇开亚里士多德的‘看来不可能’这个不太肯定的

〔1〕 吕克昂学院，亚里士多德讲学的地方。——译者注

提法，把原话篡改成‘共产制度是不可能实现和不切实际的’。（实际上这种说法已经被秘鲁和巴拉圭的例子所推翻了。）

“其实，比起苏格拉底和柏拉图这两位威信崇高的人物经过深思熟虑、再三研讨而得出的结论来，亚里士多德这个身为专制君主的教师和密友的蜻蜓点水似的肤浅观点，又有什么了不起的分量呢？他什么问题都说到了，却什么问题也没有深入研究，也没有提出任何论据。何况，他还是一个赞成奴隶制、否认小商人和工人应该享有公民权的人呢！

“他说过：‘一个治理得好的国家永远不会承认任何工匠为公民，因为工匠是公众的奴隶。’

“但是另一方面，请看亚里士多德提出的某些原则与苏格拉底和柏拉图关于财富平等以至财产共有制度的主张又多么地接近。

“他既不希望有富人，也不希望有穷人；不希望有人东西太多，另外一些人又东西不足。他主张人人都有适中的财产，因而也就是主张平等或者接近于平等。

“他认为不平等现象是一切革命的起因。……他主张建立共和国，把这称为真正的中庸之道；他还主张主权属于人民和实行普选制。……他主张人人由公众免费供应同样的饮食，而且把一部分土地共有，以维持伙食供应，养活人民。

“……他甚至主张和斯巴达一样实行土地使用共有化，要求给公民分配一定的份地，不得转让，从而使土地私有权仅仅成为一种占有权。

“因此可以说，亚里士多德实际上是赞同苏格拉底和柏拉图所提的原则；假使他能认识到共产制度比他的君主所建立的那种制度更为良好的话，他是一定会采纳共产制度的。

“此外，他所收集的二百五十部宪法中，最得他赞赏的是那几部以财富平等为基础的或者是像迦太基宪法那样规定饮食共有化的宪法。

“现在我们来看看罗马的格拉古兄弟[1]吧！

“当罗马充斥着从二十个被征服的国家掠夺来的财富，当攫取了一切的贵族们占有着大片的土地、无数的奴隶和巨额的财产时，曾经为征战掳掠流血牺牲的人民却惊人地贫困，尤其是和贵族们的富裕情景一比，更显得贫困不堪。

“提比利乌斯·格拉古和他弟弟凯尤斯这两名护民官便与来革古和梭伦一样，决心改革这种骇人的不公平现象。他们要求严格执行禁止占有五百阿克邦[2]以上土地和授权共和国作价赎回超过这个数额的土地的法律。

“他们说：‘野兽还有自己的洞穴，而被人誉为世界之主的罗马公民却连一个自己栖宿的帐篷、一块自己葬身的坟地也没有！’

“贵族们力图以他们的所谓长期占有权来维护自己的土地，但是没有成功。制定了一项新的法律，规定立即赎买超过五百阿克

〔1〕 格拉古兄弟，指提比利乌斯·格拉古（公元前163—前133年）及其弟凯尤斯·格拉古（公元前154—前121年），都是古罗马护民官，曾为农民利益进行过争取实现土地法的斗争。——译者注

〔2〕 阿克邦，古代地亩单位，每阿克邦约合今42.21英亩。——译者注

邦限额的土地，收回从共和国名下侵占的土地，连同帕加马[1]国王遗赠给罗马人民的财产一起分配给穷人。

“但是，贵族们拥有各种可以阻挠改革的暴力，而且他们还极力造谣诽谤。……提比利乌斯继续被选为护民官后，他的敌人便指控他是野心家，说他为了使人民成为他实现野心的工具而故意讨好人民，说他企图建立暴政。元老院的成员就利用这个毒辣的借口，率领他们的随从冲进公民正在集会的卡必图山的天神殿，直奔讲台，把提比利乌斯和他的三百名同伴全杀害了。……不久，凯尤斯和他的三千名拥护者也被贵族们公开屠杀了，尸体被扔进了蒂伯河[2]。……穷人们受了贵族谣言的欺骗或者为金钱所诱惑和收买，听信了自己的敌人，抛弃了他们原先奉为偶像的两位最忠诚的朋友。杀人犯逍遥法外，牺牲者却反而遭到污辱！结果，由于贵族照样保持着富裕，人民便仍然不免于贫困。

“格拉古兄弟究竟是什么人呢？那些胜利了的敌人把他们说成是乱党、无政府主义者、人民公敌、土匪头子，就像教士和富人们污蔑毕达哥拉斯、苏格拉底、阿基斯和耶稣基督的情况一样。但是，真理迟早总要战胜谣言。今天，真相已经大白，人们都无限崇敬这两位从小就献身于本国人民和整个人类的事业的高尚而杰出的人物。

---

〔1〕 帕加马，小亚细亚西北部古国，存在于公元前284—前133年。后期的统治阶层完全依靠罗马的支持，最后一个国王甚至立下遗嘱，把国家让给罗马。——译者注

〔2〕 蒂伯河在意大利境内，流经罗马。——译者注

“现在该说到那位宣讲平等博爱和财产共有的神明耶稣基督了。在他出现以后的最初三四百年里，所有的哲学家，或者说几乎所有的哲学家，都成了基督徒或者柏拉图的信徒，都接受并且宣传财产共有制度。自从康斯坦丁大帝[1]采纳了基督教以后，所有的教士都公开宣讲基督教义，成千上万的宗教共有团体和以百万计的基督教徒实行了亚里士多德认为不可能实现和不大切实际的共产制度。

“可是，请不要认为这件事情无足轻重，可以当成耳边风！请你们认真地思索一下，反复地考虑一下：既然你们都把耶稣基督视为上帝，怎么可以反对上帝所诏示的平等博爱原则和共产制度呢？你们怎么竟敢不服从他呢？不论是选民舆论，还是众议员、贵族议员、国王以至全民族的意愿，又哪里能和上帝的谕旨相提并论呢？

“当普罗提诺请求格拉提安皇帝[2]拨一座废城给他，允许他在那里试行柏拉图式的共产制度，建立一个哲学家的共和国，修建一个他定名为柏拉图诺波里的城市时，皇帝身旁的贵族和侍宦也吵嚷说共产制度是不可能实现的。但是，这些人的武断看法，又怎么能和哲学家柏拉图的主张相比呢？这位哲学家虽然被他们斥为狂人，但是却拥有大批信徒和一些著名的门生，他声誉之隆使那位

〔1〕 康斯坦丁大帝，公元306—337年在位的罗马皇帝，公元313年他正式承认基督教为罗马国教。——译者注

〔2〕 格拉提安，公元359—383年在位的罗马皇帝。——译者注

杰出的波菲利[1]甚至还把他比做耶稣基督。

“皈依毕达哥拉斯学派的提安人阿波洛尼乌斯[2]，也宣传人与人之间和民族之间的平等博爱，宣传共产制度；亚历山大里亚学派甚至曾经把阿波洛尼乌斯说成是上帝之子，拿他和耶稣基督媲美。据这个著名学派的说法，阿波洛尼乌斯的出现，犹如一位人类复兴者降临人间；他的出生、他的成长和他的一生都充满着种种奇迹；他具有灵魂和躯体上的一切最优良的品质；他懂得人类的各种语言；他走遍了所有的国家，囊括了一切民族的才智。好了，我再重复一句吧：这位所谓的上帝之子，也在宣传平等博爱和共产制度！

“我是不是有必要给你们谈谈那位善良高尚的普鲁塔克呢？当所有信奉基督的哲学家都以耶稣基督的名义宣讲共产制度的时候，普鲁塔克却在罗马领导一个哲学派别，致力于宣传柏拉图关于共产制度的学说。

“确实，基督教士们在建立成千上万的宗教共有团体时，总想让这些团体掌握一切财富，然后再把这些财富变成他们自己的私有财产；而入侵的蛮族人，则根本反对财产共有。但是，这些怀抱

[1] 波菲利(233—304 年)，古罗马哲学家，新柏拉图主义，亚历山大里亚学派的代表人物之一，该派创始人普罗提诺的学生。——译者注

[2] 阿波洛尼乌斯，公元一世纪时罗马哲学家，新毕达哥拉斯学派的代表人物。——译者注

野心、贪婪成性的教士或贵族们，更不用说那些蛮族人，都显然提不出什么论据来反对共产制度。

“可惜的是我无法在这里给你们引述所有的教父对平等和共产制度的说法以及宗教会议上关于这个问题的讨论发言，否则你们就会看得更清楚了！

“可是，请看看，从公元 1143 年起，布里奇亚的安诺德便在罗马宣传改革和复兴耶稣基督及柏拉图的学说，亦即关于平等博爱和财产共有制度的学说。

“再看看，法国的成千上万的华尔多派或阿比让派教徒[1]、英国威克利夫神父的十万信徒和成千上万的罗拉德派教徒，德意志的约翰·胡司和成千上万的胡司派教徒，都在宣传或者最少是接受了这种学说，英勇地抗击对他们的种种迫害。

“他们或者被处火刑，遭受残杀，或者被迫沉默。但是，宗教改革还是照样胜利了！

“就在宗教改革之前，即 1492 年发现美洲的时候，人们发现了一个幅员达一千三百平方古里的庞大帝国秘鲁在此前的四百年里就一直在实行财富平等和财产共有制度。据《政治家文库》记载：

‘在这个国家里从来看不到懒汉、窃贼、穷人和骗子。这种现

〔1〕 阿比让派是十二世纪中叶，法国南部的一个信奉加尔文教的异教派别，反映了当时下层群众的革命情绪，在经过英勇斗争后遭到镇压。华尔多派是阿比让派中的一个支派，以其首领商人华尔多为名。——译者注

象简直令人难以置信，似乎明显地违背现实，因为这种社会政治制度超出了古代一切最著名的、历史上最受尊崇的哲学家、学者和政治家的想象。'

"现在该说到托马斯·莫尔了。他在《乌托邦》一书中与苏格拉底和柏拉图一样，反复地说私有财产是一切弊害的根源，并且认为唯一的医治办法就是建立共和国和共产制度。

"《乌托邦》是一部描写一个庞大的共产社会生动情况的小说。这个社会没有货币，它是以教育为基础的共同劳动集体，在权利、财富和福利等方面都彻底平等。

"莫尔写道：'在别的国家，人们可以看到贵族之类的人物，他们过着富裕和幸福生活，可是贫苦工人的景况却比驮载和拉车的牲畜还要悲惨。……富人掠夺穷人，却又给自己的暴力和掠夺贴上合法的标签。……当我仔细观察那些遍布世界的所谓繁荣的共和国（或共荣国）时，我发现它们都不过是富人们设下的一种以公众福利为美丽借口的罗网，目的是为了霸占一切，为了维护他们非法聚敛起来的财富，为了掠夺和剥削穷人。……自从富人们开始用他们以维护公利为名而制定的法律来保护自己的掠得物，他们的掠夺行为便合法化了。……但是，这些霸占着一切的凶狠的富人并不比乌托邦人幸福，因为后者废除了货币，免除了忧虑，消灭了一切恶习和罪行。……最懂得什么事物对人类最有利的耶稣基督，就曾经建议实行共有制度；如果不是骄横的富人们多方地阻挠，他恐怕已经使世界乌托邦化了！

'……自私自利可能还会妨碍共产制度给人类造福。……可

是，尽管希望不是很大，我还是要祝愿世界有一天能够乌托邦化。’

“这就是托马斯·莫尔所写的《乌托邦》的要旨。

“人们无疑会发现这本书存在着缺点，有些细节的叙述，对他所在的那个时代，特别是对我们今天说来都没有必要，甚而还是有害的。但是，这是人类第一部描述共产制度如何运用于一整个国家、而且是一个庞大的国家的著述，它依靠独立的理性思考，对伦理学、哲学和政治学作了重大的发展。在我看来，乌托邦的一些基本原则是人类智慧最伟大的进步，对人类未来的命运也是最伟大的贡献。

“这个伟大的思想是在什么时期形成的呢？是公元 1516 年，也就是宗教改革运动爆发以前。那时候，愚昧无知和野蛮状态还没有完全消失，祭司、王室和贵族的专制政权还压迫着几乎整个世界呢！

“这部书的作者又是位什么人呢？是个无产者、无政府主义者、革命者或者无神论者吗？不！他是位学问渊博、才能过人、著述众多，因而很早就出了名的人，特别是，他因为品德高尚而不断升迁，先后充当过郡长、国王枢密院议员、大使、下院议员和下院议长，最后终于成为凶恶的亨利八世的宠臣，担任英国大法官（国王以下的第一大员）。

“他发表《乌托邦》时，只有三十六岁，但是已经当了大使，而且早就因为别的著述而闻名于世。奇怪的是，这本书的出版并没有妨碍亨利八世挑选他为自己的首席大臣！

“这部《乌托邦》引起了学术界和哲学界的惊奇和赞赏，在国外尤其如此①。人们议论很多，对它都十分熟悉，以致这个书名也变成了各国语言里的一个新词汇。人们总是用‘乌托邦’这个字眼来代表某种想象中的新奇美好的事物。那些国王和贵族们虽然也承认《乌托邦》的创议不错，但是却反复声称它和柏拉图的设想一样。是不切实际的。

“再看看，这位托马斯·莫尔究竟是什么样的人呢？原来，这位英国大法官是位非常虔诚的基督教徒和天主教徒；他深信教皇是教会唯一合法的领袖；他反对当时刚出现的新教；他宁可失宠于国王，甚至牺牲生命也不愿说一句假话。自封为英国教皇的亨利八世，不顾教皇的反对，执意要离弃原妻凯塞琳·阿拉贡而娶安娜·布利恩妮为后。他草拟了一份承认他的离异和再婚有效和肯定他的教皇地位的誓文，勒令每个人都按此宣誓。托马斯·莫尔拒绝宣读这个誓文，情愿辞职也不出卖自己的良心。因为他的德行和才智都有口皆碑，亨利八世恐怕他的这个行动影响太大，所以命令把他逮捕审判。但是，这种威胁丝毫动摇不了他的意志。一个特设的委员会判了他绞刑，而且临死前要肢解剖腹，火焚内脏，四肢挂在伦敦四周城门上，首级则用枪矛挑着悬置伦敦桥头。但是，即使是这样野蛮恐怖的刑罚，也没有能从他口中迫出那个誓言。最后，暴君只好把刑罚减为通常的斩首。就这样，这位英国的前大法官在1535年牺牲了；身后和耶稣基督一样，到处被崇为先知，天主教徒则尊他为殉道者。

① 到目前为止，这本书已经有十五种以上的拉丁文译本，九种以上英文译本，三种法文译本和一种意大利文译本。

“这就是《乌托邦》的作者，这就是著名的艾拉斯玛[1]所敬佩的一位朋友。他的学问、才智和德行是英国最大的光荣。他是人类的一位最无私最忠诚的天才朋友。他和那些发明各种机器、为人类开辟了创造财富的道路的人一样，值得人们为他竖立塑像。他是一位新的来革古、新的梭伦、新的毕达哥拉斯、新的苏格拉底、新的柏拉图，甚至可以说，他简直就是一位新的耶稣基督！

“我倒要问问你们，那些贬毁《乌托邦》的人难道本身能和托马斯·莫尔相比吗？

“我还应该抱着同样的心情和你们一道怀念那位死于 1639 年的那不勒斯僧侣康帕内拉[2]。他的思想和学问久负盛名，曾经在宗教裁判所的监狱里度过了二十七年，牢房简直成了他毕生安身之所。他唯一关心的是人类的幸福；他在没有任何书籍可供参考的情况下，长期地思考着人间的苦难及其解脱办法，最后终于写成了一本名为《共和国》或称《太阳城》的著作。他设想的社会与柏拉图和托马斯·莫尔一样，也是以财产共有原则为基础。

“此外，我还可以给你们举出另外一些类似的人物来；不过，现在让我们先来看看宗教改革运动吧！

“可惜我不能给你们逐一细谈路德、慈温利、加尔文、塞尔维以

[1] 艾拉斯玛（1466—1536 年），中世纪尼德兰的人文主义者，著有《对话》和《愚神礼赞》，论述各种社会政治问题。——译者注

[2] 康帕内拉（1568—1639 年），意大利早期伟大的空想共产主义者。——译者注

及成百的其他宗教改革家和宗教改革宣传者的学说了；不过，你们将会看到，宗教改革学说实际上就是柏拉图、耶稣基督的学说，也就是平等博爱和财产共有的学说。

“大家不妨听听闵采尔主教的话吧！他在德国高呼道：

‘我们大家都是兄弟。暴政在我们与富贵人物之间设置的等级和财产的区别究竟是从何而来的呢？为什么他们可以过着优裕的生活，而我们却应该呻吟在贫困之中，遭受种种的苦难呢？从本质上说，财富本来是为了无区别地分配给所有的人而创造出来的，为什么我们就不应该享有财富平等的权利呢？世世代代享福的富翁、贪婪的掠夺者们，把财富还给我们！把你们不公正地占有的财富还给我们！我们作为人，本来就完全有权要求平等分享财富所创造的福利，何况我还是基督徒！

‘让我们拿起武器来夺回我们的自由！让我们拒绝交纳强加给我们的一切捐税（因为捐税几乎是一切革命的决定性起因），并且把一切财产统统归公！’

“人们都把他当成先知，所以很快就出现一支再浸礼军。这支军队走遍了德意志全境，宣传共有制度，一直到最后，在一次战斗中牺牲了三千多人，另外一些人被打散了，闵采尔本人遭到杀害。

“另外两位神父聚集了四万多名再浸礼派教徒，在士瓦本和法拉孔尼亚举事，接连得胜，直到最后大批人牺牲，起义遭到镇压为止。

“接着，约翰·德·莱登又率领另一支军队重新开始战斗，占领了闵斯特城和整个闵斯特教区；但是，不幸由于一个叛徒的出卖，这位主教遭到火烙剖腹，并被肢解，尸体放置在铁笼里悬挂在一座塔楼顶上示众。

“所有这些挫折并没有能阻止再浸礼派在整个德国和北欧各地广泛地发展。不过，到了最后，这些教徒不是失败了，就是在各地受到镇压和迫害。

《政治家文库》的编者写道：

‘宗教狂的恐怖行为，教会的腐败现象，公共教育的奇缺，以及由于苛捐杂税、富人的骄奢淫逸和穷人的极度贫困而造成的起义，又多么地发人深省呵！’

“就我来说，给你们列举这些事实，用意不在褒贬，目的只是想证明：自由和财产共有制度确实有过许许多多的拥护者！

“富人战胜了革新者，原因并不难理解，因为他们是统治者，经验更多，纪律更严；但是，同样显而易见的是：这场战争证明了人民是痛恨不平等制度的，富人的胜利并不说明不平等制度就是正义的。

“再浸礼教徒因为到处受到迫害，便转而组成摩拉维亚兄弟会。他们放弃了暴力，但是仍然保持博爱的主张，并且组织了许多包括一千到三千工人的共有团体。

“在英国，一位传道者竟然能够从1381年起就在平等的旗帜下领导着伦敦的十多万信徒；1395年威克利夫主教建立了一个人数众多的拥护共产制度的罗拉德派。一位名叫福克斯[1]的普通工人建立了一个叫魁克派的新教派，宣传再浸礼派和摩拉维亚兄

〔1〕 福克斯（1624—1690年），英国魁克教派的创始人。——译者注

弟会的教义；从这个教派中不久就产生了清教军和平等派。与此同时，欧洲的所有新教徒，也就是说几百万的欧洲人，都或多或少地接受了平等博爱和共产制度的原则。

“可是，现在有人却居然敢说没有人拥护财产平等和共有的制度！

“公开宣传这些原则的不仅有无产者、穷人和没有文化的人，而且有富人、贵族、哲学家和教士。

“例如，请听听马西戎[1]神父，特别是布列戴恩[2]神父是怎样抨击贵族吧！

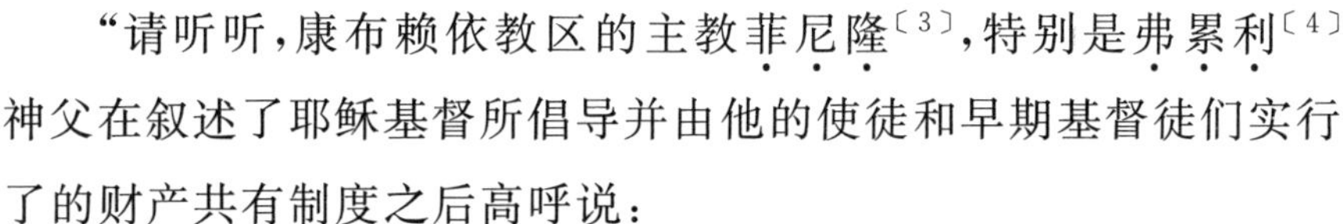

“请听听，康布赖依教区的主教菲尼隆[3]，特别是弗累利[4]神父在叙述了耶稣基督所倡导并由他的使徒和早期基督徒们实行了的财产共有制度之后高呼说：

‘看，这就是财产平等和共产生活的一个最动人最现实的范例，这就是古代立法者和哲学家们认为最能为人类造福，但是还始终没有能实现的那种制度。……他们清楚地看到，为了使社会完善，就必须取消你我之分，取消一切个人利益；而要改变人心和医治人性的堕落，就只能依仗耶稣的启导。同时，耶路撒冷基督徒的这种财产共有团体的基础就是博爱，这种感情使它的所有的成员形同兄弟，团结成一家人；这个家庭里的所有子女，都是在天父的

〔1〕 马西戎（1663—1742年），法国神父，以宣传严酷的道德信条著称。——译者注

〔2〕 布列戴恩（1701—1767年），法国神父。——译者注

〔3〕 菲尼隆（1651—1715年），法国著名主教，勃艮第公爵的教师，反对路易十四的某些政策。——译者注

〔4〕 弗累利（1640—1723年），法国神父，曾著《教会史》。——译者注

亲切关怀下依靠共有的财富来生活，而天父则是不分彼此地施爱于所有的人，不让任何人有所匮乏。'

"再看看那些耶稣会的会员吧！他们在巴拉圭的二十九个总共包括有三十二个村镇、二万二千七百六十一户、十二万一千人口的部族中建立了财产共有和共同劳动的制度。

"再看看移居到宾夕法尼亚的再浸礼派、摩拉维亚兄弟会和魁克派教徒吧！他们在那里建立了平等制度；而德国的登克尔派[1]甚至在自己修建的一个起名叫幼发拉底的城镇里实行了共产制度。

"不过，我们还是回到宗教改革运动来，看看当时的一些哲学家和著述者究竟是怎么说的。

"我不准备给你们介绍那位近代第一位政论家博丹[2]和郎盖[3]，也不打算详谈法兰西斯·培根和拉·波叶西[4]了。博丹在他那本《共和国》的著作里虽然宣称财富平等是不可能实现的，却还是承认一部分人的富裕和另一部分人的贫困是暴动的起因。郎盖在1581年明确地宣称主权属于人民，并且主张说：之所以要把社会权力委托给一部分人，唯一的目的就是为了维护穷人的利

[1] 登克尔派 Dunkers(原文为 Dumplers，疑讹)，公元1720年出现于德国的一个浸信教派，其后传入美国。——译者注

[2] 博丹(1530—1596年)，法国资产阶级社会学家，专制政体的思想家。——译者注

[3] 郎盖(1518—1591年)，法国外交家，新教徒，避难德国，得免于"圣巴塞罗缪之夜"的屠杀；曾著书反对专制暴政，在十六世纪有颇大影响。——译者注

[4] 拉·波叶西(1530—1563年)，法国作家，思想倾向山岳派。——译者注

益和不受富人的侵犯。大法官法兰西斯·培根在他的《新大西洋国》一书中要求保证每一个人都拥有生存手段，并且承认贫困和不满是骚乱的起因；他还主张组织一个学者协会来负责汇集外国已有的一切知识和进行各种必要的实验以促进发明创造。拉·波叶西则在他所写的《论人身奴役》中重新提出了共和原则。

“不过，我倒想谈谈那位亡命巴黎的荷兰人格老秀斯[1]。人们都公认他是他那个时代里最有学问的人物。他因为把自然法或神授法与人间法区别开来而受到当时人们的高度赞许和热烈拥护。他第一个提出了完整的自然法体系。他在1625年发表的那本《论战争与和平》一书，虽然是奉献给发给他年金的路易十三，讨好供养着他的王室；但是，书中还是承认上帝曾经建立了财产共有制度，而且说，如果不是各种社会弊病切断了人们的友爱联系，人世上的这种共产制度也许还存在着呢！他认为，私有制是随着各民族之间的分配和其后家庭之间的平均的再分配而产生的，但是，在极端必要的时候，财产还是应该视为共有。

“不久以后，从1631年起，英国人霍布斯[2]便先后在他的《论公民》和《利维坦》等著述中宣扬极权君主制，认为人性本恶。他虽然参与反对当时威胁着王政的共和派，但是，还是承认人是天生平等的，自然界赋予一切人以享有一切东西的权利，不平等是来源于

[1] 格老秀斯(1583—1645年)，荷兰人，著名国际法学家。——译者注

[2] 霍布斯(1588—1679年)，著名的英国哲学家、机械唯物主义的代表人物；但是，他的社会政治观点具有鲜明的反民主倾向。——译者注

社会和人的恶性。他写道：

‘究竟是谁给每一个人规定他的等级和财产呢？为什么有一些人富裕，另外一些人小康或贫困呢？为什么会有主人、附庸和奴隶之分呢？都是人的恶性使然！’

“但是，哈灵顿[1]反对霍布斯关于极权君主制的学说，在1656年发表了《大洋国》一书，希望克伦威尔能够采纳他的主张，立即在英国实行。他在书中承认，存在世袭的贵族阶层和财富的不平等，是一切革命的起因。他给私有不动产规定了一个最高限额，就是收益不得超过二百至五百法郎；他承认主权属于人民，赞成普选制，主张成立一个三百名议员的上议院、一个一千名议员的下议院和一个由七人组成的执政院，所有这些人员都应该选举产生，有一定任期，不得世袭；同时，他也主张教育平等。

“这位拥护财产平等的共和派哈灵顿究竟是个什么人呢？他是一个贵族，和国王查理一世关系密切，甚至后来还陪伴后者上断头台；查理二世复辟以后，宫廷大员还常常向哈灵顿征询政见，以进诤国王。但是，他最后终于献身于自由，被害而死。

“还有，你们难道会不钦佩那位莱彻斯特伯爵[2]的儿子、查理

[1] 哈灵顿（1611—1677年），英国政论家，唯心主义哲学家，代表新贵族的利益。——译者注

[2] 莱彻斯特伯爵，即都特利（1532—1588年），英国女王伊丽莎白一世的宠臣。——译者注

一世治下的共和派悉尼[1]吗？《政府论》是从他遗留的文件中发现的手稿。在这篇著作中，他热情地主张主权属于人民，称颂自由是最宝贵的财富。1683 年他终于壮烈地牺牲了。

“还有，对不朽的弥尔顿[2]，你们难道不钦佩吗？1651 年，为了驳斥索迈尔斯[3]在查理二世指使下撰写的《查理一世国王辩护词》，他受国会的委托写成了《为英国人民声辩》。文中主张：国王并不是人民之父，而是立他们为王的人民的儿子；所谓人民是无例外地包括所有的公民；人民如果有过错，也是专制制度造成的，是这种制度的罪恶，是奢侈和贫困的产物！当医生们警告他继续写作将危及他的生命时，他回答说，他不能为了自己的眼睛而放弃自己的职责；最后果然为此而双目失明。甚至到了复辟前夕，他还不顾王党的报复，发表了一个《共和国方案》。

“现在该说到洛克了！平等与共产制度的反对者们，你们听听这位英国的荣誉之一、哲学上最灿烂的明星之一洛克是怎么说的吧！请看看他在查理二世治下怎样冒着生命危险宣布主权属于人民，提倡平等，主张实行原始天赋的财产共有制度和剥夺富人！请听他在那本令人赞赏的《政府论》中高呼道：

---

〔1〕 悉尼(1622—1683 年)，英国资产阶级的革命活动家，参与反对查理一世；斯图亚特王朝复辟后被害。——译者注

〔2〕 弥尔顿(公元 1608—1674 年)，英国资产阶级的革命活动家，卓越的诗人和政论家。——译者注

〔3〕 索迈尔斯(1588—1653 年)，法国神学家、历史学家、古籍注释家。——译者注

‘谁要是占有超过自己需要的东西，就是越出了理性的界限，违背了起码的正义，就是侵占了别人的东西。一切盈余都是篡夺得来的。富人们看到贫困，心里应该感到内疚。当无以为生的不幸者一旦了解什么是人的权利时，那些生活在富贵淫逸中的恶棍们就等着发抖吧！’

“请听听他又高呼道：

‘欺诈、背信弃义和贪婪造成了财富的不平等，这种不平等导致了人类的不幸，使一部分人因为拥有财富而养成种种恶习，另一部分人则因为贫穷而受尽苦难。因此，哲学家应该把使用货币视为人类才智最灾难性的发明之一。’

“再听听他在另一部著作里高呼道：

‘一切动乱都应该归咎于政府。……一个君主只要一变成专制者或者暴君，他就背叛了人民，自绝于人民，自己废黜了自己。……人民起义就是主权者起来自卫，反对自己的公仆的压迫。’

“请听听孔多塞[1]对洛克的评价：

‘许多作家（如格老秀斯、霍布斯、巴尔贝拉克[2]等）都宁愿要国王赏赐的年金而不顾人民的幸福，把人民出卖给国王；而洛克却以理性和道德为武器来捍卫人民，反对国王。难道人民不该钦佩

〔1〕 孔多塞（1743—1794年），法国资产阶级社会学家，启蒙运动者；倾向吉伦特派。——译者注

〔2〕 巴尔贝拉克（1674—1744年），荷兰自然法学家。——译者注

和感谢他吗?’

“比戎主教、伯拉克顿[1]、福迪斯居[2]和《金镜》[3]一书的作者,也曾经提出过洛克教导我们的上述道理。

“再听听英国的一位主教坎伯尔兰德[4]在他那本出版于十七世纪末的《论自然法哲学》的著作中表示的见解吧!他认为一切道德都应该以谋求普遍幸福,或者说实现博爱、平等、财富归一切人共有的神谕为基础;他承认上帝所创造的土地是一切人共有的,因此,任何人都有权参加分配,进行分配的目的是要保证每一个人都能永远保有自己的份额,或者说永远拥有自己的私有财产;这样,就根本不会有穷人。他还说,虽然为了和平与安宁,现存的私有财产应该受到尊重,但是,富人应该把自己多余的财产赠给穷人。

“再听听德意志自然法教授、斯德哥尔摩和柏林政府的国务顾问普芬多夫[5]男爵又是怎么说的!他在与上述著作同年出版的

---

〔1〕 伯拉克顿(1216—1268 年),英国牧师、法官、作家;习惯法著名理论家。——译者注

〔2〕 福迪斯居(1394—1476 年),英国律师,写有许多有关英国国家制度的著作。——译者注

〔3〕《金镜》,十八世纪启蒙时期德国作家威兰德(1733—1813 年)写的一部空想小说。——译者注

〔4〕 坎伯尔兰德(1361—1718 年),英国牧师,哲学家;崇奉新教,宣传自然法理论。——译者注

〔5〕 普芬多夫(1632—1694 年),德国法学家和历史学家,资产阶级自然法理论的代表人物之一。——译者注

《自然法和人间法》一书中驳斥了霍布斯和格老秀斯关于极权君主制的理论，主张天赋平等、博爱和原始的财产共有制度；而且他还承认，私有制只是一种人间的制度，它是通过一种经大家同意的分配而形成的，这种分配的目的是为了保证每一个人，特别是每一个劳动者都能拥有一份分割的或不分割的永久性财产。因此，他认为现存的财富不平等是不公平的现象，由于富人的无耻和穷人的怯懦，这种现象只会导致其他的不平等。

“荷兰的巴尔贝拉克（尽管他的著作是献给赏赐他年金的英国国王）、德国杰出的沃尔夫[1]、日内瓦的贝尔拉马基[2]和法国的瓦梯尔[3]也都宣传了同样的自然法原则。

“至于那位当过法国太子的教师、著名的穆克教区主教博胥埃[4]，不也在他的那本教授太子的讲义《圣经中的政治学原理》中承认：

‘如果没有政府，土地和其他财产就会和空气和阳光一样地属于共有。因为，根据天赋的自然法，谁也不能对任何东西有特殊的

---

〔1〕 沃尔夫（1679—1754年），德国数学家和哲学家，莱布尼茨唯心主义哲学的继承者。——译者注

〔2〕 贝尔拉马基（1694—1748年），瑞士哲学家，政论家和道德学家，曾著《自然法原理》。——译者注

〔3〕 瓦梯尔（1714—1767年），法国国际法家，曾任萨克森的外交官。——译者注

〔4〕 博胥埃（1627—1704年），法国神学作家和教会活动家，天主教反动势力和专制政体的思想家。——译者注

权利：万物皆属于一切人。所以，私有制是国家政府制造出来的！’

“你们也许会以为柏拉图的《理想国》、托马斯·莫尔的《乌托邦》、康帕内拉的《太阳城》和哈灵顿的《大洋国》是仅有的几部以平等和财产共有原则为依据的政治小说吧！其实，这样的作品还多着呢！我只想给你们举出十七世纪末和十八世纪出版的几本。

“例如：1677 年布鲁塞尔出版的《塞瓦郎伯共和国》；德国威兰德写的《金镜》；芳坦尼尔[1]著的《哲学家共和国》（又称《阿祖安人》）；1764 年伦敦出版的《西萨莱共和国》；以及摩莱里[2]在 1753 年发表的《巴西里阿德》。

“《塞瓦郎伯共和国》已有法、德、意、英等文本。它虽然在德国受到一个大名鼎鼎的记者的攻击；但是，一批杰出的学者，特别是富有声望的托马辛[3]，都公开为这本书和共有制度声辩。

“《政治家文库》的编者们写道：

‘所有以小说形式阐述财产共有原则的政论，都被过分轻率地否定了。人们认为这只是些好心人的痴心妄想，几乎完全不可能适用于我们的社会和政府，却不考虑一下这些所谓妄想往往比那些徒有其名的思想家们设计的种种支离破碎的制度不知要高明多少。……不管人们怎么说，也不论这些方案是否切实可行，它们毕竟包含了一些值得立法者认真考虑的观点。’

---

〔1〕 芳坦尼尔（1657—1757 年），法国作家。——译者注

〔2〕 摩莱里，十八世纪法国空想平均共产主义的杰出代表人物。——译者注

〔3〕 托马辛（1619—1695 年），法国神父，神学教授。——译者注

“此外，请你们注意一下，《塞瓦郎伯共和国》的作者根据朱斯亭、恺撒和塔西佗的记载，提到了意大利的一些早期部族、古日耳曼人和所有的早期民族都曾经实行过财产共有。

“我还想稍微提一下大卫·休谟[1]所著的《至善的共和国》。他认为，如果以为像英国或法国这样的大国就不可能建立共和国，那是一种偏见和谬误。他建议立即在大不列颠建立一个主权属于人民的共和国，把全国领土划分成一百个行省或小共和国，每省之下又分为一百个教区，实行普选制或接近于普选的制度；一切政府机构都由人民选出的一万名代表选举产生，每年改选一次。

“除了这些政论小说以外，我本来还想和你们谈谈那些提倡平等制度的共和主义和民主主义的戏剧作品和康奈尔、克里比戎和伏尔泰的悲剧作品。

“不过，我还是急于给你们讲讲十八世纪的一些伟大的哲学家。我们就先从孟德斯鸠[2]说起吧！

“好了，这位家世和本人地位都是贵族、当过波尔多市议长、被誉为人类最伟大的思想杰作的《论法的精神》一书的作者孟德斯鸠

[1] 休谟（1711—1776 年），英国哲学家，主观唯心主义者，不可知论者。——译者注

[2] 孟德斯鸠（1689—1755 年），法国资产阶级社会学家、经济学家和作家；十八世纪资产阶级启蒙运动的代表人物，君主立宪制的理论家。——译者注

男爵究竟说了些什么呢?

‘天赋平等和自然法先于社会和实体法而存在。……一切公民,除了那些因为智能低下而被公认为欠缺正常意志的人以外,都应该享有选举自己代表的权利。……人民是完全有能力选举代表的。……人民从事选举以选择他们将委以部分权威的代表的能力往往令人惊叹。……在罗马时代,塞尔维乌斯·图里乌斯[1]划分了贵族与平民,让富人垄断了选举权。……自从把一定的纳税额作为取得选民资格的条件时起,便出现了贵族政治。……最好的一种贵族政治,就是选民纳税额定得最低、非选民的数目比较少。……

‘克里特、斯巴达、宾夕法尼亚和巴拉圭的例子说明了教育的威力多么大。……说到巴拉圭(耶稣会在那里建立了财产共有制度),人们都喜欢责备耶稣会员在那里热衷于指挥别人;但是,统治人们而能为其谋幸福总是好事(依靠共产制度)!他们是在这些地方宣传与人道主义思想相结合的宗教教义的第一批人,这是他们的光荣,他们致力于一项伟大的事业,而且取得了成功。他们使分散的居民走出了森林,给他们提供了有保障的生活,使他们穿上了衣服,帮助他们提高了生产。’

“请再听下去,再听下去:

〔1〕 塞尔维乌斯·图里乌斯(公元前578—前534年),半传说中的古罗马第六位国王。——译者注

‘凡是希望实现类似这样的制度的人，一定会向往柏拉图《理想国》里的那种财产共有制度，并且和柏拉图一样要求人们崇敬神明，主张与外族隔离以保存自己的风俗；主张由城邦来进行贸易而不让公民插手，主张传播我们的技术而不要推广我们的奢侈品，给人们带去必需品而不是享受品；主张废除货币，因为货币的作用只是使那些本来拥有的财富就超过了自然所规定的限度的人继续增殖其财富，以及腐蚀我们自己，使我们人人都堕落。

‘这一类措施适用于一个共和国，特别是可以在一个小国里实行。因为，国家比较小，就可以普及教育，可以像一个家庭一样把全体人民都教养起来，还可以进行简捷的交换而不必使用货币。（其实这些在一个大国里也可以实行。）

‘正如人们是放弃了自己天赋的独立性然后才能生活在政治法律下一样，人们是放弃了天然的财产共有制度才能生活在民事法律之下。私有制正是由此而产生。

‘热爱民主就是热爱平等和节俭。每一个人都应该享受同样的幸福，获取同样的收益，并且从中享受同样的快乐，满足同样的欲望。

‘建立一种真正的和完善的平等制度是相当困难的，我们实际上也无法严格规定怎样才算真正的和完善的平等。只要能够把选举资格中的纳税额降低或者给它规定一个限额，并且制定一些特别法来消除原来捐税上的不平等，或者说使它平等化，也就是加重富人的负担，减轻穷人的负担，那就算可以了。

‘人们根据古罗马的许多先例而要求的均田法，或者说重新分配土地，从本质上说是有益的措施，但是，仓促而行却是有危险的。

‘罗慕鲁、努马[1]和塞尔维乌斯·图里乌斯把土地平均分配给罗马人，使每个家庭都有它们的一份土地；但是，后来却又允许以遗嘱转让。这样做的结果，个人便有可能集中若干份土地，形成灾难性的贫富差别。有的公民土地过多，而无数的其他人却一无所有。因此，陆续被剥夺了份地的人民，怎么能不再三要求重新分配土地呢？’

“由此你们可以看到：孟德斯鸠既不是平等制度的敌人，也不是普选制和均田法的敌人，甚至也不反对取消货币和建立财产共有制度！

“现在请你们听听那本几个世纪以来日益受人赞誉的《社会契约论》一书的作者卢梭又是怎么说的吧！他写道：

“一切人在权利上都是平等的。……大自然创造的一切财富都是公有的。……每一个人都可以占用他所需要并且准备自己耕种的无主土地；除此以外的占有，都是掠夺。……在组成社会以前，每个人都只占有一份土地；进入社会以后，每个成员便把自己的一切所有、包括人身和财富，统统归为公有，就是说，所有这些财产全都归属于社会，由社会来享用，或者平均或不平均地加以分

[1] 努马，半传说中古罗马的第二位国王，公元前714—前671年在位。——译者注

配。如果是分配了，每个人所得的那一份，就成为他的私有财产。但是，在任何情况下，社会始终是一切财富的唯一所有者。’

“他又说：

‘社会平等比之天赋平等更为完善，因为，不论人们在体力和智能上如何地不平等，都可以在社会中通过协约来获致平等。……在不良政府治下，这种平等只是虚假的，它只是用来保持穷人的贫困状态和保证富人得以继续掠夺。事实上，法律总是有利于那些业已占有财富的人，而有害于那些一无所有的人。由此可见，只有当所有的人都拥有一定的财富，而且没有任何人占有过多的财富时，社会形态才有益于人类。

‘你们不是想使国家稳定吗？那就请你们尽量缩小两极的距离，不许有富翁，也不许有乞丐；因为，富裕和贫穷这两种天然不可分离的现象，对社会都是灾难，前者会产生暴君，后者则使暴政获得支持。’

“再听听，再听听卢梭在他的《政治经济学原理》中所说的：

‘我们不是想使人民的品德高尚吗？我们当然是从教育他们爱国入手。……但是，如果这个祖国对待他们并不比对外国人好，他们又怎么会爱自己的祖国呢？要是这个祖国能够保护穷人，反对富人的暴政，那该有多好！可是，只要一个国家里存在着需要保护的穷人和需要加以压制的富人，本身就是个莫大的弊病。……因此，政府最重大的任务之一，就是避免财富的极端不平等，其办法并不是没收占有者手中的财产，而是剥夺任何人积累财富的手段；并不是给穷人修建救济院，而是保障公民不致变成穷人。……应该只对多余的财产课税，不仅要按比例征收，而且要累进课征。……特别是，必须通过教育，通过公共的、平等的和普及的教育来培养人，培养公民。'

“再听听，再听听卢梭的意见：

'我倒很希望有人给我解释一下：在人类发明你的和我的这样可怕的字眼以前，在出现那种称作主人的残酷无情者和那种名为奴隶的狡猾善骗者以前，在出现那种当别人正死于冻饿时竟敢保有多余之物的恶贯满盈者以前，在人间的从属关系迫使所有的人都变得狡诈、嫉妒和阴险以前，……人们究竟有什么必要为非作歹呢？……'

“何况，卢梭所理解的共和国，是指一切遵循公共意志行事的政府，哪怕是君主政权也不在外。

“再听听爱尔维修[1]在他那本《论人及其教育》里所说的：

'一切在出生后体格正常的人，都具有大致相等的智能；他们之间的区别，是法律、教育和环境造成的。……

'正当的个人利益是和公共利益相一致的。

'品行优劣唯一的标准就是看它是否符合公共利益。……

---

〔1〕 爱尔维修（1715—1771年），杰出的法国哲学家，机械唯物主义的代表人物，无神论者；法国革命前夕资产阶级思想家之一。——译者注

‘如果一个国家里每一个公民都是私有主，盗窃行为就不多；相反地，如果大多数人都没有财产，盗窃便会成为一种普遍的愿望。

‘用什么办法来医治这种弊病呢？我想到的唯一办法就是增加私有主的数目和重新分配土地。……不过，这种分配实行起来往往相当困难。

‘既然同一个国家里既有富人又有穷人，还有私有主、商人等等，这些不同阶层的利益，便不能总是一致。……没有比无产者的数目过多更为违背国民利益的了，因为他们总是受着商人或贵族们的支配。

‘为了补救这种弊病，必须很自然地改变法律和行政管理办法，特别是取消助长财富不平等的货币。

‘但是，如果没有货币，又怎么能享受到生活上的愉快呢？唉！提出这种问题的富人与权贵们！难道你们没有看到，凡是充斥着金钱和奢侈品的国家，人民总是最悲惨的吗？你们拿自己冒充整个国家，不过是想入非非罢了！难道大自然就只存在你们这些人吗？世上难道没有你们的弟兄吗？……你们这些只知满足自己贪欲、寡廉鲜耻、毫无人道和品德恶劣的人应该懂得：斯巴达并没有奢侈的享受，并没有金钱与货币，可是却多么幸福！你们应该知道，照色诺芬的记载，在所有的希腊中，斯巴达人乃是最幸福的！

‘在通行货币的国家里，金钱总是成了对恶习和罪行的奖赏。……财富总是聚集在那些从事阴谋、内奸之类活动的卑鄙人物手中。正是因为存在这种鼓励人们作恶的金钱奖赏，所以这些国家才出现那样多的坏人，金钱也才会被视为人们堕落的根源。

‘一个不使用货币的国家，要鼓励才智之士、提高道德风尚和禁绝危言恶行，是很容易的。

‘嗜财的风气一旦扩及公民的所有阶层，就必然更激发起政府官员从事贪污和勒索的欲念。于是，不论修建一个港口，购置一批军备，或者批准一个商行成立，进行一次名曰为国争光的战争，都可以成为掠夺财富的口实；从而，一切出自贪欲的陋行恶习，一下子就侵入这个国家，逐步蔓延到所有的人，加速了这个国家的最终毁灭。

‘为什么一些帝国总是充斥着不幸的人们呢？世界上所有国家的人民之所以近乎普遍地处境悲惨，原因就是法律太不完善和财富的分配太不平等。在大部分君主国中，都只存在着两人类公民，一类连必需品也没有，一类却东西多得不得了；前者是靠过度的劳动糊口，这种劳动伤害了他们的健康，对某些人来说甚至是致命的刑罚；后者虽然过着豪华富裕的生活，但也是忧虑重重，苦闷空虚。

‘怎样才能重新回复到幸福的日子呢？办法就是减少一部分人的财富，增加另一部分人的财富，保证每一个人都有一定的财产，使穷人生活得比较安适，只要劳动七八个小时就能维持生活，同时使所有的人都有受教育的机会。

‘但是，现在（即 1770 年）欧洲有哪一个政府对国民财富进行了这种缩小不平等的重新分配呢？而且无疑在近期内也看不到有这种可能。……不过，所有的国家每天都在进行的宪法变动，最少也证明这种可能性并不完全是一种柏拉图式的梦想！（要是到了现在 1836 年，爱尔维修更会说什么呢？）据一些圣哲们说，一切可能性总是早晚会变为现实的；既然如此，为什么我们对人类的未来幸福要灰心失望呢？……不过，这就需要有优良的立法。’

“爱尔维修还建议把法国建成一个邦联共和国，下分三十个小型共和国，作为邦联的成员。每一个小共和国选出四名代表，共同组成一个有一百二十名委员的最高议会；共和国的基础是以伦理道德和对公共利益的献身精神为内容的良好教育。

“他说：‘可是，一个腐败的政府是不愿意给人民以良好教育的，既不想让人们懂得真理，也不想教人们从事改革。

‘然而，做君主的有责任使人民了解真理，他应该为人们发表真理创造条件，因为，真理是人类未来幸福所必需的。……限制出版事业是侮辱自己民族；因为，禁止人民阅读某些书籍，就等于宣布他们是奴隶或者白痴。

‘真理总是有利于公众，甚至对君主本人也是有利的；也许唯一受害的就是那些说出真理的人。

‘但是，每个人不是都有责任把真理告诉人民吗？圣奥古斯丁[1]说过：如果说出真理将受人们耻笑，那就让人们去耻笑好了，真理还是要说的！圣安伯瓦[2]也说过：看到真理而不敢大胆无私地说出来，那就不是真理的捍卫者。我完全同意他们的说法，而且还想补充一句，就是：真理虽然有时会被谬误所掩盖，但是迟早总

〔1〕 圣奥古斯丁（354—430年），非洲北部一个教区的主教，基督教神学和唯心主义世界观的狂热鼓吹者。——译者注

〔2〕 圣安伯瓦（340—397年），罗马米兰教区主教。——译者注

将突破乌云，大放异彩！’

“那么，这位向往共和国，维护出版自由，提倡真理、改革和教育，主张财富不要分配得太不平等、每人都应该有一点私有财产，主张人人都应该过安适和幸福的生活的爱尔维修，究竟是个什么人呢？他身为贵族，当过总包税司，是位富翁。他的第一部著作《论意识》一发表就受到全欧洲的赞誉，并且自己因此失宠于宫廷，激怒了教士，以致险些被教会处以火刑。这个人后来隐居独处，潜心撰写第二部著作，并且立意要在死后才发表，作为自己给人类的一部遗嘱。

“他写道：‘对人类和真理的热爱，使我写下了这部著作。……在怯懦者看来，这是一本胆大妄为的书。……哪一个国家都经历过这样一个时期，就是：小心谨慎成了卑鄙无耻的同义语，而且人们乐于援引的一些所谓明智深邃之思，其实都是出自奴颜婢膝之笔。

‘我的祖国已经最终落入专制制度的囚笼之中，再也不可能出现什么杰出的作家了；因为，专制制度的本性就是扼杀思想，毁灭道德。……今天，堕落的法兰西已经为欧洲所鄙弃。任何善良的改革都无法使它重获自由；它将被腐蚀而亡。人类的幸福将只能来自北方。

‘但是，如果我能成为第一个出来证明有可能把幸福重新平等分配给一切公民，并且以充分的论据阐发了这个重要真理的人，我将感到无比的幸福，并且可以无愧地自认为是人类的造福者！’

“你们大概也知道，这时候还出现过一个与从前的毕达哥拉斯学派一样特别注重于政治的哲学流派和哲学家集团。他们把政治归结为一种科学，名之曰政治经济学，自称经济学派。他们推举魁奈医师[1]和米拉波神父[2]为正副领袖，在一部题为《政治社会的天然秩序和本质》的著作中发表了自己的见解，并且在一份名为《公民日志》的报刊上阐发这种学说。

“他们主张土地私有，一切自由，也就是赞成财富与权力的不平等。但是，他们也向往民族之间和人与人间的博爱；主张共同幸福，人人生活有保障；主张人民普遍受教育，改进工农业生产，允许大资本家存在；主张增加生产，争取丰足，积累财富，允许奢侈；主张自由贸易、自由经营和自由竞争，实行自由放任政策，不进行任何干预，不设置任何障碍，不需要任何特许；主张只征收一种捐税，即地产税；提倡公民互助友爱，和睦相处，个人幸福应以公共幸福为基础；主张建立行宪守法、维护公共利益的世袭君主国。

“他们赞成私有制和不平等制度和主张允许私人拥有大量财产和巨额资本，本来是为了达到上述的幸福目标；但是实际上，采取这些做法必然适得其反，而且，要达成他们所追求的这些目标，和实现社会平等与共产制度是同样困难的。

“因此，在我看来，经济学派的全部学说惊人地前后矛盾。我

〔1〕 魁奈（1694—1774 年），法国庸俗经济学家，资产阶级重农学派的创始人。——译者注

〔2〕 米拉波（1749—1791 年），法国资产阶级革命的著名活动家，大资产阶级和资产阶级化贵族的利益代表人。——译者注

想你们的看法大概也和我一样。请听他们是怎么说的吧！

“请听那位‘人民之友’米拉波侯爵说：

‘人类是喜群和贪婪的。这种喜群性推动他们结成社会，养成各种优良的品德；可是他们的贪欲却又使他们总想攫取一切财富，从而导致社会的瓦解和弊病丛生。因此，政府首先应该关心的是提倡合群的风尚和引导人们摆脱贪欲。……古今一切民族中，生活得最俭朴，最珍爱自己的生活方式，并且自感最富足的，就是那些共有程度最高的民族。’

“再听听杜尔哥在他那本《财富的形成与分配》里说的：

‘最先使土地不再为一切人所共有和建立土地私有制的，就是那些最先耕种土地并把它圈围起来以保证收成的人们。……有许多原因自然而然地使得土地私有者之间出现不平等。……各人都只为自己而耕种，谁也不愿意为别人劳作。……但是，有一些强悍者便想出把别人变成奴隶的办法，迫使后者为自己耕作。这种奴役是对人类一切权利的侵犯，是一种尽管司空见惯、但却十分可恨的风尚，是一种惊人的掠夺。’

“可是，这实际上恰恰是私有制和不平等制度的主要根源。

“请听听那位著名的英国人斯密[1]在《论国民财富》一书中又是怎么说的：

---

〔1〕 指亚当·斯密（1723—1790年），英国经济学家，资产阶级古典政治经济学的最大代表之一。——译者注

‘大地主们开始时也曾经非常慷慨，他们供养着许多人；但是，后来商业和制造业给他们提供了积累的手段。这样一来，时时事事为己，绝不顾及他人便成了这些人类主宰者们卑鄙的最高信条。’

“他承认人们在出生时智能大体都是相等的，并且承认小私有主耕作是比较努力的。他主张一个良好的政府应该给人民以受教育的机会，因为这对政府本身是有利的；他还主张，劳动工资和生活必需品都不应该课税。

“我不想给你们引述更多的经济学派人物的论点了，总而言之，他们追求的目标尽管美好，但是因为他们赞成财富的不平等，便无异于缘木求鱼，根本不可能达到这些目标。

“不过，请听听马布利[1]针对经济学派的所谓政治社会的天然秩序和本质而提的一些疑问以及他自己的答案：

‘土地私有制和生活条件的不平等究竟符合还是违背天然秩序呢？恐怕我只能说，你们的那个天然秩序本身就违反天然！我发现，自从出现了土地私有制，便开始存在财富不平等的现象。这种不公平的财产分配状况，难道不是必然造成人们利益的冲突和相互间的纠纷，使富人和穷人都养成各自的恶习，导致精神堕落、

〔1〕 马布利（1709—1785 年），著名的法国社会学家，空想平均共产主义的代表人物。——译者注

风俗败坏，并且产生种种颠倒黑白、混淆是非的偏见和热狂吗？翻开人类的全部历史，你们就可以看到，一切民族都遭受过这种财富不平等现象的折磨。那些以富裕自豪的公民，不屑把被迫以劳动为生的人视做平等的同胞，随之便出现不公正的专制政府、偏颇和压迫性的法律。一言以蔽之，人民便呻吟于种种苦难之中。……

“这就是一切民族的历史所提供的共通的景象！试问，如果不追源到土地私有制，难道能够找出造成这一片混乱现象的原因吗？

‘我实在无法忘怀斯巴达曾经实行了六百年，而且巴拉圭也曾经尝试过的那种令人神往的财产共有制度；在一个不知贪欲、虚荣和野心为何物的社会里，即使是最普通的公民，也比我们今天最富裕的私有主要幸福得多，这难道还有什么可怀疑的吗？……

‘还是实行财产共有吧！那样就很容易实现财富和生活条件的平等，并在这双重平等的基础上保证人类过幸福的日子！’

“再听听马布利还说了什么吧！这位修道院长因为本身有才能，而且又得到一位当红衣主教和内阁大臣的亲戚的赏识，本来是可以名利双收的；但是他却宁愿隐居困穷，修身治学，潜心哲学。请听听他在那本《论立法原则》的著作中又是怎么说的：

‘凡是鼓励人们攫取财富、经营商业、豪华挥霍，鼓励人们发展野心与贪欲的法律，都只会毁灭人们相互间的善意，而这种善意却是社会幸福与安宁所必不可少的。……一部分人的财富过剩造成了另一部分人的匮乏。……容忍人们拥有某种巨额财产的法律，是历史上一切灾难的根源。

‘大自然把人类的幸福和社会的生存寄托在平等制度上，立法者的任务正是要在公民的财富和生活条件上维护这种平等。财富的不平等产生悭吝和贪欲，助长卑鄙和残忍；生活条件的不平等产生骄傲和虚荣，助长野心和掠夺。这双重的不平等又产生专制与暴政，造成冲突、内战与革命。

‘我们从大自然的怀抱里诞生时，大家都处于最完美的平等状态中，这点有谁能否认呢？难道大自然不是赋予所有的人以同样的器官、同样的需求和同样的理性吗？它撒播在地球上的种种财富，难道不是属于大家所共有吗？难道贫富之别是它制造出来的吗？’

“请听下去，继续听下去：

‘斯巴达的历史证明：只有在财产共有制度下我们才能获得幸福，而且必须认定私有制是财富和生活条件不平等的首要根源，也就是说，它是我们一切苦难的首要根源。……

‘人类开始感到需要耕种土地时，恐怕首先考虑的并不是分配土地和建立什么私有财产权；更可能的是，他们共同耕作，共同收获，游牧时则共同狩猎，共同与野兽搏斗。大自然已经为我们准备了一切走向财产共有制度的前提，也创造了一切条件来防止我们掉入私有制为我们设下的深渊。

‘退一步说，即使在共产制度下收获不那么丰足，人丁不那么兴旺，但是，人类的品德却更为高尚，哪怕物质享受少一点，又有什么不好呢？地球上如果只有一百万人，可是都过着幸福的生活，这比存在无数愚昧无知、处境悲惨、挣扎于艰苦劳动之中的奴隶，不是要强得多吗？……何况，与此相反，在共产制度下照样能地尽其用，人有所增，因为，只有幸福的生活才能使人口增长。

‘私有制把我们划分成两个阶级，即富人与穷人。富人是宁愿要自己财产而不愿去保卫国家；穷人则因为祖国只会给他们带来苦难而不可能爱这个国家。相反地，在共产制度下，由于每一个人都从祖国那里得到生存和幸福的保障，所以人人热爱祖国，人人献身保卫祖国。

‘但是，财富和生活条件的不平等不会是一种难以实现的空想吗？事情本来并没有什么困难，不好克服的障碍是贵族的虚荣和富人的贪婪。

‘在野蛮人中实现共产制度可能倒比较容易。

‘尽管我们不能期待欧洲普遍发生转变，可是财富的奇妙性质却使什么事情都可能出现。也许某些原来我们想象不到的地区倒首先实现了共产制度。……如果培恩[1]早二十年、也就是魁克派教徒还保持着高昂热情的时候，便到美洲去，也许能做出更大的成绩，甚至可能已经在广阔的宾夕法尼亚建立起共产制度。过去可能发生的事情，现在仍然是有可能出现的。

‘当私有财产开始出现时，凡是偏离财产共有制度，即使只是最间接地有利于建立私有制的法律，都是不良的法律；而现在呢？凡是以某种方式鼓励人们起来损害私有制的法律，便是明智的法律。总而言之，法律应该根除贵族的野心和富人的贪婪。

‘为了做到这一点，必须不断地削弱人们的嗜财心理，禁绝奢

〔1〕 培恩，十七世纪末十八世纪初英国魁克派教徒，北美宾夕法尼亚移民区的创始人和立法者。——译者注

侈品和取消无益的生产，颁布制裁奢侈的法令，制定限制土地的继承和代理继承、以土地陪嫁或遗赠以及防止土地集中、有利于土地分散的土地法。总而言之，应该建立一个废除任何世袭权力，甚至连终身权力也不承认的共和国；并且赋予全体公民以选举权和被选举权，因为，身为公民而没有选举权就仍然是奴隶。还要实行公共的普及的集体的教育，宣讲天赋权利学说，亦即平等思想。'

这位可敬的修道院长发表这样的议论，目的并不在沽名钓誉，因为，他为了使自己的主张能为全人类所采纳而特地把自己的著作拿到国外去出版。他的大批著迹使他以博学睿智驰名，以致波兰、伯尔尼、日内瓦、科西嘉和美国等地修改宪法时都来征求他的意见！

"好了！我们还是回头来谈杜尔哥吧！他是位男爵，在路易十六即位的第一年便当上大臣。为了根除政府的各种腐败现象，他实行了许多改革。他计划组织人制定一种新的语言。为了保障出版自由，他还亲自设计了一种家庭印刷机。

"这位真诚而热情的人民之友，朝夕关心的是改善人民的处境和保障人民的幸福。在短短二十个月任期中，他用支付赔偿金给既得权利人的办法取消了许多特权和专利；废除了二十三种压在人民头上的捐税，特别是徭役税，并且计划废除像盐税等许多其他的捐税。他使食品的供应丰足和价格低廉，从而保障了穷人的生活。他拟定了一项翻修全部道路的计划；开办了医事学校，并购置了大批良药加以推广；还修建了许多公用设施和工厂。他罗致学者，并派遣其中许多人到国外工作。

“他希望消灭财富极度不平等的现象，为此而限制人们拥有巨额财产，禁止过高的收益，反对贪污陋习，在各地为人民创造依靠劳动过安定生活的条件，并且注意发展教育，作为增进公众及个人福利的基础。

“杜邦·德·奈穆尔[1]在他的那本《纪念杜尔哥》的著作中论及杜尔哥的这些计划可能达到的成果时写道：

‘请不要以为我是在写小说，因为，这些都是有可能实现的成就；如果真的成为事实，一定使我高兴得落泪，而且激起我心中无穷的希望。’

“孔多塞在记述杜尔哥的生平时写道：

‘照他的意见，大自然只允许人们占有自己必需、又非他人所需的物品。但是，由强者任意制定的法律，都是便利于富人加强对穷人的专制统治；这些法律在各方面确立财富的不平等，使一小部分公民腐化堕落，其余的人则地位卑微，生活困苦。……如果能够以符合于自然和理性的法律取代上述法律，财富的分配便会比较平等，穷苦人也不致再呻吟于享有特权的富商和厂主的压榨下，那种作为骄奢淫逸和腐化堕落之源的金融资本和银行财富也不会再存在。那时，财富的分配状况将是所有的公民或者几乎所有的公民都是私有主，而且都有选举权，也就是说，这时实行的将是一切

〔1〕 杜邦·德·奈穆尔（1739—1817 年），法国政治活动家，资产阶级重农学派经济学家。——译者注

宪法中最优良和最合理的宪法，即共和宪法。反过来，如果不是人人都有选举权，就无论如何只能是贵族统治，不过其腐败程度或甚或轻而已。'

"孔多塞接着还说：'此外，杜尔哥谴责恶劣的制度甚于责备人物；而且他认为无止境地进步是人类的一种特点，甚至人类的智慧和道德也是不断地在完善。'

"杜尔哥所设想的改革，最主要的一项，也就是作为其他一切改革的基础的一项，就是重新划分法国的市镇、州府和省份，设立市议会、州议会、省议会和国民议会。

"在给国王的一份诤议中，他建议承认人权，改革法律，制定宪法，然后与各级议会同心协力实行各种改进措施。

"他写道：'陛下长治久安之计，莫重于教育，即以道德及群性育众。每教区设一校，征选良籍。……若陛下钦准此议，愿向陛下保证，十载之后，国中将无文盲，无论学术、风习抑爱国热忱，我国必居古今民族之冠。

'村治所辖宜大致相等，各设议会。为免议席臃多及滋生弊端，应唯地产主方得与会，各以资产比例计票。

'其后即尽废捐税，撤关卡，独征田赋，以产业多少论课；贵族及教士之田概弗得而免。他日诸事具备，当尽田赋而去之。

'数年后行见民风一新，世无伦比。国力十倍于前，疆土百花盛放。阖欧将钦羡陛下之英明，善良臣民将感戴无边。'

"杜尔哥的一位友人在给某伯爵的一封信中写道：'我赞成杜

尔哥关于重视教育的主张；不过，我希望所有的私有主都能平等地成为选民。一个良好的政府应该是各种措施都尽量使人们接近于平等，因为平等是大自然的首要愿望。……要取得公民资格，只需要拥有一份足够的财产收益。'

“不过，杜尔哥大臣不能像一位但事冥想的哲学家那样行事。他和梭伦一样，面对着种种的障碍，周围尽是反对者和敌人；因此，他不能提出绝对完善的措施，而只能代之以一些符合于当时情况、相对地说比较完善的措施，这实际上也就是当时情况下最完善的措施。

“可是，尽管国王宣称宫廷中只有他自己和大臣杜尔哥是人民真正的朋友，尽管人民衷心感激和爱戴杜尔哥，哲学家们也对他称誉备至，尽管伏尔泰临终前甚至热望亲吻一下杜尔哥的那只签署了那样多为人民造福的文件的手，贵族们却在那里策划阴谋，甚至制造大规模的饥荒来难为杜尔哥，并且多次企图暗杀他。他们施展诡计，造谣诬蔑，终于挑动了巴黎的上流社会起来反对这位改革者，并且迫使国王路易十六革免了这位品德高尚、本来可以替国王力挽狂澜的大臣，以致后来连国王自己的性命也断送了。

“我是不是应该给你们提一提《伦理学和政治学辞典》和《政治家文库》呢？这两本书对财产共有制度是这样评论的：

‘以公共利益为准的乌托邦或其他类型的政府之所以不切实际，也许就是因为人类的欲望无法节制。人们长期生活在不良政府治下，已经习惯于把私利置于公益之上。不过，尽管人们认为这种政府不可能实现，却只有那种已经堕落成性、根本不相信人间有

所谓高尚的品德的坏人才会讥笑这类设想。’

“是不是也需要给你们谈谈那部集古今哲理大成的《百科全书》呢？从中我们可以读到：

‘奥凡尼[1]的古俗规定家庭实行共有制。……蒂厄尔城[2]附近的平贡人[3]据说也实行过这种制度达六百多年。传说当初有一位贤明的父亲，规定自己的四个儿子要财产共有，共同劳动；以后，族民们也就沿袭了这个办法。……这一族人自成一个村庄，人口茂盛，民情十分纯朴。……那一带还有许多这类性质的村社，景况更为兴旺。’

“现在该说说修道院长莱伊纳[4]了。请听他在《两印贸易哲学史》一书中是怎么说的：

“他承认权利平等，但是否认事实上的平等，认为这只是一种空想。

‘我始终认为，一个民族必须有稳定的私有制，甚至是世袭的私有制，才能比较强大和兴旺。没有稳定的私有制，地球上便只能看到赤身露体、到处流浪、以野果树根勉强维生的野蛮人；如果没有世袭的私有制，人就不能为自己而活，人类将不存在什么天伦之

〔1〕奥凡尼，法国中部过去的一个省。——译者注

〔2〕蒂厄尔，法国中部过去的一个城市。——译者注

〔3〕平贡人，古法国的一种部族民。——译者注

〔4〕莱伊纳(1713—1796 年)，法国历史学家和哲学家，曾反对殖民政策和教权统治。——译者注

乐，谁也不珍惜自己的声名，也没有人懂得享受传宗接代、为后人缔造幸福的难以名状的乐趣了！’

“不必说你们也能看出，这种说法不过是信口开河，没有丝毫根据，简直不像出自一位严肃的哲学家之口。

“但是，请往下看看他的另一个与此相矛盾的观点：

‘世界的初期，当人类还没有形成社会的时候，所有的人总的说来都对自然界的一切物品享有权利，谁都可以取走他需要使用的东西，甚至可以消费掉那些在性质上可供消费的东西。这种享用共有财产的方式代替着私有制。可是，一旦某人通过这种方式取走了某一物品，任何人就不得再从他手中夺走，否则便是非正义的行为。’

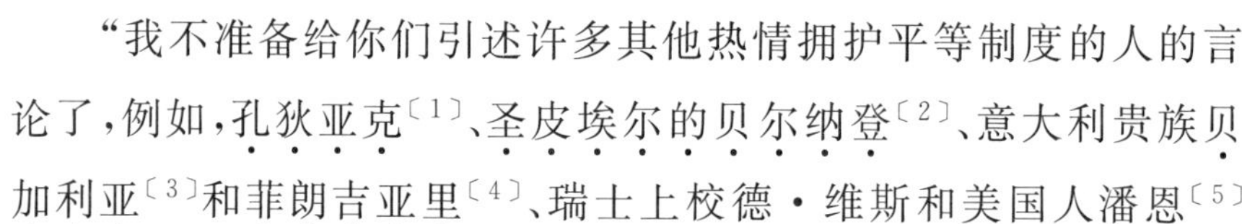

“我不准备给你们引述许多其他热情拥护平等制度的人的言论了，例如，孔狄亚克[1]、圣皮埃尔的贝尔纳登[2]、意大利贵族贝加利亚[3]和菲朗吉亚里[4]、瑞士上校德·维斯和美国人潘恩[5]

〔1〕 孔狄亚克(1715—1780 年)，法国资产阶级启蒙运动哲学家，自然神论者和感觉论者。——译者注

〔2〕 圣皮埃尔的贝尔纳登(1737—1814 年)，法国作家。——译者注

〔3〕 贝加利亚(1738—1794 年)，意大利法学家、政论家和经济学家；十八世纪资产阶级启蒙运动的著名人物。——译者注

〔4〕 菲朗吉亚里(1752—1788 年)，意大利法学家，代表资产阶级利益，要求经济、法律和宗教改革。——译者注

〔5〕 潘恩(1737—1809 年)，生于英国，激进派政论家，共和主义者，曾参加美国独立战争和法国资产阶级革命，是资产阶级民主派的代表人物之一，所著《常识》一书，在美国人民群众中起了很大的鼓动作用。——译者注

等。

“不过，在介绍完上述这许多哲学理论家以后，我们还应该谈谈一些哲学实践家们的情况。请看看他们做出的事业吧！

“这当中有避雷针的发明人、美利坚合众国开国元勋之一富兰克林。他虽然只是个普通工人，但其才智却使天空的雷电和暴君的权杖为之失色。他和培根一样，是位筹划建立哲学家和学者世界协会以增进人类道德的哲学家，也是位曾经被派到一些野蛮民族和英法两国充当使节的著名政治人物。他在生时受到世界的尊敬，几乎所到之处都被作为胜利的象征受到热烈的欢迎；死后，全国又为他举哀，法国国民议会还立即为他举行了隆重的悼念仪式。

“这当中还有美国的‘独裁长官’、美国的‘伊加尔’华盛顿。

“这当中还有先后被选为美国总统的杰弗逊和约翰·阿丹姆斯。

“还有代表十三个州前去参加美利坚全国代表会议从事祖国改组工作的许多杰出人物。

“请听听由上述几位起草，并且经代表会议向全世界公布的那部宪法中开宗明义的第一句话：

‘上帝创造的一切人一律权利平等！’

“我想，以上提到的这些拥护平等制度以至共产制度的人物，论数目已经不少，论威信也足以使人肃然起敬了；可是，明天你们还可以听到我讲述更多更多这样的人物！”

散会时，会场四处都在说："这我还从来没有听说过啊！""原来是这样，真没想到呵！"

第十三章　哲学家们对平等与共产制度的看法(续)

“今天我要讲的是另外一些从事实际活动的哲学家的情况。

“请听西哀士[1]在他那本发表于法国革命初期的著名小册子《什么是第三等级?》里是怎么说的:

‘第三等级,或者说人民,就是一切;因为,如果取消了贵族和教士,国家不是渺小了,反而是伟大了!

‘直到今天,人民还仍然是贵族的奴隶;可是,一切人本来都应该享有公民权。

‘人民现在要求享有政治权利。这种完全合法的权利本来应该人人都有,不论他们实际拥有的财产多少。……既然法律应该体现公共意志,那就当然不能由只有二十万人的贵族阶层把法律强加给两千五百万法国人。……只由少数人制定的法律,是根本无效的!

‘贵族的特权是篡夺而来的,是用暴力侵占的,因而是违背正义、乖谬悖理的! 理性要求归还被篡夺了的权利;必须以有秩序的社会来取代混乱的社会!

[1] 西哀士(1748—1836年),法国神父,资产阶级革命活动家,大资产阶级的代表人物。——译者注

‘贵族们表示愿意和人民同样纳税，说这样就一切都平等了。什么一切都平等！贵族虽然纳税，却仍然拥有一切，特别是拥有制定法律以反对人民的权力。难道只要贵族不再免税，人民就满足了吗？难道可以设想一代代新人竟然会对当今的新思潮完全无动于衷吗?!

‘贵族们说劳动有失他们的身份，从业是下贱的，殊不知真正下贱的是各种恶习乖行，游手好闲的富人比人民要卑鄙恶劣得多！

‘最终应该给予人民的是一部完善的宪法！

‘大贵族希望我们的议会和英国一样分为两院，由他们占据上院，只给小贵族和人民一个下院。但是，小贵族反对这个办法，因为他们要求自己有平等的地位；人民也反对这个办法，因为他们要求人民有平等的地位。英国的宪法可能对1688年的英国是好的，可是对1789年的法国，便不适宜了。社会思潮已经大大地向前发展，或者更确切地说是已经有了很大的进步。

‘法国人民还没有自己的宪法，或者说，他们正在要求改变原来所谓的宪法。应该由全体公民集会选举自己的议员，并且让议会拥有制定宪法的特殊权力！

‘那些拼命维护自己的多余财富、热衷于阻止人民得到必需品的特权者希望的是什么呢！他们向往的不就是那种有利于他们的所谓复兴吗？他们不就是想把一直苦难重重的人民当成盲目的工具来使用，以扩展和加强自己的贵族统治吗？

‘要是后代知道特权者对待捍卫人民利益的人原来是这样狂暴不仁，这样秘密地成帮结伙，使用的又是如此卑鄙无耻的阴谋诡计,那还得了?!……当权的王室又怎能让穷苦文人盗用王政的名义散发这种充满恶毒而可笑的诽谤言论的文告呢?这些人不是太猖狂、太无理了吗?……

'特权者是根本不想改革的,因此,人民应该懂得:不依靠自己的才智和勇气,是什么也得不到的。……真理和正义在人民这一边。……但是,现在已经不是寻求双方和解的时候了,因为,压迫者的暴力与被压迫者的愤怒又怎么能协调起来呢?

'他们故意闭眼不看正在爆发的革命,这不全是徒然吗?过去,人民只是农奴,贵族便是一切;今天,人民却成了一切,而贵族却只剩下一个空洞的名义了!可是,现在居然有人想利用这个名义偷运一种新型的、照旧令人无法容忍的贵族统治;因此,人民要求彻底取消贵族是完全正确的。

'对于与人民为敌的特权者,应该剥夺其选举权和被选举权。……我也知道,在大多数读者看来,这样的原则未免有点过火;可是,对偏见来说,真理总是过火的,正如从真理来看,偏见也必然是过分的。……这个措施也许现在还实行不了,但是,我既然是一个作家,就有责任阐述真理。……如果每个人都想老实事,说老实话,那么,凡是有益于众的事情,哪怕是再巨大的改革,做起来也不会有什么困难!……除了尽自己力量来帮助传播这条开辟道路的真理之外,我还能干些什么更有意义的事情呢?开始时人们也许对它不大理解,可是最终总会看到,这些原来被人们责备为纯属妄想的原则终于付诸实践。如果作家们都不愿意让各种偏见把自己打成狂人,今天的世界也就落后得多了!

'行政当局总是不得不慢步而行,可是哲学家却应该直朝目标迈进。……许多人的所谓直言不讳，往往总是夹杂上老练、含蓄、细致，据说这叫做谨慎，其实这才正是地地道道的疯狂。……有的人认为，真理在什么时候都可以分成若干部分，一点一滴地灌输，人们思想上就比较容易接受。其实，事情往往需要剧烈的震动。只有通过这种震动，真理才能充分散发其光芒，给人以深刻的印象，激发起人们高度的兴趣，从而认识到什么是正确、美好和有益的事物。'

"请再听听西哀士 1789 年 7 月 20 日在制宪议会提出的《关于承认人权和公民权的法案》中所说的：

'大自然不断地鼓舞人类追求幸福；幸福正是人生的目的。

'不同的两个人，只要都是人，就平等地具有一切来自人类本性的权利。

'这两个人可能在能力上不相等，但是不能由此得出结论，说他们在权利上也应该不平等。

力量只能产生效果而不能产生义务。压迫永远不能变为压迫者的权利，也不能产生被压迫者的义务。……争取解放始终是一项权利，甚而是一种迫切的义务。

'组成社会是大自然赋予人们用以争取幸福的手段之一，它是天然秩序的一种补充。

'社会的任务是为它的一切成员谋幸福，使他们高尚完美，而不是使人腐化堕落；是增强和提高他们的能力，而不是削弱和降低他们的能力。……因此，社会不应当在人们天赋能力的不平等之外又建立起权利不平等这样一种不公正的制度；相反地，它应该维护权利的平等,以抵消人们在能力上的那种尽管是天生的、但却是有害的不平等。……社会的法律绝不应该削弱弱者而加强强者;相反地,它应当帮助弱者抵御强者,保障弱者享有充分的权利。

'在自然状态下,任何人都无权损害其他人,从而也无权在别人缺乏必需品时拥有多余的物品。

'我如果开垦和耕种了一块土地,这块土地就既属于我所有,也属于一切人所有;不过,这时因为我对它享有最初占有权,所以它就在更大程度上属于我所有而不是大家所有。在这种情况下,只要还有其他的土地足供别人使用,这块土地便可以成为我的排他性财产。在其后出现的社会状态下,这种权利就通过社会成员的共同约定而在法律上得到确认。……为了使私有财产这一概念具有我们今天在法治社会里所习惯理解的那种完整的意义,我们完全有必要假定曾经存在过这样的约定和确认。

'充分发挥社会状态的一切优越性,是一切技艺中最首要的技艺。……建立起这样一个能为一切人谋求最大幸福的社会,将是人类全部智慧和品德的结晶。

'政治权利一律平等是一条神圣的基本原则。政治不平等是一种直接产生其他一切特权的特权。……法律只应是公共意志的体现。'

"请再听听他向国民公会提出的教育计划中的主张吧!他要求教育必须普及、免费,并且以共和与平等原则为基础。

"这位西哀士是个什么人呢?他是位修道院长、学者和哲学家,长期隐居起来,潜心研究和思考问题。1789 年革命初期,他的观点对整个法国有过重大的影响。由于他那本著名的小册子[1]，巴黎人自发地选举他为三级会议代表。米拉波对他的天才给予了高度的评价，甚至于宣称，西哀士沉默一天对公众来说就是一场十足的灾难。他被巴黎的三个区选进国民公会，在那里与孔多塞和吉伦特派并肩作战。此外，他还治理过法国，起先是五督政之一，后来又成为三执政的一员。

“请听听孔多塞在他的《答柏林学士院书》中表达的见解吧！他认为欺骗人民就是戕害人民。

‘我并不是不了解，在目前情况下的欧洲，人民是谈不上有什么真正的道德的。但是，人民的愚昧是整个社会制度和各种迷信观念造成的。人并非生而愚蠢和悖理，这是后天造成的。如果对人民讲求理性，对他们说实话，便可以使他们懂得他们必须知道的一点点道理。他们之所以连必须尊重富有者的私有财产这点思想也接受不了，无非是因为：第一，他们认为富人的财产是从人民手中掠夺和盗窃得来的，不幸的是，这种看法在多数情况下确是符合事实的；第二，他们的过度贫穷使他们无时无刻不处于绝对困苦的状态下，即使是最严厉克己的道德家在同样情况下也不能不有他们的这种感觉；第三，他们由于贫困而受到的鄙视和虐待，使他们深怕因为受骗而继续原来的处境。因此，人民所以一般地多少有点盗窃行为，完全是因为社会上各种不良制度造成的。’

〔1〕 即《什么是第三等级？》一书。——译者注

“再听听还是这位孔多塞在《人类知识发展史》一书中所说的：

‘我对人类未来的希望，可以归结为如下三点：消灭各民族间的不平等；发展各民族内部的平等；实地改进人类本身。

‘目前这种几乎全是因为社会制度不良而形成的不平等现象，应该逐步地减少，直至最后让位于事实上的平等。这点正是治理社会的终极目标。

‘财富、地位和教育三者的不平等，是一切苦难的主要根源。

‘要消除这几方面的不平等，可以有许多办法，特别是应该创办储蓄事业，对广大人民实行养老金制度，通过银行向穷人提供必要的资金，进行职业训练和普及教育，改进各种实用工艺，完善各种法律，恢复男女平等，以及创造一种世界语。’

“再听听，他在向立法议会提出的教育计划中承认：

‘葬送希腊罗马的是财富不平等的制度。古代的历史家都是贵族，因而，他们把一切旨在重建平等制度的尝试一律说成是朋党或匪帮的叛乱，是不足为奇的。’

“再听听他承认说：即使人们彼此间存在着天然的某种不平等，也还是可以通过教育来加以克服。

“再听听他呼吁说：

‘教育应该免费、平等和普及，内容应该包括体育、智育、职业教育、道德教育和政治教育，其终极目标是建立公民之间真正的平等。’

“再听听他在与西哀士和杜哈梅尔合编的刊物《社会教育》上承认：只有财富完全平等或者接近平等，才能有真正的权利平等；必需品不应该课税，多余物品才应该征税；按多余财富的数量累进课税是公平可行的办法。

“他既没有要求财产共有，也没有主张财富绝对平等。他肯定私有制，而且赞成财产上存在一定程度的不平等，从而也同意教育和知识方面可以有某种程度的不平等。他甚至容忍大资产者的存在；但是，他希望没有任何贫困现象，要求一切都朝真正的平等发展。

“他认为每一个国家的全体学者应该组成一个协会，然后各国的这种全国性学者协会又共同组成一个世界学者协会，或者叫世界学者共和国，以致力于革新社会和改进人类。

“最后，他与杜尔哥、普莱士[1]和普利斯特利[2]一样，相信人类在一切方面，不论在体力、智力和道德上，甚至在寿命上，都有无限改进的可能。他认为人类业已取得非凡的进步（他这话是在1793年说的，要是到了现在1836年，他一定觉得进步更大了）。他还认为‘不论是科学、技术、机械方面的发明与改进，还是人类本身和社会政治制度的进步与完善，都不可能有任何限度；而且还主张这一切进步的目标应该是真正的平等。

〔1〕 普莱士（1723—1791年），英国资产阶级激进派政论家、经济学家和道德论哲学家。——译者注

〔2〕 普利斯特利（1733—1804年），英国著名化学家，发现氧气；唯物主义哲学家和进步的社会活动家；英国产业革命中的资产阶级激进派思想家。——译者注

“这位孔多塞又是个什么人呢？他是位侯爵、学者、哲学家，当过法兰西科学院的常任秘书。他和吉伦特党人一同遭放逐，被迫流亡国外；其后便把有限的余生用于撰述他认为有益于人类的真理。

“请看看那位著名的米拉波对‘私有主是否可以以遗嘱处理自己的财产?’这样一个立法问题所持的见解吧：

‘如果公民处理其身后财产的权利可以视为天赋的或原始的权利，那么，任何剥夺这种权利的实体法当然都是非法的；因为，社会的建立并不是为了取消我们的天赋权利，而是为了调节这些权利的行使和保证这些权利得到实现。……因此，要解决这个问题必须弄清私有财产权究竟是依据自然法而存在的，还是只是社会所赐予的一种恩惠。

‘如果我们设想一个人处于原始状态中，脱离了他与其他人共同组成的社会的调整，那么，看来他对任何天然物品都不可能有什么排他的权利，因为这些物品都一律属于一切人所有，而不属于某一个人所有。

‘任何一块土地和任何自然生长的东西，都不能由任何个人据为己有而排斥其他人享用。一个自然状态下的人，只有对自己的人身、自己劳动的成果、自己修建的棚舍、自己捕猎的野兽、自己耕作的土地，或者更确切地说是自己耕种的作物及其产品本身，才拥有真正的特权。……可是，一旦他收获了自己的劳动果实，他投入这块土地的资财，便又成为一切人共同所有。

‘只有经过有关人的同意对土地进行的分配，才能被视为私有地产的来源；进行这种分配的前提是已经开始存在社会，而且有了

一种原始的约定、一种真正的法律。

‘因此，私有财产权乃是一种社会权利，或者叫民事权利，从而，法律便既可以禁止，也可以允许以遗嘱处理私有财产，甚至还可以没收遗产归全社会所有。

‘不过，我认为应该允许把遗产留给父母；至于子女和其他指定继承人，则为了维护宪法所宣布的公民平等，特别是维护兄弟之间的平等，法律有必要规定：给予非子女的指定继承人的遗赠不得超过全部遗产的十分之一，其余的财产应在子女之间绝对平均地分配。’

“再听听那位人们公认为是位贵族的马鲁埃[1]在制宪议会第一次会议上大声疾呼道：

‘哼！旧制度的拥护者们！这可是你们太欠考虑的反抗了！你们的奢望只会引起公愤，以致毁灭了你们自己！……你们不愿意选举平等，就是说，你们人数只占全国总人口的五十分之一，却一点不想和为数众多的人民分享权力！可是，一旦你们触怒了人民，他们手中的财富与智慧，他们身上的苦难与无知，将产生惊人的力量。要是这千万人同声反对你们，你们该怎么办?！……请不要忘记，仅次于上帝的最强大的力量，就是觉醒了的人民！’

“再听听，制宪议会在它通过的宪法[2]中一开始就庄严地宣

---

〔1〕 马鲁埃(1740—1814 年)，法国政治活动家，资产阶级革命时属于温和的保皇派，即大资产阶级和资产阶级化地主的代表。——译者注

〔2〕 指法国国民议会 1789 年 8 月 26 日通过的《人权宣言》。——译者注

布承认人权。它规定：

‘任何人自出生时起即永远享有自由和权利平等。……人的天赋权利不可割让和不容剥夺。……这些权利就是自由权、私有财产权、人身安全权和反抗压迫权。……整个政治社会的目的就在维护这些权利。’

“(这些规定意味着：在组成这个政治社会时，每一个成员都已拥有应予保护的私有财产，而且是数量足够的私有财产；因为，只有非以暴力取得的财产，只有不是在别人缺乏必需品的情况下拥有的多余财富，其私有主的权利才能是一种天赋的权利，除此以外的任何私有权都不过是一种违背自然的事实或社会权利，而不是天赋权利。)

‘自由权就是可以从事任何不损害他人的行为的权利；因此，每一个人行使其天赋权利，唯一的限制就是要保证其他的社会成员也能享受到同样的权利。’

“(这就是说，任何人在其他人缺乏必需品时，便没有取得和保有多余物品的天赋自由。)

‘法律是公共意志的表现，因此，一切公民都有权亲自或者通过自己的代表参与法律的制定。

‘私有财产权神圣不可侵犯。

‘必须设立一个从事社会救济的政府机构来收养被遗弃的儿童，救助残废羸弱的穷人，并且为有劳动能力而找不到职业的人提供就业机会。’

“再请看看，吉伦特党的许多哲学家虽然反对平分土地和财富的绝对平等，但还是接受共和制、政治平等和普选制，同意规定私

有土地限额、禁止旁系继承、实行累进税制、免除必需品捐税和消灭贫困现象，并且承认有必要使一切人有受教育的机会和过安定的生活，赞成以真正的平等作为前进的目标。

“请听听吉伦特党的首领之一、哲学家孔多塞 1792 年 7 月 6 日在立法议会讲坛上的发言吧：

“‘请你们制定法令，把法兰西的三个逃亡国外的亲王（即路易十八、查理十世和孔代亲王[1]）的全部财产就地拍卖，以赔偿被他们煽动起来蹂躏祖国的国王们掠夺了财产的公民。……你们将会发现，这样的措施是对这些趾高气扬的罪犯们最适宜的惩罚，可以迫使他们亲自来促进他们曾竭力加以破坏的平等制度。这些财产不论其性质如何，都应该分成小额出售。由于它总值约达一亿法郎，因而你们将使成千上万的公民成为私有主，以取代过去的三名亲王。他们的宫室将变成穷人的住所或工厂车间；过去只供豪门贵族游乐的庭院，将修建起供品德高尚的庶民安居的房舍。……制宪议会的前辈议员已经为政治自由奠定了基础，你们现在就应该设法使人民实际享受到公民自由！请把代理继承制废除掉，把遗嘱继承制也取消掉，另行规定一种最有利于分散私有财产的继承制度！请赋予婚姻以最大的自由！请恢复所谓非法子女应有的天赋权利，建立收养制度，容许离婚，以及创办教育和社会救济机关！’

〔1〕 孔代亲王（1736—1818 年），旧王族，1792 年逃亡国外，组织复辟武装，称“孔代军”。——译者注

“再请听听罗伯斯庇尔在1792年6月发表的《关于宪法的第四篇答辩词》中所作的呼吁吧：

‘从革命开始之日起，我们的敌人便极力诬蔑我们要平分土地，借以恐吓一切富人。这是一些居心不良的坏人捏造出来吓唬无知者的荒诞谣言。尽管事实已经再三揭穿这种耸人听闻的谣言，可是坏人们还是顽固地重复这些谰言，似乎自由的捍卫者都是些丧失理智的人，竟然会设想出这样一种既危险又不公平，而且也难于实现的计划，似乎我们并不懂得在目前的公民社会里还不可能彻底实现财富的平等，并不了解作为财富平等的必要前提的共产制度在我们这里还显然只是一种梦想，似乎我们并没有看到这种冒进的计划必然会危及那些拥有一定产业的人的个人利益。我们要求权利平等，是因为没有权利平等就谈不上个人自由，也谈不上社会幸福；至于个人的财产，那么，只要社会能履行其职责，保障其成员不致匮乏而且有可能以劳动为生，那么，凡是未被富裕所腐蚀的人们和自由事业的一切朋友，就一定不会去垂涎这些财产，正如阿里士忒德[1]绝不会去羡慕革拉苏[2]的财宝。’

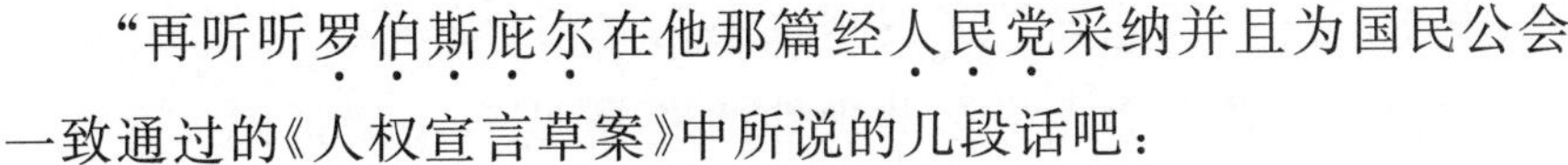

“再听听罗伯斯庇尔在他那篇经人民党采纳并且为国民公会一致通过的《人权宣言草案》中所说的几段话吧：

[1] 阿里士忒德(公元前540左右—前467年)，希腊政治活动家和统帅，雅典奴隶主贵族的代表。——译者注

[2] 革拉苏(公元前115—前53年)，罗马政治家，两度任执政官；曾镇压斯巴达克领导的奴隶起义。——译者注

‘整个政治社会的任务就是维护每个人不容剥夺的天赋权利和发挥他们的一切才能。

‘最主要的人权就是维持生存的权利和个人的自由。

‘一切人不论其体力和智力如何不相同，都平等地享有这些权利。……权利平等是大自然规定的；社会不但不应该损害这种平等，而且应该制止任何对这种平等的暴力侵犯，保障权利平等不致流为空话。

‘私有财产权就是每一个公民所享有的按自己意志使用和处理自己受法律保护的那一份财产的权利。

‘私有财产权和其他一切权利一样，受着一定的限制，就是必须尊重别人的权利；……私有财产权不能损害其他社会成员的安全、自由、生存和私有财产。

‘社会有责任给它的所有成员提供生存条件，办法是保证他们有工作可做，以及给丧失劳动能力的人提供生活必需。

‘对缺乏必需品的人提供必不可少的救济，是那些拥有多余财富的人的一种应偿的债务；法律有权规定这种债务应以何种方式清偿。

‘凡是收入不超过其生活必需的人，应该免除对公共开支的负担；其余的人则按其财产多少根据累进原则对公共开支作出贡献。

‘社会应该全力促进公共理性的发展，保证一切公民都有受教育的机会。

‘各国人民彼此都是兄弟。不同民族之间要和同一民族中的不同公民之间一样，根据自己的能力互相帮助。’

“请看国民公会通过的由康巴塞莱[1]、贝赫尔埃[2]和古东·德·莫尔沃克[3]等人起草的《1793 年宪法》中的规定：

‘法兰西人民确信，人类的天赋权利遭到遗忘和忽视，是世界苦难的唯一原因，因此，决定重申这些神圣的、不可割让的权利。……

‘社会的目的就是共同幸福，……

‘政府的建立，是为了保证人们能够享受其不容剥夺的天赋权利。……这种权利包括：平等权、自由权、安全权和私有财产权。……一切人都生而平等，法律面前人人平等。’……

‘私有财产权就是一切公民所享有的使用和处理自己的财产、收入、劳动果实和智慧成就的权利。……

‘社会救济是一项神圣的债务。……

‘受教育是一切人的必需。’

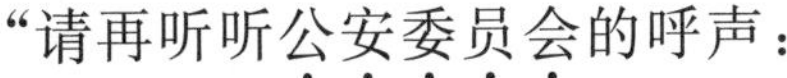

“请再听听公安委员会的呼声：

‘我们所希望的社会秩序是：一切卑鄙和残忍的情感都受到法律的约束，而一切善良和慷慨的情感则受到法律的鼓励；雄心壮志应该意味着决心不辜负荣誉和渴望为祖国服务；差别应该建立在平等的基础上；公民要服从官员，官员又听命于人民，人民则遵从

〔1〕 康巴塞莱(1753—1824 年)，法国公爵、法学家和政治活动家，曾任国民公会议长和第二执政，参加过拿破仑民法的起草。——译者注

〔2〕 贝赫尔埃(1761—1844 年)，法国法学家、历史学家和政治活动家，曾任国民公会议员，投票赞成处死路易十六；后为拿破仑帝国伯爵。——译者注

〔3〕 古东·德·莫尔沃克(1737—1816 年)，法国公爵、化学家，革命时期曾任公安委员会委员。——译者注

正义；国家要保障每个人的福利，每个人又能自豪地正当地享受国家的繁荣与荣誉；一切人都应该彼此不断交流共和思想，求得进步，以无愧于自己伟大民族的尊严；艺术应该意境高尚，能为自由增添光彩；商业应该成为公共财富的来源，而不是少数家族的致富手段。

‘我们希望我国能够以道德取代利己主义，以正直取代虚伪，以原则取代陈规陋习，以责任感取代世故人情，以理性王国取代流行的暴政，以鄙弃邪恶取代轻蔑穷困，以豪迈取代骄矜，以高尚理想取代虚荣，以珍惜荣誉取代嗜爱钱财，以与人为善取代朋党义气，以立功取代密谋，以真才实学取代哗众取宠，以真理取代浮夸，以幸福的欢乐取代淫欲的苦恼，以平凡人的伟大取代权贵的渺小，以一个宽宏、强大和幸福的民族取代一个狭隘、软弱和苦难的民族，换句话说，就是以共和国的一切高尚理想和伟大奇迹来取代君主国的种种邪恶居心和荒谬作为。

‘总而言之，我们渴望满足大自然的意愿，完成人类的使命，实现革命哲学的诺言，使天国意旨最终地摆脱罪恶与暴政的长期禁锢。但愿过去以受奴役深重著称的法兰西能够使一切现存的自由民族为之黯然失色！但愿它能成为各民族的榜样，使压迫者望而生畏，被压迫者则引为慰藉，从而为人类世界增添光彩！让我们以自己的鲜血来浇注我们的事业吧！那样，我们就起码也能够看到幸福的曙光开始普照世界！

‘我们的目标是建立一个人民能享受幸福的共和制的主权政府。这个政府将以永恒的智慧与天意为唯一依据；这个政府将不再因为自己每天都犯下新的罪行而时刻摇摇欲坠。……

‘革命的大批敌人还掌握着巨额的财富,人民还迫于贫困而不得不依附于敌人,为敌人而劳动。革命使我们懂得了一条原则,就是:一切已暴露为国民公敌的人,都不应该在我们国家里充当私有主。……人民在前线流血战斗,父母为自己殉难的儿女举哀,难道是为了维护暴君们的享受吗?……我们绝不容忍我们国家里再有贫困者和苦难者,哪怕是只有一个也不行。……在欧洲,追求幸福是一种新的思潮。

‘……巩固革命的途径就是使拥护革命的人受益,同时摧毁反对革命的人。’

“再听听国民公会一项法令的规定:

‘共和国的一切城乡政府,应即制作一份本辖境内穷苦爱国者的名单。……该管的委员会应起草一个计划,拟定以革命公敌的财产赔偿所有穷苦人的措施。’

“再听听《共和第三年宪法》的规定:

‘社会人权包括自由权、平等权、安全权和私有财产权。

‘所谓平等,就是无论保护性或惩罚性的法律,一律无区别地适用于一切人。’

“(这就是说,法律平等地保障一切人的生存、生活和幸福;不仅保护他们的财产,而且保证他们有足够的财产。)

‘平等制度不承认任何出身的区别,不承认任何世袭权力。’

"（我们可以说，这就是废除私有财产的世袭。）

'私有财产权就是公民使用和处理自己的财产、收入、劳动果实和智慧成就的权利。

'每一个公民都有直接或间接参与制定法律和选举议员的平等权利。

'国民和公民的一切义务都产生自下列两个原则：己所不欲，勿施于人；己之所欲，必施于人。'

"（由此可以认为，赞成财富平等也是一种义务。）

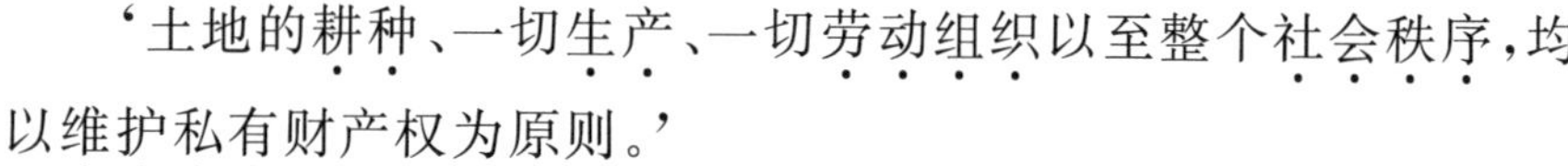

'土地的耕种、一切生产、一切劳动组织以至整个社会秩序，均以维护私有财产权为原则。'

"这种提法就好像在共产制度下既不可能有耕作与生产，也不可能有劳动组织和社会秩序似的；其实，国民公会是出于富人的利己动机和反抗心理而反对共产制度，只不过它没有明说罢了！

"我不准备给你们谈拉克列蒂尔[1] 1790 年提出的《国民教育计划》和同年塔列朗向制宪议会提出的另一个《国民教育计划》了。

"但是，请听听立法议会的国民教育委员会 1792 年 4 月 20 日向大会提出的关于孔多塞起草的教育计划的审查报告吧：

'国民教育应该使一切人都具有谋生的能力和保障个人福利的手段，使他们能够了解和行使自己的权利，认识和履行自己的义

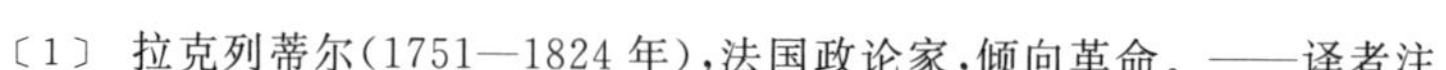

〔1〕 拉克列蒂尔（1751—1824 年），法国政论家，倾向革命。——译者注

务。……它应该在公民之间确立事实上的平等,实现宪法所规定的真正的政治平等;……这些就是国民教育的首要目的。有鉴于此,共和国政府应把国民教育视为自己应尽的正当职责。'

'整个免费国民教育系统包括三万一千所初等学校,五百所中等学校,一百所专门学院,九所国立大学和一所国家研究院。'

'国家研究院设四个研究班,其中之一是伦理学和政治学研究班,内容包括:一、形而上学和伦理情感;二、自然法、人间法和社会学;三、公法和立法;四、政治经济学;五、历史学。'

"请再听下去:

'国民议会对曾经以其研究成果孕育了法国革命并为自由平等事业奠定基础的学术界和哲学界表示深切的感谢。鉴于国民教育对社会起着极其重要的作用,特此宣布:从事教育事业的人员一律列入公职人员的编制。'

"请再听听国民公会的国民教育委员会 1793 年 6 月 25 日就米歇尔·吕·培利蒂埃[1]起草的国民教育法案向大会提出的审查报告吧:

'教育应该免费,内容应该包括识字教育、智育、体育、德育和生产教育。……

'学生应该练习舞蹈和歌唱,以便能在全国性节庆时表

〔1〕 米歇尔·吕·培利蒂埃(1760—1793 年),法国政治活动家,革命时期曾任制宪议会议长,后又被选入国民公会。由于投票赞成处决路易十六,被保皇分子暗杀。——译者注

演。……

‘学术团体应该仿照大型共和政治团体的方式建立。……

‘应该规定大量的全国性节日，特别是要规定语言改革节、创作节、印刷节、人权节、初级公民大会和人民主权节、人民选举节、平等节、自由节、正义节、和平节、自然节、博爱节、推翻贵族节、7月14日革命节、8月10日废除王权节。’

“请再听听本·康斯坦[1]在共和第三年（1795年）发表的小册子《论共和制政府的威力》中写的几段话：

‘许多人喋喋不休地对我们说：共和制在法国是行不通的。

‘凡是没有存在过的事物，在人们看来总是不可能实现。历史上既然不曾出现过一个人口达两千五百万的共和国，人们也就据此仓促地作出结论，认为建立这样一个共和国只能是一种梦想。

‘但是，我们不妨想想，地球曾经经历过多少巨大的变迁，世界各国出现过多少政治灾难，人类社会又发生过多少动乱呵！所有这些，就像一道不可逾越的屏障，使我们无法详细了解四千年以前世界的状况究竟如何。因而，现在有的人把自己没有见过的事情一律武断为不可能存在，其狂妄自负实在是令人惊诧；这种人以为否定一切就能给自己增添什么威望似的。

‘特别是，当我们发现这种人提出的理由恰恰是一二百年甚至上千年以前人们使用过的那些论据，而且人类过去的一切发明创

〔1〕本·康斯坦（1767—1830年），法国自由资产阶级政治活动家、政论家和作家，曾从事国际法问题的研究。——译者注

造和由于各种偶然因素的凑合而发生的一切事情都曾经被旧日的这类理论宣判为不可能,我们就更觉得这类人实在是荒谬可笑。

‘在大型的社会出现以前,无疑一定会有人凭自己的经验,出来宣称人数众多的社会是无法生存的。每一个时代都总有一些庸人要拿过去来否定将来;而他们的后人呢?尽管眼看着这些庸人的高论已被历史进程所推翻,尽管也在讥笑前人的谬误,可是自己却还是在模仿他们,照样不遗余力地发表各种革除新事物的预言,不同的只是否定的是另外一些事物罢了!

‘如果像我们在法国所见的这种极权王政还从来没有出现过,那么,它显然也会被人们归入不可能之列。在那种情况下,要是有人设想要把一切人的命运交给单独一个人的意志去决定,人们一定会认为这是一种荒谬的主张,而不是什么新颖的思想。

‘如果这种王政只出现在一些小国里,那么,人们又会否认有可能建立一个两千五百万人口的君主国,而且会为此编造出千百条反正都是大谬不然的理由来。

‘总而言之,没有任何事实足以证明,而且也根本无法证明共和制偏偏在法国就行不通。

‘因此,正在兴起的共和制之所以遭遇这样多的阻难和受到人们的消极反抗,应该归咎于君主制教育。

‘我们甚至可以说,适用于共和政体的代议制是一种十分卓越的创造。它是君主制与纯粹民主制之间最适当的折衷形式,既保留了共和制的崇高理想和远大目标,又适当缓和了它的过激性;而且,共和国的幅员愈是广大,这优点愈是显著;因为,人们既然参与了对宏大目标的讨论,自己的一些琐碎欲念便自然退居次位;人们一抛弃了各种渺小的考虑，彼此之间的距离也就密切起来，大家注意的便不是分歧和争执，也不再迷恋自己的个人利益和互相嫉妒了。

‘任何一种思潮，除非它是不完善的，只要一传播开去，便无法扑灭。以这种思潮为指导的革命，就迟早总会建立起自己的统治。倘若这种思潮还不够完善，那么，这一次的革命便只成为未来另一次革命的先声。一当这种思潮臻于完善并再度发挥其作用时，革命便取得胜利。

‘平等思想就是这样一种孕育革命的思潮。它在人们心中从来没有磨灭过，而且已经渗透到生活的一切方面。没有一种新生的宗教不是崇尚平等的，只是后来因为一些伪善的神职人员篡改了这些宗教本来的性质，平等原则才被抛弃了。

‘社会状态的起源虽然还是一个不解之谜，但是社会的发展进程却十分相似和非常简单。尽管它的诞生过程还被一层难以穿越的云雾所遮盖，我们还是可以看出，人类一直是在各种历史制度的废墟上朝着平等制度前进。

‘它朝这个方向每迈出一步，就再也不会后退。虽然有时我们也看到某些类似于倒退的现象，其实也只不过是我们错把战斗当成败北，把肉搏混为逃跑罢了！

‘请看，法国不是已经永远废除了种姓制、奴隶制、封建制和贵族制吗？

‘有的人主张，不妨给贵族们一个世袭治安官的特别头衔，以补偿他们失去的威信。这实际上是企图制造新的混乱。

‘应该最终屈从支配着我们的那种必然性了！不要再无视社

会的发展进程了！不要继续从事流血斗争，从事徒劳的反抗了！不要再以罪恶和灾难来换取人们的权利了。

“请再听听第一执政波拿巴在共和第十年热月14日给参议院的答词中说：

‘法兰西的自由、平等和繁荣将不再受变幻无常的命运的作弄。……这个一切民族中最优秀的民族，将成为一个最幸福的民族。’

‘我接受万物所由的上天的召唤，满怀喜悦地给人间带来正义、秩序和平等，因此，直到生命的最后一刻，我都将心怀坦荡，对后世的任何评论都无所愧惧。’

“请再听听这位被废黜的皇帝拿破仑在圣·赫连拿岛上的忏悔吧！

‘我分封新贵族本来是为了消灭旧贵族和满足人民的意愿；而且经我手授予爵位的人，大部分出身自人民，因为，我认为最普通的士兵也有权获得公爵的称号。可是，我现在终于认识到，这样做是错了，因为它削弱了全国所渴望的平等制度。’①

“再听听狄德罗在《自然法典》一书中提出的主张吧！正确地说是听听摩莱里的主张，因为这本出版于1755年的著作的真正作

① 见奥·梅拉著《拿破仑被囚回忆录》，第1卷第164页。（奥·梅拉是英籍医师，曾负责拿破仑的医疗。——译者注）

者是摩莱里，不过是巴贝夫[1]把它错当成狄德罗的著作来援引罢了。

‘私有观念和利己主义驱使着每一个人为了个人幸福而牺牲全人类的利益。……私有财产是一切纷争的共通的和首要的根源。……由于存在私有财产，一切事物都非得其所，或者更确切地说是完全本末倒置，从而导致无穷无尽的大动乱。

‘私有财产点燃了熊熊的贪欲之火，激发起追求财富的狂热，开拓了难填的欲壑。它的种种荒谬制度使人们无时无刻不处在一切都匮乏的危险状态中。人们为了摆脱这种险境而发展为疯狂，又有什么可奇怪的呢？如果把这情形比做野兽在吞噬其同类，岂不是再恰当不过吗？

‘这就好比胡乱在河渠中拦腰修一道水坝，本来十分平静的流水受到阻挡，便冲决河堤，四处漫溢，造成一片汪洋泽国。现在，应该依靠规范和箴言的威力来修复河堤了！’

“请看，摩莱里就比他的前辈大胆，他敢于正面指出共产制度完全切实可行：

‘我只是提出根治各种弊病的措施；希望的是，比我能干的人能想法说服人们赞成这些措施。

‘那些生来为了治理国家的人们，你们不是想不辜负人类的期望，建立起一些最良好、最完善的政府吗？……那就请你们首先赋

[1] 巴贝夫（1760—1797年），法国革命家，空想平均共产主义的著名代表人物；曾组织过平等派，因起义失败被捕牺牲。——译者注

予那些真正的明智之士以充分的自由,让他们放手抨击各种维护私有观念的谬论和偏见吧!……那样,你们马上就会发现,类似于我所收集的这些我认为最符合于理性启示的优秀法律,你们的臣民是不难接受的。

'问题只是如何让大多数受害者认识到这种制度确实能够使人们彼此之间出现一种完美的互助关系,使任何人都不但不缺乏必需品和实用品,而且还能够有享受品。

'我想再重复一遍:我确信,只要人们都抱有这种信念,那就保证有实现的可能;而且我认为,人们赞同这种已被证明是唯一能给人们提供无穷福利和高度幸福的制度,并不需要有什么非凡的品德,需要的只是自爱自重,酷爱和平,凡事向往持久和充分的宁静,以及盼望个人能有最大限度的享受。所有这些性格,大自然早就关怀备至地撒播在每一个人的心田上。欲望之所以把人们引入歧途,使人人热衷于无止境地增殖自己的财富,原因不外是盲目的热情使自我欲望发展到极端了。过去人们认为,也许这是使最大多数人获得幸福的唯一途径,现在应该给他们指出,这是错误的。要细心地说服每一个人,使他们相信确实存在着另外一条能使大多数人臻于幸福的途径。那样,你们就能发现,只要是自爱自重的群众,用不着你去恳求,也自然会接受你的主张。

'至于在具体运用各项法律来妥善分配职业,保证满足公共和个人的需要,有计划有步骤地供应为数众多的公民的生活需求的过程中,虽然可能碰到各种困难,但是也无非是些微不足道的枝节问题。

'这些问题归纳起来很简单,不外就是如何统计物品和人数的

问题，也就是说，只是些单纯的计算和综合工作的问题。在优良的社会制度下，是完全能够做到的。古今的一些计划制订者面临过并且完成了的任务，比我们要困难得多，因为，他们除了要面对一些无法预见的事变以外，还要碰到无数自然灾祸以及由于自己的疏误而造成的种种障碍。如果说真有什么值得惊奇之处，倒是这些疏忽大意的人也居然能把某些事情办成功。'

"巴贝夫和平等派后来采纳的正是这种学说。不过，我们且不来提他，还是先听听安东奈尔[1]的说法吧！

"请看安东奈尔和菲力克斯·吕·培利蒂埃[2]合编的刊物《平民喉舌》和《自由人杂志》写道：

'私有财产权恐怕是人类想象力最可诅咒的一项创造了！我确信共产制度是唯一公正、唯一美好和唯一符合于大自然纯朴情感的制度；离开这种制度，便不可能有什么真正安宁和幸福的社会。'（引自《平民喉舌》第九期）

'接受这种认为人类只有在财产共有制度下才能幸福的主张的人，为数不可胜计。在这一点上，不论是诗人还是哲学家，热情敏感的人还是严肃的道德家，富于想象力的人还是严谨的逻辑学家，老成练达的人还是天真纯朴的人，思想感情都已经一致，或者

〔1〕 安东奈尔（1747—1817年），法国资产阶级革命的政治活动家，基督教社会主义者；雅各宾党人，曾任革命法庭法官。——译者注

〔2〕 菲力克斯·吕·培利蒂埃（1767—1837年），米歇尔·吕·培利蒂埃之弟，原为法国一亲王的副官，辞职参加革命，同情平等派。——译者注

说行将取得一致。’(引自《自由人杂志》第四十四期)

‘实现这样一个社会规划，是一切心灵纯洁的人的长期愿望，是一切正直人们生而有之的想往。……实现这个规划将是人类莫大的幸福。……’

‘但是，最终回复到这种美好幸福的状态(共产制度)，也许只是一种梦想。……’

‘巴贝夫和我都出生得稍微晚了一点。我们来到世上的使命是使人们摆脱对私有制的迷信；可是，这种邪恶的制度过分根深蒂固了，它已经祸及一切方面，在那些人数众多而历史悠久的民族中，已经永远无法加以根除。(引自《平民喉舌》第九期)

‘唯一可以期望做到的，就是把财富不平等限制在一个可容忍的限度之内，……以及制定一些抑制野心和贪欲的法律。……’

“可是，正是这位安东奈尔后来却接受了巴贝夫的影响，改变了自己的主张，和他一道密谋起义以建立共产制度。

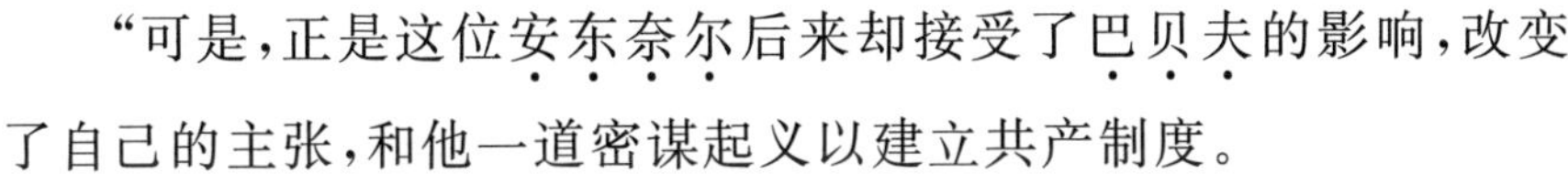

“我不准备给你们引述格拉古·巴贝夫的主张了。他在自己的刊物《人民论坛报》上讨论和阐发财产共有制度，反驳了安东奈尔认为共产制度不可能实现的观点，并且肩负起拟定一个实现共产制度的计划的任务。与此同时，还有另外一批人也从事着同样的工作①。

① 波德松写的一部著作和《人民启蒙者》杂志都主张与巴贝夫相同的原则。

“不过，有一个意义重大的新情况不知你们注意到没有？这就是：这时赞成建立共产制度的是一大批人，其中包括达尔德[1]、安东奈尔、波德松、马拉舍尔[2]、邦纳罗蒂[3]、杰赫曼尼、菲力克斯·吕·培利蒂埃、杜鲁叶特[4]、阿马尔[5]、瓦迪埃[6]、罗贝特-林德[7]、六十名国民公会议员（热月 9 日政变后被放逐的山岳派）、集合在平等派和大批其他一些团体里的民主派，以及巴黎的大部分市民，还有各部机关的许多民主分子。这些人都在讨论共产学说，赞成这种制度，并且在《共和第三年宪法》废除和《1793 年宪法》公布后便密谋通过暴力来建立这种制度。

“共和第四年花月 21 日，由于暗藏特务（格里赛尔）的告密，有五十九人遭到起诉，被控有下列罪名：1. 意图破坏宪法；2. 意图以共产制度取代私有制。

“被告们在最高法院当众宣称自己拥护平等和共产制度。

〔1〕 达尔德（1769—1797 年），法国法科大学生，参加过攻占巴士底狱的战役；1793 年任革命公诉人；1797 年 5 月参加平等派密谋起义被捕，与巴贝夫同时被害。——译者注

〔2〕 马拉舍尔（1750—1803 年），法国作家，无神论者，参加过平等派密谋。——译者注

〔3〕 邦纳罗蒂（1761—1837 年），意大利革命家，参加过法国资产阶级革命；空想社会主义者，是巴贝夫的战友。——译者注

〔4〕 杜鲁叶特（1763—1824 年），法国政治活动家，国民公会议员，后为五百人院议员。——译者注

〔5〕 阿马尔（1750—1816 年），法国律师，资产阶级革命的政治活动家，国民公会山岳派议员，投票赞成处死路易十六。——译者注

〔6〕 瓦迪埃（1736—1829 年），法国政治活动家，三级会议代表，国民公会山岳派议员；拿破仑百日政变时又当议员，路易十八复辟后被放逐。——译者注

〔7〕 罗贝特-林德（1746—1825 年），法国政治活动家，国民公会议员，后为督政府财政部长。——译者注

“法庭只认定第一项罪名成立,七名被告判刑,其中,巴贝夫和达尔德处死刑,邦纳罗蒂和另外四个人遭放逐。

“巴贝夫和达尔德随即自杀,但是,匕首在胸前折断了;第二天,两人昂首走上刑场英勇地牺牲了。

“请听听巴贝夫给他妻子和三个儿女的遗书中的这样一段话:

‘尽管我确信自己的言行绝对无可责难,但是,人们在我死后将如何评价我,我是毫不介意的。……你们不要以为我有什么后悔之意,因为,我为之牺牲的是一项最壮丽的事业。……你们作为一名自由烈士的家人,有义务作出模范,表现出一切高尚的德行。……我认定,使你们幸福的唯一途径就是为公众的幸福而奋斗。我失败了,我牺牲了;但是,我之死也是为了你们。……我最亲爱的人,请把我的辩护词珍藏起来,因为,所有正直的心灵和爱国的人们都将永远珍惜这份辩护词。我留下给你的唯一遗产就是我的声誉;但是,我确信你和你的儿女将因为能享有这份遗产而感到无比安慰。你将会高兴地听到一切清醒而正直的人们在提到你的丈夫和孩子们的父亲时总是说:他是一位品德非常高尚的人。’

“我尽量避免攻击平等派组织,因为,当时所有的民主分子几乎全都参加了这类团体,其中许多人具有无可置辩的高尚品德,我毫不怀疑他们确实真心诚意地期望人类获得幸福,抱着献身人类的决心而甘冒种种显而易见的危险。他们之中有大批人为此而遭受迫害,一些领袖人物更是表现了令人敬佩的勇气,献出了自己的生命或自由。既然我认为富人和贵族也不过是不良社会制度的牺牲品,是这种制度使他们变得利己的,因而我对他们抱着怜悯和容忍的态度，那么，如果我对上述那些由于仗义而成为同一社会制度的牺牲品的人们，反而采取无情谴责的态度，岂不是太厚彼薄此，前后矛盾了吗？

“不过，我还是禁不住要责备他们为什么在提到他们的对手时，总是要采取那种尽管理所当然、但是究竟还是缺乏哲理的刻薄态度，责备他们为什么要犯下那种以为凭借暴力便可以牢固地建立起共产制度的致命错误。

“我和他们一样地希望人民幸福，也和他们一样地准备牺牲一己来帮助人类享受到共产制度的幸福；但是，经过再三的思考和根据自身的经历，我深信共产制度只有依靠近乎一致的公众舆论的威力才能建立和巩固起来。我愈是为人民着想，就愈是对暴力表示怀疑。

“而且请你们看看，这场密谋给他们所想拯救的人民带来了多么深重的灾难呵！正是这场密谋吓坏了富人、资产者和贵族，迫使他们紧紧联合进来进行自卫；也正是这场密谋促使他们投入了能够保护他们的任何新来者的怀抱里，甘愿置身波拿巴的羽翼下，后来又拜倒在波旁王朝脚下。

“现在，请听听巴贝夫及其战友的公诉人维尔雅特的控诉词吧：

‘那么，他们的目的是什么呢？……请大家读一读暴动委员会印刷、分发和张贴的巴贝夫宣言吧！……你们可以看到，宣言中明言要废除私有财产权，要建立事实上的平等和对一切财产、一切享受品、一切土地产品、甚至于一切工业产品实行共有。

‘他们的宣言号召消灭富人与穷人、贵人与贱人、主人与臣仆以及统治者与被统治者之间可恶的区别。

‘要是我们真的相信口吐这类狂言的人是出自善意在追求一个过于奢望的财产共有制度，那么，我们也许就不应该对他们表示愤慨，而应该可怜他们了！

‘私有财产权是社会秩序的普遍的和主要的基础，如果加以废除，将出现多么可怕的动乱呵！没有私有财产，艺术将马上变成什么样子呢？工业将成了什么呢？土地如果不再属于任何人，还有哪一个人再去耕种它呢？倘若没有人能够说，“这收获物是属于我的”，又有谁会去收获作物呢？难道你们没有看见那些被荒弃的地区盗匪横行的景象吗？即使社会上财产和地位的差别消灭了，大自然造成的不平等总还是存在呀！那样，弱者将受强者摧残，人们将迫于生活所需而变得比野兽还凶残，为了争夺眼前的一点食物而疯狂地互相残杀，因为，在大自然容许每个人凭自力来生产的那点东西以外，如果不辅以工业生产和商业流通，一个人口众多的民族又怎么能有足够的产品来维持生存呢?!

‘这次密谋活动的首领们所向往的那种制度，给我们提供的前景就是人类的毁灭，即使幸存的也将被迫回复到野蛮状态，踯躅森林，流落荒野。这就是这些人号召他们的兄弟和同胞去追求的所谓共同幸福！’

“但是，这位公诉人马上又否认被告人真的希望实现共产制度。他宣称被告们不过是胸怀野心，图谋篡夺权力、压迫人民和建立暴政。他和督政府共和四年种月发布的一项文告一样，诬蔑民主派计划平分所有的商店，连小小的杂货铺也不例外。这位公诉人接着又说：

‘因此，不幸的人民呵，应该最终认识到这些伪善的蛊惑者是你们最可恶的敌人了！对于他们用以骗取你们信任的甜言蜜语，应该作出正确的最后评价了！应该弄清他们貌似热诚地再三加以宣扬的自由、平等、共同幸福一类诱人字眼的真正含义了！要知道，他们嘴上挂着的这些美丽辞令，实际是意味着奴役、苦难和绝望！是的，这就是他们要引导你们进入的死地！’

“好了！请你们说说，还有比这更荒谬和恶毒的诽谤吗？如果不是法律规定对社会制度的一切受害者都必须宽大的话，难道不应该处这位公诉人以耻辱刑吗？如果说，我们因为有人为了建立共产制度而不惜诉诸暴力而感到遗憾，难道现在另外一些人（而且上述这个人本身还是司法部门和政府的首要人物之一）为了维护私有制、反对共产制度而造谣诬蔑，不也是同样令人痛心吗？

“至于那位拉哈尔普[1]，我又能对你们说些什么呢？他虽然一度加入共和派和雅各宾党，充当过革命者，但后来却在自己的著作《文学教程》中咒骂当年的革命和那些曾经以其著作引导过他走上革命道路的哲学家。看来，他在民主派受挫的日子里攻击民主派，不过是为了讨好得胜的督政府。他诬蔑共和派为土匪恶棍；他甚至歪曲事实，肆意诽谤和疯狂谩骂狄德罗，百般贬损据说是出自

[1] 拉哈尔普（1739—1803年），法国诗人和文学批评家。——译者注

后者手笔的《自然法典》和共产制度。

“他辱骂狄德罗是诡辩家、骗子、坏蛋、狂徒、恶棍、流氓、疯子，只配进疯人院或上断头台，甚至该当永远打入地狱！

“他替私有制辩护，却又证明不了它有什么优越之处；他发现现存的制度简直十全十美，再好不过了；广大穷苦群众在他眼里只是一群暴徒懒汉，穷困受苦全是咎由自取。

“最后，他还高嚷：

‘共产制度是一种令人作呕的狂呓。……光是为了说明分配财产这一字眼的荒谬悖理和违背正义，就需要写上一大本书。……对那些要求进行这种分配的人，只能报以枪弹和绞索。……来革古所建立的各种制度不可能而且事实上也并没有长期维持下去。(原来五百年还不算长期！)这些制度很快就衰落了，人们以种种方式来回避这些制度。它们变得如此臭名昭著，以致斯巴达的一位国王只因为想复活这些制度而被人们处死了。(要知道，耶稣基督和苏格拉底也是被处死的！显然，拉哈尔普是赞成处死阿基斯王的！但是，他却不敢提到那位和阿基斯王有同样作为的克里曼尼王！[1])……政治权利平等是一种过分的要求，是一种不能实现的主张。……伪善和神志不清的诡辩家们，你们的平等制度是荒谬和罪恶的，我们的不平等制度才是幸福和明智的！’

“显然，类似这样的私有财产和不平等制度的辩护士，与其说

〔1〕 此段可参阅作者在第九章中关于这两位古代史人物的叙述。——译者注

是在为这种制度争取朋友，不如说是在为它制造更多的敌人！

“现在，请听听邦纳罗蒂的呼声吧！他是巴贝夫的战友，流放在外。到了1828年，当他已年将就木，前途已渺无希望时，发表了一部记述这次密谋和事后审讯过程的著作，目的是阐发他们关于共产制度的学说。

“请看看这位老人所阐述的关于共产制度的构思吧，也请看看阿马尔对这个学说的热情赞许吧！阿马尔原先和许多其他人一样，并不重视这一学说，可是这时突然觉得它完全能够，而且还是唯一能够为人类缔造幸福的学说。

“请看看邦纳罗蒂所主张的那种以教育为基础、通过改变风俗习惯和道德风尚来建立的共产主义的劳动与享受制度，以及他关于这种制度如何运用于法国的种种设想吧！

“请听他怎样论证这种制度是人类的救星吧！

“他在这本书的前言里说：‘我完全料到我准备叙述的这些政治与经济原则将遭到许多人的反对，但是，这不能成为我不发表自己见解的理由。历史上又有过多少曾经被斥为谬误的见解终于变成无可争辩的真理呵！何况，不为文明社会虚假繁荣所迷惑，不受那些自命有权指挥舆论的人所宣扬的种种制度所蒙骗的，不是大有人在吗？这些人总有一天将正确理解这些原则的重大意义，从而追念起那些曾经深信这些原则的正义性而自豪地为维护和实现这些原则而流血捐躯的英勇的公民们。

‘我和这些公民们由于情感和志向一致而紧密地联系在一起。我赞同他们的信念，参与了他们的斗争，并且分担了他们的危难。

倘若我们错了,那就让它一直错到底吧!他们曾经为此而坚持到生命的最后一刻;而我呢?在经过长时期的思考之后,愈加深信,他们所珍爱的平等制度是唯一能够满足人们的一切正当需求、正确引导人们的热情与欲望以及赋予社会以自由、安宁、幸福和稳固的良好制度。

'当我们身在旺多姆最高法院的被告席上即将聆听宣判时,巴贝夫和达尔德曾面对着那些行将杀害他们的贵族斧钺,听到了我誓愿一定要阐明我们所怀抱的共同意图以驳斥党派精神所作的种种恶意歪曲,还他们两人原来形象。在先,由于身陷囹圄以及存在其他无数的阻难,我一直未能完成这项任务;现在,在生命接近终了的时候,我终于履行了自己这一应尽的义务!'

"请你们想想像他这样一位米凯尔·安盖[1]的后裔、佛多伦萨的贵族,从小在托斯坎尼大公的宫廷里长大的人,竟能说出这样的话来,分量该有多重呵!他宁愿献身正义与哲理的事业而放弃唾手可得的财富;他是一位为了能深居独处潜心研究而自愿生活在贫穷甚至迹近困厄的境遇中的哲学家,是一位因为热爱人类而长期自我牺牲、永不止息地思考如何为人类造福的伟大人物。

"请再看看,正是这位邦纳罗蒂,尽管始终信守自己的哲学原则,却仍然祝愿那位选择另一条道路、一条缓慢而和平的道路的苏

[1] 米凯尔·安盖·邦纳罗蒂(1475—1564年),意大利画家、雕塑家、建筑家和诗人。——译者注

格兰人罗伯特·欧文[1]取得成功，因为，后者决心在英国和美国建立的也是共产制度。

“现在请看看这位欧文吧！他采纳共产主义的劳动、享受和教育制度。他在苏格兰的新兰纳克地方的一家大纺织厂里组织了一个拥有两千多工人的共产社会，着手进行社会改革。他提出了一个建立全面的共产社会的计划，鼓舞起大批门徒的热情；并且和其中一些人一道移居美国，准备在那里建立若干共产主义新城。他到处宣讲自己的学说，甚至在美国国会里作宣传，因而吸引了不少的拥护者。他在西部荒原买了一大片土地，带着自己的家小和许多门徒前往，在那里筹建新协和共产区[2]。然后，他又回到英国，向所有的国王呼吁，希望说服他们相信自己的学说。他还在伦敦组织了合作社，并在英国各地建立了大批类似的组织。就这样，他终于争取到成千上万的人转而赞成共产制度。

“这位欧文究竟是什么人呢？他也是一位品德高尚、宽厚善良的哲学家，人类的一位富有的友人；为了人类的幸福，他献出了一百二十万法郎和毕生的精力。

“可惜的是：他寄太大希望于君主和贵族们的善良愿望；向人民许诺实现这个理想的期限也过短，以致人民因为届期诺言未能兑现

---

〔1〕 罗伯特·欧文(1771—1858年)，伟大的英国空想社会主义者。本书作者在流亡英国期间曾受到他的学说很深的影响。——译者注

〔2〕 欧文曾在英国汉普郡金胡德地方建立过一个空想共产主义组织，取名为协和共产区。——译者注

而悲观失望;而且,他把资金全用于试办一些本来就不容易成功的局部性和小规模的共产区。这笔资金,为数虽然可观,但是要满足一个模范的共产区各方面的需要,还远远不够;反之,如果把它专门用来宣传他的学说,却完全足以对舆论施加难以估量的影响!

"再请听听那位驰名的威勒特女士的主张吧!她是欧文的学生,和欧文一样地宣传改革。她在自己的《讲演集》和自办的刊物上向美国人说道:

'你们1776年的《独立宣言》虽然在上帝和世界各民族面前宣布了一切人都自由与平等,但是,这只是有名无实的空话,因为,你们仍然保留着奴隶制,你们压迫印第安人,你们当中既存在某些生活于富裕豪华之中的富翁,又存在着大批呻吟于贫困苦难之下的穷人,你们甚至连教育平等也没有实现!你们吹嘘你们的自由,可是你们却是你们的牧师和宗教迷信的奴隶!你们自诩为共和主义者,可是你们的教育却是反共和主义的!你们标榜你们的民主,可是你们却不懂得运用你们的普选权来消灭愚昧,建立公共的民众教育,逐步导致享受和幸福方面的平等以及给一切人创造最大限度的福利!如果你们想获得真正的自由与平等,那就应该团结起来,联合起来,争取实现一种真正的公共教育制度!'

"阿基利·穆拉特[1]写道:'这个学派的许多学生定居在大城市中,竭力争取穷苦人和工人们的支持,引导他们起来反对富人,

---

〔1〕 阿基利·穆拉特(1801—1847年),那不勒斯国王穆拉特之子,双西西里国王,后弃位移居美国。——译者注

设法发动一场政治革命。他们宣传分配土地、均分财产、实行免费的普及教育，力求通过这些方式来取得政权。在有的城市里，甚至像纽约市，他们曾经成功地领导了一两次选举；但是，这股热潮不过是昙花一现，转瞬即逝。’

“请再看看圣西门[1]是怎样在法国复活平等与共产思潮吧！他宣布人类的完善化将是无止境的，社会的进步是天定的永恒法则；他宣传博爱与联合，提出一种新基督主义，倡导进行一场伟大的改革，预告一个新的未来。请听听他是怎样抨击恶劣的社会制度的：

‘当今的社会确实是一个颠倒了的世界。因为，国家把穷人应该慷慨地对待富人当成基本原则，结果，财产不多的人每天都必须放弃自己的一部分必需品，好让大资产主增加他们的多余财富；也因为，那些压榨全体公民、每年从他们身上攫取三四亿财富的重大罪犯和巨型窃贼反而在负责惩治所谓反社会的小偷小摸；还因为，无知、迷信、懒惰、奢华、淫逸竟然成为社会上显贵人物所必具的属性，而能干、俭朴和勤劳的人却只能受人使役，充当人们的工具。总而言之，在一切行业中，都是一些无能之辈在负责指挥能者；在道德方面总是一些最无德的人在负责培育公民的品格；而在司法方面，有权惩治各种轻罪或过失的，恰恰是那些重大的罪犯！’

“请听他主张些什么呢？他要求把人才组织起来，尽速从道德、知识和健康上改善那个人数最多、作用最大的阶级的状况。他

[1] 圣西门(1760—1825年)，伟大的法国空想社会主义者。——译者注

还要求按劳分配!

“这位圣西门又是什么人呢?他是一位自称为查理大帝后裔的圣西门公爵的后人。他是一位创立了一个学派的哲学家;他的门徒中有一大批年轻有为之士,特别是有一批出身工艺学校的学者。这些门徒把他奉为耶稣基督第二!

“现在,请听听以安凡丹[1]为首的圣西门主义者又是如何抨击旧社会的弊害:

‘奴隶制仍然在我们当中活生生地存在着,因为还有一些人依靠别人的劳动为生,而另外一些不幸者则为了挣得微薄的生活而不得不去养肥那些生来就拥有特权的游手好闲者。……至于这些有闲者,并不在乎人们是否继续称呼他们为公侯伯爵或绅士大人,只要人们另外以财东、资本家、业主、资产者称谓他们就行。

‘私有主们全都是旧日贵族领主权利的当然继承人或指定继承人。私有制结构不过是农奴制的变种,正如农奴制不过是变相的奴隶制。因此,现行的私有制结构必须进行根本的改革。……

‘我们要求废除继承权,改变私有制,而代之以能够充分满足真正的父母慈爱心情,不只能团结某些阶级,而且能无例外地团结一切阶级的制度。’

“现在,让我们看看他们指的是什么制度吧:

〔1〕 安凡丹(1796—1864年),法国空想社会主义者,圣西门的亲信门徒之一,与巴扎尔一起领导圣西门学派。——译者注

“他们希望的是：世界普遍的联合，或者说把全人类牢固地组织起来以逐步改善人民的生活；人人有受教育的机会；根据每个人的能力来加以使用；实行劳动分工，合理分配职业；每个人都为大家的幸福而劳动，大家又为每个人的幸福而劳动；建立社会公共所有制；劳动产品归社会公共所有；按劳付酬；每个人的雄心抱负应限于效法先进者和帮助落后者；废止任何继承权和生来的特权；男女平等；人人享有结社、选举和被选举的权利；实行选举产生的君主政体，把国事委托给最有资格的人士中最当之无愧的人。

“你们可以看到，圣西门主义者所要求的是一种彻底的改革，废除个人所有制，人人有工作，又有机会接受教育和享受幸福。他们的所谓普遍的联合不是别的，正是共产社会。

“和毕达哥拉斯派一样，圣西门主义者也组织起来，结成会社，居住在一起，穿同一种新型的制服。他们到处宣讲自己的学说，很快便吸引了大批信奉者，有年轻人也有妇女，其中不乏才能出众之士，甚至还有一些把自己财产献给社会进步和人类幸福事业的富人。

“不幸的是，圣西门学派把一切都归结为信仰、思想、宗教形式和宗教名称。他们想建立的是一种新的基督教，把圣西门变成一位新近给世界创建了一种新宗教的神明。他们的新型社团成了一种新的教会，其中所有的官员都成了教士；他们的首领尽管不久以前还是群众身份，但是一当上首领便改称‘教主’或‘神父’。至于他们的政府，虽然是选举产生的，却既是君主政府，又是贵族政府，更确切地说是一个具有绝对权力的神权政府。

“上述的这些思想，完全违背十八世纪的哲学理论，因而导致内部的纠纷与分裂，终于扼杀了这个新学派的进步与发展。

“现在，请你们听听另一位哲学家的声音。他也是把毕生贡献于争取人类的幸福；他也建立了一个学派，并且培植了一批才华夺目的人物。这就是傅立叶[1]和他的一批学生。他们是从产业改革、从联合、从建立全社会的政权以取代割据性政权等方面来着手实现社会改革。

“他们的主张是：实行产业改革，组成社会公社；实行民事改革，把社会的一切成员都变成地主和资本家；实行政治改革，建立一个由选举产生或者说普选产生的、拥有一位世袭君主的行政统一体；最后是，实行宗教改革，规定统一的宗教信仰和礼拜仪式。

“他们认为社会公社应该占有一片大小为一平方里的土地，包括三四百户人家，人口约一千二百人。每个公社建立一个管理团，负责使用它所拥有的一笔巨大的不动产和动产资金。全公社成员都住在一座称为法伦斯泰尔[2]的建筑物内，共同劳动，伙食统一，经营统一。

“他们设想把这一千二百名公社社员按职业和爱好划分为班、组和法伦兹。

“他们认为劳动应该能吸引人们的兴趣，可以由每个劳动者自己选择，内容多样，时间要短，而且用机器来代替繁重劳动，以便生

〔1〕 傅立叶（1772—1837年），伟大的法国空想社会主义者。——译者注

〔2〕 法伦斯泰尔是傅立叶设想的理想社会中公社成员们居住和工作的场所。——译者注

产尽可能多的东西。

“他们设想的不是发放工资，而是每个成员领取自己应得的产品份额。产品并不是平均分配，而是按每个人投入的资金的多少、劳动的数量和能力的大小来比例地分配。

“他们设想妇女和儿童也有自己的份额，而且有权独立支配。

“他们希望从这样的小型社会公社开始，逐步扩大，建立区、郡、省和全国规模的社会公社，以至囊括全球的社会公社。

“你们可以看到，这在实质上就是共产社会。当然，它仍然保留着财富不平等，仍然有富人，但是已经没有穷人；因此我想，这是一种不完善的共产社会，可是，毕竟还是一种共产社会！

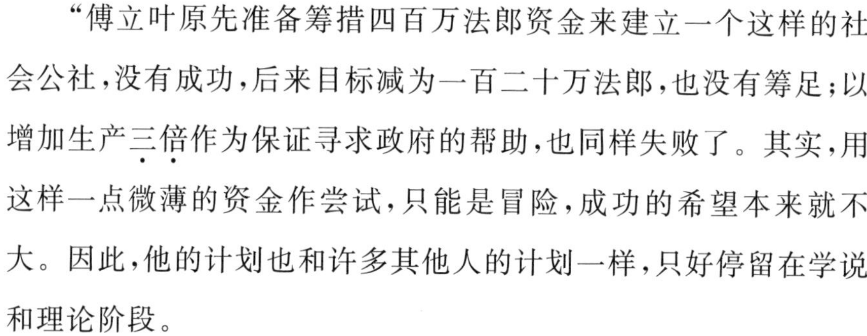

“傅立叶原先准备筹措四百万法郎资金来建立一个这样的社会公社，没有成功，后来目标减为一百二十万法郎，也没有筹足；以增加生产三倍作为保证寻求政府的帮助，也同样失败了。其实，用这样一点微薄的资金作尝试，只能是冒险，成功的希望本来就不大。因此，他的计划也和许多其他人的计划一样，只好停留在学说和理论阶段。

“我不想和你们谈其他一些以同样原则为依据的产业联合计划了，也不准备给你们讲述那位剑桥学院教授拜比吉工程师[1]向

〔1〕 拜比吉（1792—1871 年），英国数学家和机械专家，资产阶级经济学家。——译者注

英国工人倡议的制造业会社制度了。

“不过,请你们听听另一个学派的创始人毕舍和卢赫[1]的观点吧!他们提倡宗教与信仰,宣传耶稣基督和基督教,论证了人类不断前进和完善的必然性,预言了社会的进步与未来的前景,主张平等、民主、博爱、献身精神、团结、联合以及其他一些必然导致共产制度的原则。

“请听听‘青年意大利’组织[2]的理论家马志尼[3]的主张吧!他也宣传人类未来的美好前景,主张各民族联合,准备依靠自己这个组织来改组和复兴社会。他拥护耶稣基督和他的平等博爱学说(这种学说必然导致共产制度),主张不应该有无产者,也不应该有土地贵族和金融贵族。

“再听听‘青年德意志’[4]、‘青年波兰’和‘青年意大利’等三

〔1〕 参看他们的《欧洲人》杂志、《法国革命时期议会史》和许多其他的著作。毕舍(1796—1865年),法国政治活动家和历史学家,基督教社会主义思想家之一。卢赫(1752—1794年),法国资产阶级革命活动家,反对专制;基督教社会主义思想家之一,对巴贝夫有影响。——译者注

〔2〕 参看《信仰与未来》杂志。“青年意大利”是十九世纪三十至四十年代意大利资产阶级革命秘密组织,主张从下而上争取国家统一,建立民主共和国。——译者注

〔3〕 马志尼(1805—1872年),意大利革命家,资产阶级民主主义者,意大利民族解放运动领袖之一,“青年意大利”组织的创始人。——译者注

〔4〕 “青年德意志”是十九世纪三十年代产生于德国的一个文学团体,其成员的作品反映了小资产阶级的反抗情绪,要求信仰和出版自由;但他们思想上不成熟,政治上不坚定,其中大多数人很快堕落成庸俗的资产阶级自由派。——译者注

个组织的主张吧！它们不约而同地提出了相同的宗教原则和社会原则，要求一切人都按劳动比例，参与享受由全社会合力创造的共同财富。

“请听听拉马丁在他那本《东方旅行记》中所说的：

‘法兰西在不久的将来将呈现出一幅美好的图景：正在成长的新一代人，将遵循他们那一代的行为准则，把我们四十年来的种种仇恨与纷争完全置之度外。我们这些人原来站在哪一个旧党派的可恶旗号下，对他们说来都无关紧要。这些纷争与他们毫不相干。他们对任何人都不存偏见，无所怨恨。他们将怀抱理想、心胸纯洁、满腔热情、精力充沛地投身于一项崭新的事业。……唉！我多么盼望能成为他们中的一员也来参加他们的事业呵！……重新点燃理性与道德的明灯以照耀我们的政治风暴和制定一种人们已开始预感到并力图理解的新的社会信条的时刻，已经到来了！这信条就是博爱仁慈，福音政治。……愿上天启导人们吧！因为我们的政治正在使人类蒙受耻辱，使神明天使们哭泣。在每一个世纪里，命运只给人类一个短短的复兴时期，这就是革命时期；可是，人们却把这时光浪费在自相残杀上，上帝赋予人类用以从事复兴和进步的时间，竟被用来彼此报复！

‘家庭观念是人类的第二天性，可是，现代的立法者们却把它忘得一干二净。家庭是健壮和纯洁的生灵的唯一来源，可是立法者却完全忽视了家庭；甚至到了基督教出现以后，有关家庭的立法还仍然很野蛮，它使半数以上的人口无从娶妻抱儿，成家立业，可

是,这本来是每个人都应该享受的幸福!’

‘当上帝容许某项真理降临人间时,总是有人出来对那位带来真理的人横加咒骂,备事摧残,然后,便把真理剽窃过去,据为己有。他们并没有把真理跟人一块扼杀掉,因为真理总是永恒不朽的。结果,这真理便成了这些人的世袭财产。

‘理性’是人类的太阳。它不断地把适用于人类社会的神明律例分毫不差地启示给人们。人们必须紧随着理性前进,否则就将停留在黑暗与苦难之中;但是,人们又不应该超越理性,不然就会坠入深渊。了解过去而不要徒事悔恨;容忍现状,却又不断地加以改进;寄望于未来,同时又为它作准备,这就是明智者和优良的制度所应该遵循的法则。

‘人类的思想曾经使欧洲的社会体制发生过多次巨大的变动,也就是一种过时的文明让位于另一种文明;但是,历史只记载了其中一两个光辉的日子。……法国革命就是对全世界发出的一次警号。……由于社会思潮正如流水,会从高处漫溢到低洼地带,因而人们后来径直把法国革命称为欧洲革命。它不只是一场政治上的革命,不只是一次政权的易手和朝代的更迭,不只是共和政体取代君主政体;这些都不过是具体的事件和标志,不过是方式和方法的问题。其实,这场变动本身包含着远为深刻和严重的意义。不论在何种政权形式下,不论是君主派或民主派,不论是倾向哪一个王朝,也不论是拥护哪一种宪制结构,人们同样都可以成为热诚和坚决的革命者。为了撼动世界，改变人寰，人们尽可以选择这样或那样的手段，其间的区别不过是方式上的不同，而激发起人们热情、启迪着人们心灵的，却同样都是革命思想，也就是图谋改革与进步的思想。面对着一个腐朽畸形、行将崩溃的社会，我们之中任何有头脑、有理智而又肯于思索的人，任何信奉宗教并且怀抱理想的人，在上帝面前扪心自问，怎能不深感自己应该当一名革命者呢？……

‘革命并不仅仅是一场战役，也就是说，不仅是一次纷争和动乱，胜利或失败，欢乐或沮丧。人们现在已经开始懂得，不同思想之间和不同人群之间的这种伟大斗争，是上帝注定必然会发生的。……对人类说来，这是一个难得的美好时刻！当一场革命终于为人们所理解，它就等于完成了；也许成功的到来比较缓慢，但是它无疑一定会到来。目前，新的思想虽然还没有夺得全部阵地，但是起码已经掌握了可靠的武器，这就是报刊。……因此，对政治哲学家们说来，现在的职责不再是参加浴血的战斗，而在实际运用现代文明所提供的这种不可战胜的武器。……权利平等已经在原则上为人们所接收，言论自由也已经以政府文件的形式肯定下来了，因而，舆论可以随时随地通过言词和文字诉诸大众的理智。它正在发挥它本身的威力，触及社会、宗教、政治、民族等等方面的所有问题，而且还将继续这样做，直到上帝赋予人类的理性普照整个社会为止。

‘在法国，权利平等和随之而出现的进取与竞争的平等、研究

和辩论的自由、教育的普及、工业的发展和无产阶级的诞生,这一切都使革命不可避免了!

‘无产者今天正处在前所未有的悲惨境地。他们只争得了空洞的权利,却缺乏生活必需品;他们必将撼动整个社会,直至社会主义取代那可恨的个人主义为止。

‘当前到处都在讨论的私有制问题,正是因为无产者的处境悲惨而产生的。这个问题如果不立即凭借理性,通过政治途径和按照仁爱原则来解决,就必然只有以武力战斗和强行分配来解决。仁爱就是社会主义,利己则是个人主义。仁爱原则与政治原则一样,要求人们不应弃他人于不顾,而应救助每一个人,建立某种相互保障的制度,使占有财富的社会阶层与不占有财富的社会阶层都具有同等的生活条件。仁爱原则向私有主们宣布:你们可以保有你们的财产;因为,财产共有制度虽然是一种美好的梦想,但是,基督徒和慈善家们都曾经做过试验而失败了,看来,到目前为止,私有制仍然是整个社会必需的条件。没有私有制,就不会有家庭,不会有劳动,也不会有文明。但是,这仁爱原则又告诉私有主们说:你们不要忘记,保留私有制并不仅仅是为了你们的利益,而且是为了整个人类的利益;你们只能在下列前提下保有你们的财产,就是:必须对一切人都公平有利,一切人都有权分配和占有。因此,你们应该用自己多余的财富来供养你们的弟兄,必须向他们提供他们为占有自己应得份额所必需的劳动技能和劳动工具;你们应该承认存在着一种高出于你们私有权的权利,即人权。这就是正义,这就是政治。’

“因此你们可以看到：拉马丁虽然反对共产制度，但是态度极为审慎，既没有提出强力的论证，也缺乏自信；他虽然把共产制度称为基督徒和慈善家们希望实现的梦想，但还是承认它是一种美好的梦想。

“除此以外，他还宣传了平等、博爱和仁慈，并且主张富人绝对有义务使用他们的多余财富来使穷人获得他们在自然财富中应得的份额。这就是说，他所向往的恰恰是那些必然导致共产制度的事物！

“再请听听拉梅耐在他的《人民必读》一书中的论点：

‘来自同一天父的人类，本来应该组成一个以兄弟情谊联系起来的统一的大家庭。……在一家之中，大家都考虑到彼此的利益，因为大家都相亲相爱，而且每个人都在共同财产中拥有自己的份额。……不论这财产是多是少，总是应该在兄弟之间平分。……如果有人残废或者生病，或者失去劳动能力，家里的其他人就应该供养他，照顾他。

‘当人们利益一致时，便根本不会互相竞争，从而也绝不可能出现纠纷。产生纠纷、仇恨、嫉妒的根源，就是人们只为自己个人而占有，时刻贪得无厌，渴望占有更多的财富。上帝是谴责这种单独占有的，因为这种占有只会刺激起人们更大的、永无止境的贪欲。’

“他的这个意见难道不正是在要求实现共产制度吗？

“最后,我们来看看那个兄弟教派或叫摩拉维亚兄弟会的主张吧!这个团体的起源,我在上一章里已经给你们介绍过。它是一个其组织遍布欧洲全境和美国部分地区的哲学团体或曰基督教派;在卢萨克[1]、波希米亚[2]、波兰、萨克森、荷兰等地,特别是在摩拉维亚,它都建立了许多兄弟公寓,或者叫大型家庭。

“在摩拉维亚和萨克森,每一个这样的公寓或家庭的成员,有一千至一千二百人,彼此以兄弟姊妹相称呼。在荷兰,靠近乌特勒支城的蔡斯地方,自从1760年一位德国深得人望的富有的领土捐献了自己的全部财产加入了这个组织以后,公寓的成员增达三千五百人。

“每个大家庭居住的公寓并不是什么修道院,而是一座庞大的建筑物,包括有许多套供各个小家庭居住的宿舍,若干分别供男女劳动的大型车间,一个公共大食堂,一些供娱乐、集会和交谈用的大厅,若干所学校,一个医疗所,一个礼拜堂,一个花园和若干散步坪;周围是大片的土地,还有一些公共仓库等等。

“这些大家庭的基本原则是真正和实际的平等与博爱,联合的基础是共同劳动和共同享受,也就是说:每个成员都必须从事一种有用的职业;一切产品都归公共所有;人人平等享受,不许有任何特殊;共同开伙,食用、穿着和住居都完全一样。

“全体兄弟推选一位家主,全体姊妹又选出一位主妇。这两个

[1] 卢萨克,德国中部的一个地区。——译者注

[2] 波希米亚,捷克东部的一个地区。——译者注

人代表这个大家庭，但又时刻受全体成员的监督，向后者负责。

“几乎所有的人都结婚，但是没有彩礼嫁资；虽然容许离婚，但是还没有这样的先例。儿童由大家共同抚育，而且连哺乳也几乎不分彼此。

“他们宣讲基督主义，但是主要是布道福音派的道德信条，不大涉及教义。他们采用早期的基督教简单的礼拜仪式，不设教士，也不供神像。

“各国政府都容忍这种团体存在；但是国王们和拿破仑本人都一直禁止军队里建立这样的组织。

“从那时起，这种靠共产制度来保障幸福的团体，一直维持了将近三百年。

“我不想给你们谈贝朗热[1]创作的《四大历史时期的赞歌》和《狂人曲》了，因为他的这些歌词，更确切地说是他的这些饱含哲理的颂诗，早已举世皆知。

“要不是今天的讲话已经太长了，不得不赶快结束，我本来还可以给你们引述萨伊[2]、斯托克[3]、西斯蒙第[4]等经济学家的观

---

〔1〕 贝朗热（1780—1875 年），卓越的法国民主诗人，著有若干政治讽刺作品。——译者注

〔2〕 萨伊（1767—1832 年），法国资产阶级庸俗经济学家。——译者注

〔3〕 斯托克（约十五世纪末—1525 年），德国宗教改革领袖之一，法兰克尼亚起义领导人，站在闵采尔一边；反对教会，主张平等共产主义。——译者注

〔4〕 西斯蒙第（1773—1842 年），瑞士经济学家，经济浪漫主义的著名人物，从小资产阶级立场出发对资本主义进行批判。——译者注

点,还有沙多勃利昂、鲁瓦埃·柯拉德、基佐、库辛、德·巴朗特[1]、维尔曼[2]、托克维尔、吕米尼埃[3]、比尧德、乔治·桑[4]、奥·孔德[5]等等人的见解。

“不过,我还是要摘引西斯蒙第在他那本《政治经济学原理》中的两段话:

‘在目前的社会制度下,大部分捐税是用来保护富有者,反对贫穷者。……

‘血税的情况尤其如此。据说,军队的建立是为了维护秩序和私有财产。可是,既然私有财产本身就是吸吮穷人劳动成果的手段,而且构成整个军队的士兵又不过是从穷苦阶级中分离出来编入行伍以压迫其他穷人的那一部分穷人,而你们富人只是购买奴隶来充当士兵,那么,这样的军队又怎么谈得上是国家的军队呢?要知道,所谓国家,是指大多数人而言呵!’

“除了上述这些人物以外,我们还应该提到那三千多名被剥夺了人权的波兰人。他们大部分流亡国外,始终高举民主平等的旗

[1] 德·巴朗特(1795—1878年),法国历史学家。——译者注

[2] 维尔曼(1790—1870年),法国巴黎大学教授,具有自由主义倾向的文学史家。——译者注

[3] 吕米尼埃(1803—1857年),法国法学家,自由派政论家,三十年代末成为保守主义者。——译者注

[4] 乔治·桑(1804—1876年),法国女作家,浪漫主义的民主派代表人物,著有长篇社会小说多种。——译者注

[5] 奥·孔德(1798—1857年),法国唯心主义哲学家,实证主义哲学的创始人。——译者注

帜;其余的人则一直在国内反对贵族的迫害。

“此外还要加上伦敦和布鲁塞尔的一些英国和比利时的工人组织。它们提倡人与人之间和民族之间的平等。还有,法国的一大批工人群众则宣传共同劳动和劳动成果的共有制度。

“还要加上世界各国出版的宣传民主制度、要求进行社会改革的大批著作和无数的报刊。

“还要加上法国、英国、美国以及世界各地建立的无数博爱团体,其中有要求宗教改革的,有要求普选的,有要求普及教育的,也有要求为所有儿童建立保育院,要求废除奴隶制,要求改善犯人待遇,或者要求对野蛮民族进行教化的!

“请你们说说,这一大批公众舆论和权威见解,难道阵容还不够可观,还不足以说明问题吗?

“我不准备向你们具体指出上述这种种主张中我认为还不完善的地方,因为,你们也知道,凡是违背博爱原则、不符合真正平等和共产精神的主张,我们伊加利亚人都是不赞成的。

“我也不想责备其中有的论者为什么要咒骂富人和贵族,这种咒骂虽然可以理解,但是从根本上说是不公平的,因而也没有多大的说服力。同样,我也不想怪罪有的论者为什么那样不幸地采取了不容忍的态度,他们容不得那些和他们一样地热心追求人类幸福、只不过见解和他们不完全一致的人。

“我倒想问问你们这些反对共产制度的人:当你们看到这样多深受人们尊敬的人拥护共产制度,看到哲学界和科学界人士都在宣传平等制度,难道你们还能说没有什么真正权威性的意见是赞成共产制度和平等制度的吗?

"好了,今天就说到这里吧!明天我们再来谈谈人类的未来。我希望,到时你们能够信服:这未来就是共产社会。再见!"

第十四章　人类的未来

“谁能否认社会是在进步呢？谁又能否认文明世界优越于野蛮状态，奴隶制优越于杀戮被征服者，奴隶解放优越于奴隶制，基督教义及其道德信条优越于多神教，平等博爱的原则优越于种姓制度，不断地运动、前进和改革的原则优越于倒退和停滞的原则，各民族友好往来、联合统一的原则优越于闭关自守、分离割据的原则，追求完美、重视教育和崇尚真理的原则优越于维护野蛮、保存无知、提倡迷信和崇拜谎言的原则，和平优越于战争，自由优越于专制，自治城镇制优越于封建制度，独立优越于强制臣服，真正的代议制优越于极权君主制或贵族寡头政治，联邦共和政体优越于王政，以及无数已经实现的改革优越于以往的种种弊端呢？

“谁又能否认科学技术的进步，否认美洲大陆的发现以及印刷术、蒸汽机和铁路等等发明所起的进步作用呢？

“因此，谁能够否认人类具有不断寻求完善的本性呢？

“谁又能给这种完善化规定什么界限呢？谁能够给数学、地质学、化学、物理学、天文学、机械学、医学和药物学的发展规定什么限度呢？

“谁又能否定普莱斯、普利斯特利、杜尔哥和其他成千上万的人,特别是孔多塞所宣示的下列真理呢? 就是:人类的完善是没有止境的,人类还只处在它的童年,未来将是一个永无终止的完善过程,每一项改进都将孕育出无数新的改进,将来的世界将进步到什么样子,人们还难以预见呢!

"请听听杜尔哥的豪言壮语吧:他曾预期要在十年之内改变整个法国的面貌,使法兰西民族居于世界民族之首,变法国国土为一个宏伟瑰丽的花园。

"请听听孔多塞的预言吧:他设想人类的体格、智慧和道德将无限地完善,预料人类将来在天生素质上会有很大的改进,体魄将更为健壮,容貌更为美丽,性格更为完美,而且将免除一切的忧患与疾病,智慧将更为高超,想象力也更丰富,心地更为仁慈慷慨,思想更为纯正,或者说更为圣洁无瑕!

"但是,所有这些奇迹,只有在那种能够协助大自然而不是扼杀大自然的社会与政治制度下才能出现;特别是,这些奇迹只能是教育的产物、万能的教育的产物,只能是理性以及把这一无上礼物赐予我们的上帝的产物。

"这种能够发挥理性的作用、符合于大自然的本愿和神授的秩序的社会政治制度,究竟是怎么样的呢? 或者更确切地说,这种制度的原则是什么呢?

"你们都已经听到了,所有上述那些被人类奉为神谕解释者的人物都回答说,这就是平等制度;而且,他们几乎都同声补充说,这就是共产制度。

“而那位最近一千八百多年来一直被普世尊若上帝的耶稣基督也明确地宣布：这就是平等与共产制度！

“是的！共产制度乃是最终极最完善的一种社会政治制度，是人类向往的目标。一切其他改革都必然导向共产制度；一切其他改革本身都是不充分的，因而在本质上只能是过渡性的准备步骤。

“例如，如果仅仅建立了共和国而不消灭贫穷，因而未能消灭豪富，未能使人民有可能以适度的劳动换取富足和幸福的生活，从而也无法实现教育与财富的平等，那么，这样的共和国又有什么用处呢？

“那些谈论社会改革的人（其实大家都在谈论它）究竟要求些什么呢？他们希望进行什么样的社会改革呢？在他们心目中，实现了什么样的社会改革就算到达完美的社会呢？如果他们希望的并不是人人过安适的生活，都有机会受教育，那么，即使他们也改革了一些事物，又有多大作用呢？要是他们期待的正是人人都过安适的生活，都有机会受教育，都有选举权，那么，他们又何必半途而废，不进而采纳完整的平等制度和共产制度呢？

“不！在奴役与联合或平等之间，在无限制的富裕及随之而来的贫困与共产社会之间，是没有什么可以永远停留的中间站的。

“只要是向往真正的联合，或者向往普及教育，向往普遍富裕，向往普选制，也就必然向往平等与共产制度。反过来，反对平等与共产制度，也必然反对普选制，反对普遍富裕，反对普及教育，甚而反对真正的联合。

“改革是从大地通向天国的一台巨大的舷梯；只要人们能排除

障碍登上第一道梯级，然后沿着第二、第三道梯级陆续往上攀登，就能顺着舷梯到达上天。因此，如果人们不想别人到达天国，就必须排除别人的冲击，不让他们登上最初一道梯级。

“正是因为如此，所以你们见过哪一个贵族阶层赞成让人民结社、受教育、过安适生活和享有选举权呢?！相反地，你们却看到：凡是那些最狡诈和最顽固的贵族阶层，例如英国的贵族阶层，总是一面承认现有制度确实存在弊病，一面又宣称这是不可避免的；他们总是宣传保守原则，主张停滞不动，拼命抗拒改革。这原因他们自己也说了：要是作出一个让步，就一定会招致无数其他的让步；如果让人们触动一个弊病，就必然会旁及其他弊病；倘若让人们挖掉一块石头，就一定会有两块、三块和更多的石头坍下来，一直到整座大厦倾倒；如果容忍堤坝上出现一个漏洞，那么洪水很快就会泛滥，遍地将尽成泽国；要是允许民主派登上第一道梯级，他们就会沿此而上，很快便到达共产制度！

“真的，如果我有机会当面向国王们提出诤议，我一定劝他们说：‘为人类缔造幸福吧！庄严地宣布你们采纳共产制度，并且从普及教育，开放出版自由、结社自由和给予人民以选举权来开始这项事业吧！抓紧一切可能利用的时间，缓慢地但又持续不断地向前推进吧！只要人民看到你们确实真心诚意在进行改革，他们就会耐心地等待而不再存任何发动革命的念头。不过，你们千万要抓紧时间消灭贫穷和缩小不平等，连一分钟也不要浪费！……要是你们竟然反对将来建立共产制度，那我就没必要对你们再说什么了；因为，一定会有许多魔鬼撒旦跑来给你们出主意，在你们耳边说：千万千万，可别同意实行普选，可别普及教育，可别让人民生活安适，可别允许人民结社，不然，他们很快就会要求你实行共产制度的！’

“有的人虽然盼望人类幸福，但是却只满足于要求结社权或者普选权，要求人民能生活安定或有机会受教育，担心超出这个限度便成了无法实现的奢望。对这样的人我也想说：‘你们以为那些反对共产制度的人竟然会如你们的愿，同意实行圣西门主义或者建立社会公社，同意给人民以结社权、普选权、受教育权或者生存权，也就是说赐给人们以通向共产社会的舷梯，那不是太天真无知了吗？’

“无疑，我无权像许多其他人那样任意发表议论，但是，在向你们提供我的见解和信念时，我还是想冒昧地对你们说：必须在得到一切和一无所获之间作出抉择。因为，你们谁要是不赞成共产制度，就是准备放弃结社权、普选权、受教育权和生存权，放弃一切改革与进步。那样，你们也就只好安于现状，只好容忍人们反抗改革，容忍停滞不前，容忍现存的制度以及它所造成的种种弊害，结果你们就成了保守派、托利党人和合法主义者了！这样做就是在阻挡人类历史前进的车轮，甚至是在倒转它！其结果将是回复到神权贵族政治，回复到神化的教主与帝王的统治，回复到迷信，回复到民族闭关自守和人类愚昧无知的状态，回复到埃及和印度的种姓制度，一句话，就是回复到使人类沦为蛮兽的奴隶制去！……你们说吧，事情难道不是如此吗？历史的车辆载负很重，下坡路又非常陡峭，如果驾车人竟然那样热衷于驱车往下奔跑，那可是……

好了，好了，还是回过头来向前走吧，改朝共产制度的方向前进吧！大家都来向前走吧！无论我们的队伍如何拥挤，我们都可以秩序井然地前进，我们将迅速到达我们的目的地，既不必经过战斗，也不用冒什么危险，而且丝毫不费力气！一切民族都将实现共产制度，整个世界将联成一个国家，人类将组成一个大家庭！这样一个充满幸福的庞大家庭，对大自然和上帝唯一的情感就是赞美、感激和崇敬！

“你们还能说共产制度是不可能实现的吗？难道自有世界以来，一切新兴的事物不都曾受到不喜欢它们的人们的庸俗反对吗？任何一项新的发明，在出现以前总是被人们认为不可能，事后，人们便又说这是最简单和最容易办到的事情，而且谁都夸耀自己本来就能作出这样的发明，甚至根本不反省一下自己原来是不是对它也抱着怀疑的态度。

“历史上有多少曾经被公认为不可能的事情后来变成了事实呵！人们不是曾经宣称废除奴隶制是不可能的吗？人们又何曾料想到一位人们视之为微不足道的穷汉、把他和两名窃贼一起钉死在十字架上的人，后来竟然会被尊作上帝，而且奠定了基督权的统治呢？谁又预见到一位当过乞丐和窃贼的人日后竟当上普天王国的教皇呢！哥伦布[1]不是曾经被嘲笑为头号疯子而且差点被同船的那些否认可能发现美洲的船员吊死在桅杆上吗？当初又有谁

〔1〕 哥伦布（1451—1506 年），发现美洲的航海家，热那亚人，在西班牙供职。——译者注

相信一家贸易公司(即英国的东印度公司)竟然可能征服一亿二千万臣民；而一个小小的僧侣组织(耶稣会)竟然会驾临无数君王和民族之上呢？巴黎医学院五十年前不是也否认过哈维[1]所发现的血液循环现象吗？这所医学院不是还有过一百年一直否认马铃薯不但可作生猪饲料而且也适合人类食用吗？潘恩不是曾经因为主张北美有可能争得独立和建立共和国而险些被杀害，可是不久美国国会便果真宣布独立和组成共和国吗？当年人们不是曾经讥笑过那位建议伦敦市用煤气来照明的人，并且说成千的地下煤气管道一定会像火山一样使全城爆炸，变成一片火海吗？法兰西科学院在答复拿破仑的咨询时不是也曾经宣称用蒸汽发动船舶是办不到的吗？那位热诚给拿破仑提供技术建议，想帮助他实现雄心的富尔顿，当初不是也曾经被拿破仑视为想入非非的狂徒而拒之门外吗？世界又何曾相信过法国大革命、那位军曹皇帝[2]的几起几伏、巴黎人的三天起义[3]以及其后发生的许多其他事件是可能的呢？学者们又什么时候预见到很少一点沸水竟能推动一列火车在一昼夜间运行七百二十法里呢？

“因此，你们还是抛弃‘不可能’这个词吧！或者起码在这样多的天才人物宣布共产制度可能实现的情况下不要把这个字眼用到共产制度身上！

---

〔1〕 哈维 W. Harvey(原文为 Hervey，疑为误植)(1578—1657 年)，著名的英国医生，科学生理学创始人之一，发现血液循环系统。——译者注

〔2〕 军曹皇帝指拿破仑。——译者注

〔3〕 巴黎人的三天起义是指 1793 年 5 月 31 日至 6 月 2 日雅各宾党领导巴黎市民推翻吉伦特派统治的暴动。——译者注

“请不要忘记:摩西曾经预言整个东方期待了多少世纪的那位改革者即将出现;耶稣基督又宣布这样一位改革者业已降临的喜讯,并且预言未来将出现另一位救世主;而柏拉图则说过:‘总有那么一天,在某一个国家里将会有一位君主出来建立共产制度。’此外,托马斯·莫尔、爱尔维修、马布里、杜尔哥、西哀士、狄德罗、孔多塞和本·康斯坦等人也都宣称:一切可能的事情总有一天会成为事实的!

“特别是请你们不要忘记铁路!是的,铁路!它即将使一切都革命化,为各个民族和国家的联合准备好条件!

“此外,为了以一些最有决定性的权威意见来结束我的讲话,我想对你们说:‘假使现在,也就是1836年,孔子、琐罗亚斯特、来革古、阿基斯、梭伦、毕达哥拉斯、苏格拉底、柏拉图、亚里士多德、格拉古兄弟、阿波洛尼乌斯、普罗提诺、普鲁塔克、托马斯·莫尔、洛克、孟德斯鸠、卢梭、爱尔维修、马布里、杜尔哥、孔多塞、华盛顿、富兰克林、潘恩、狄德罗、西哀士和米拉波等人都复活了,从坟墓里走出来,由耶稣基督主持在伊加利亚这里举行会议,在平等与不平等、私有制度与共产制度之间作出抉择,那么,面对着伊加利亚的幸福情景,他们肯定会一致主张人类应该建立平等与共产制度。这一点你们难道会有什么怀疑吗?

“我们伊加利亚人因为建立了美好的共产制度而过着极其幸福的生活,所以我们不论男女老幼都不知怎样感激替我们缔造这

样高度幸福的人，只好不断地热情高呼：‘光荣归于我们的解放者！光荣永远归于善良的伊加尔！’

“同时，我由于心中充满着热爱人类的真挚感情，所以禁不住要代表我的同胞向你们高呼：‘愿共产制度早日同样为你们的祖国造福！’”

讲课人表达的这个充满仁慈博爱精神的祝愿，受到极其热烈的欢迎，这就不在话下了。听众的热情如此高昂，感激的心意如此深厚，以致全场都自动陪送狄纳罗到家。你们当然可以想象到欧仁有多么高兴了！至于我呢？心里更是美滋滋的，充满了幸福感，因为，狄纳罗已经差不多是我的亲兄弟了！

第十五章　为建立共产制度而进行的组织和宣传工作

外宾们又重新举行集会，来讨论狄纳罗讲课以前暂时搁置下来的那个问题，这就是：共产制度是否适用于大家自己的国家？种种迹象表明，绝大多数人的回答是肯定的。

但是，反对派也十分活跃。安东尼奥第一个走上讲台。他先宣布，根据最近听到和看到的事情，他自己的意见已经有所改变；可是又说，伊加利亚的制度虽然令人神往，但他仍然怀疑现在在西班牙是否实行得通。

一位在1831年被教皇放逐的意大利烧炭党人反驳他说："如果没有伊加利亚的经验，我也许也会抱这种怀疑。可是，既然伊加利亚在1782年就能开始试行这种制度，而今天的西班牙、意大利和几乎一切文明的国家，情况和当时的伊加利亚完全一样，甚至应该说这些国家在今天1836年所具备的条件比五十四年前的伊加利亚要有利得多，加上这些国家又有伊加利亚的一套成功的经验可供借鉴，怎么就实现不了呢？任何民族只要照样完成伊加利亚所做过的事情，便可以像伊加利亚人一样取得成功，而且只要能够避免伊加利亚在1782年曾经犯过的某些错误，甚至还可以做得比伊加利亚更理想呐！

"假如美国、英国和法国都采纳共产制度，那么，当然美利坚合众国实行起来是最容易不过的了；但是，只要英吉利的产业人才和法兰西的能干的发明家们全都行动起来致力于伊加利亚人所业已完成了的那些事业，这两个民族不也能和美利坚一样不难取得成功吗？”

几乎所有的反对者都宣称：如果别的人都同意共产制度可以适用于自己本国，那么他们也愿意表示赞成，问题是贵族和富人们却肯定不会同意。这些反对者还辩解说，他们之所以犹豫不决是恐怕为了对付贵族和富有者的反抗需要大量流血。

一位波兰人回答说：“可是我们可以像伊加尔那样，缓慢和温和地前进。”

欧仁也说：“而且，共产制度不是不但给穷人、而且同样给富人也带来幸福吗？为什么不相信许多贵族会表现公正和慷慨，并且懂得他们的真正利益所在呢？1782 年伊加利亚的贵族和 1789 年 8 月 4 日法国的贵族不就是这样行事吗？就在今天，英国的一位极其富有的贵族、我们的朋友卡利斯达尔爵士不也准备献出自己的全部财产来帮助自己国家建立共产制度吗？”

我（即威廉）赶忙加上一句：“我在法国、普鲁士、匈牙利、意大利、西班牙甚而俄国以及其他国家认识的贵族和领主中，有许多人也和我一样地盼望人类幸福。”

另外一个人发言说：“至于流血牺牲的问题，我想把前几天刚听到的一件传闻告诉你们。据说，伊加尔在 1782 年革命以后在世的十六年里，经常喜欢说，他一生中最高兴的就是他有幸不经过流血便把新制度建立起来。你们看，我们完全可以照他的办法做！”

"照伊加尔的办法做!"大批的听众跟着呼喊了起来。

来自五六个邻国(韦京尼亚、塔龙等)的发言者向大家介绍说，他们的国家都效法了伊加利亚的榜样，虽然因为资源比较缺乏，所以成就不如伊加利亚那样大，但是事情始终进行得很顺利，没有遇到什么障碍。

从纽约和费城前来的两位美国人斩钉截铁地说，要在合众国所属的二十四个州里采用这种制度是再容易不过的事情了。他们俩还补充说:美国已经实行了许多能够导致共产制度的局部性改革;有许多州的贵族银行已经失去了它们的特权;邮政驿骑已经代之以专用的邮政驿车;一些新的城市里，备有公共伙食的公寓正在大量增加;工人们都以身份平等作为受雇的条件;一家一户过生活的情形已日益减少。他们的发言受到长时间的鼓掌欢迎。

那位年迈的苏格兰传教师法兰西斯神父发言说:"我年轻时也曾经是一个很顽固的贵族。自从我当上了教士以后，几乎走遍了世界各地。现在，我已经年老了，岁月使我的整个思想也成熟起来了。我可以毫不动摇地向你们宣告，我深信伊加利亚的制度是到处可行的;我之所以不加犹豫就作出这样的声明，是因为这丝毫不会使我受到什么约束;我们马上就可以看到，人们向我们建议的实现途径无非就是:我们能做一点就做一点，不能走快就走得慢一点。反正我相信，我们总能做点事情!……"

到会的人都要求讨论到此结束，立即进行表决。大约有二百人声明他们还没有拿定主意，所以暂时弃权；九千五百多人赞成这个制度是可行的。长时间的热烈欢呼表明大家对表决的结果十分满意。

少数派中有不少人被这个庞大的多数所感染，马上又宣布，既然赞成的人这样多，要实行共产制度看来也并不困难，所以他们也愿意加入多数派的行列。

接着讨论的问题是：是否应该立即就开始工作？

少数派里另外一些发言者主张，应该把建立共产制度的工作留给下一代人去进行，不然也要等到某些欧洲大国开始实行时，或者有一位新的伊加尔出现时才着手进行。

一位身材肥胖的德国人回答说："如果这位伊加尔第二就像耶稣基督第二那样，隔了很长时间才出现，那岂不是再要等上一千八百年吗？如果法国在等待英国，英国又在等待法国，那么，得等到何年何月呢！如果这一代人可以把事情留给下一代去办，那么，下一代人又怎么不可以照样把事情推给再下一代人呢？要是这样，我们就好比那位在店门上写上'明天理发免费'的理发师一样，谁要是想免费理发，这师父就笑着回答说：'请您仔细看看门前的广告，我这里是明天才免费理发呵！'（全场哄堂大笑）至于我自己，我信奉的格言是'自助然后天助'。其实，这也正是伊加尔的信条。要知道，他早在革命以前很久就开始拟定计划了。我虽然不能肯定我们究竟能够做出多少事情，可是我认为，反正我们不应该像那位理发师那样，老是说明天、明天，而应该从现在起就开始工作。”

这时，会场是一片欢呼喧腾，简直分不清哪是喝彩声，哪是告别声。经过这一番交锋，多数派的队伍更加壮大了！

大会讨论的第四个问题是：我们能够为建立共产制度做些什么？

“我们能做些什么？”那位最狂热的反对者高声喊道，“想在法国、英国和欧洲建立共和国和共产制度，我们的军队、资金和权力在哪里呢？我们当中谁是那位拥有独裁权力的伊加尔呢？每个国家都只来了这么几个人，又能干出点什么呢？不行！什么也干不了！根本干不了！”

另外一个人说：“我们能做的事情实在不多，实际上就跟等待没有两样！”

第三个人说：“其实我们还不如等待好，因为我们对我们向往的事业不但起不了促进作用，可能反而推迟了它的实现；因为，天下事情往往欲速则不达。梨子还没有成熟呐！”

欧仁反驳他们说：“要是伊加尔当初也这么想，伊加利亚现在会是个什么样子呢？难道伊加尔不是在革命前好多年就开始他的工作吗？难道那时他不是也只是单独一个人，并没有什么权力吗？让我们效法他的榜样，现在就动手吧！”

“那你是想依靠暴力来建立共产制度了，你是想搞密谋、暴动、刺杀和革命了，是吗？”一个响亮的声音冲着他喊道。

欧仁回答道："不！不是这样！既然你向我提出这样一个反对意见，我就只好给你彻底解释一下了！……我和狄纳罗抱着完全相同的想法，毫无保留地同意他所提出的温和和容忍的哲理原则。我比你们有幸的是我和他交往特别密切，因而得以每天聆听他的教诲。我和他一样地深信，暴力的害处要比好处多。我愈是仔细回顾过去，就愈感到群众受的教育实在太少，带头人也实在太鲁莽了，因此我对暴力革命的怀疑也就愈大。我愈是热爱人民，就愈急于为人民献身，愈加盼望改革不要只是昙花一现。我愈是热切向往共产制度，便愈是迫不及待地想看到它牢固而持久地建立起来，而且愈是盼望它能得到世界普遍的赞同。

"同时，因为意识到一个真正的爱国者应该把一切都贡献出来争取人民的真正利益，而且考虑到在国家与人类的存在过程中，几年并不算很长的时间，所以我认为，与其共产制度在一年内就实现，而人民对此意见还不一致，还不如在十年后当人民都很觉悟的时候再实行更好。我主张等待一个较长的时间，而绝不赞成仓促从事，急于冒险求成，更不希望为此而使用暴力和挑动暴力斗争。如果我的呼声有足够的权威，人们都愿意倾听，那我一定会振臂高呼：不要密谋，不要刺杀，也用不着暴动！让我们只通过讨论来说服公众！"

"可是你反对法兰西宪章！""不！我只是希望人们努力去说服选民、议员、国家和政府，而不要以暴力攻击任何人。"

"但是，你想颠覆君主国和建立共和国！""不！在这个问题上我也只是希望人们对选民、议员、国家和政府做说服工作，劝他们同意实行普选制（这一点不论是宪章或法律都没有禁止）。只要人民能享有选举权，我并不在乎选出的机构叫什么名字或选出谁来，也不在乎这政治制度是叫君主制还是民主制，这机构是叫协会还是代议政府。只要被选出的统治者及其属下官员能够给人民建立平等与共产的制度，那么，不论他们人数多少，职名为何以及年俸多高都没有关系。只要这统治者是位人民的造福者，能够给人民以财富而不是刑罚，那么，不论给他什么堂皇的称号，授予他什么崇高的荣誉，按照他的意愿发给他多少俸禄，我都一概不反对！"

"可是，你想侵犯私有财产！""完全不是这样！由于我深信对私有制的任何暴力侵犯都只会导致战争，不但给富有者，而且也给贫困者带来种种苦难，所以，我希望人们能尊重私有制和一切所谓既得权利。我主张在这一代里仍然保留私有财产，只是到下一代才对私有制作出改变，而在这段过程中不断地进行教育，使下一代人能有足够的思想准备，毫不勉强地拥护这一改变。我盼望的是人们能尽量说服选民、议员、政府和国家，敦促他们同意改革，因为，正是他们才具有采纳和进行这种改革的不容置辩的权力。而且，我和伊加尔及狄纳罗一样，要求人们不但要接受共产原则，而且要对它抱有坚定的信念，不要三心二意，事后反悔，能够在一个较长时期里坚持实行一种过渡性制度来为它作准备以及协调各方面的利益。"

"可是，你在挑动穷人仇恨富人！""不！并不是如此！相反地，自有人类以来，远在我出生以前，世上还没有我这个人的时候，穷

人就一直在仇恨富人。造成这种仇恨的根源是穷人的苦难！我非但不想加剧这种仇恨，而且总是希望缓和它，把这种仇恨的对象从人引向物。我希望人们能启发包括穷富在内的一切人懂得他们的共同利益所在，给他们揭示真理，指出他们共同苦难的真正根源和通向共同幸福的道路。总而言之，我绝不想煽动人们狂暴的情感，而只想启发人们的理性、哲理和正义感，以及在必要时说服人们宽宏慷慨，以保证人类的幸福。”

“可是，到底我们能做些什么事情呢？”另外一名反对者向欧仁喊道。

欧仁回答说：“我们能做些什么事情吗？下面就是我的看法：

“我们在座的外国人，几乎哪一个国家的都有，因此，我们看来可以组织一个大规模的协会，在那些最受尊敬、声望最高和影响最大的人物中物色共产制度的拥护者，并且出版一些介绍伊加利亚制度的著作。

“这个组织即使只是进行这样一项工作就已经能起很大的作用，因为，你们总该承认，千百万的法国人、千百万的英国人、千百万的德国人和千百万的美国人早晚总会同声拥护共产制度，那么，你们想想，光是这一事实，对公众舆论就将产生多么大的影响呵！

“常言道，‘舆论是人间无冕之王’，这并不是那种通常拿来骗人的话；因为，基督教的胜利已经证明，思想和信仰的威力，要比刽子手和他们使用的酷刑强大得多！

“好了！正像我前些天给你们说的，如果全法国的人都集合在一座大厅里，听人介绍了伊加利亚的制度，那么，我毫不怀疑，他们一定全都希望在法国实行这种制度。(“德国也是这样!”“西班牙也是这样!”“普鲁士也是这样!”……从会场四面八方传来了这样的呼喊声)那时,共产制度就将到处不经流血,不需丝毫的暴力,只凭公众舆论的威力就能建立起来!

“但是,既然把全体法国人集合在一个大厅或者广场开会在实际上是办不到的,所以我们应该用另外一种方式举行这种集会,这就是散发文字材料,向他们介绍伊加利亚的制度,让他们进行讨论。”

“可是你们法国的法律不是禁止集会结社吗?”欧仁的反对者向他喊道。

“这点我知道,而且为此我感到痛心。……但是,像法国这样一个哲理和文明之乡的国度里,这种剥夺了人们最珍贵的自由之一,即集会结社以宣传和讨论争取幸福之途的自由的法律,只能是例外的和暂时的;尤其是当英国人和美国人已经享有和运用着集会结社、宣传出版、讲演著述的充分自由时,情形更是如此。何况,法国的法律也并没有禁止文字讨论。

“我们这样做也许需要的时间比较长,但是,在各民族的生存过程中,几年时间又算得了什么呢?用不着两三年时间,我们就会赢得成千上万张赞成票,很可能还会得到社会上许多在学问和品德上最有名望的人的支持。因此,我想再重复一遍:只要我们采取规劝说服的办法,诉诸理性,依靠公众舆论的力量,就一定能达到我们的目的。

“照我的看法,……(这时我看见我那位尊敬的友人,就是那位年迈的传教师正站起来想发言，可是，当他发现欧仁的话原来还没说完，便高声向欧仁说道："讲下去，请接着讲下去！"许多别的人也跟着这样喊起来。）照我的看法，这个协会应该集中力量首先在英国、法国和美国开展工作。而且，只要伊加利亚人民能够给我们点支持，我相信一定再也没有人怀疑协会究竟能做点什么事了！……"

（掌声极其热烈，使我又是高兴又是惊讶。）

可是，当那位白发苍苍的可敬神父法兰西斯出现在讲台上，会场马上又静寂下来。

他用一种庄严的声调说道："我衷心支持这位年轻人提出的在各地征集赞成共产制度的同道者的建议。不过，我虽然赞同他所采取的慎重和温和的态度，但是却想走得比他更远，因为，也许我的年龄使我有权更为胆大一点。这就是，我认为我们应该开展宣传工作！这是一项必须完成的新任务！伊加尔的使徒们，让我们效法耶稣基督的使徒们的榜样吧！……让我们从伊加利亚出发，走遍全世界，向各国人民宣讲共产制度！让我们动笔写作，登台讲演，组织讨论，进行说服，努力转变人民的思想吧！

"我因为身在暮年，辞世之日已近，本来准备在伊加利亚这块人间天堂宁静地了结余生。但是，现在我却决心再度远涉重洋。只要你们同意，我将奔赴北美，不是为了到那里重访我以前接触过的野蛮民族，而是去向这个情况最近似于伊加利亚的民族宣传共产制度。啊！要是我的声音能有助于这些民族接受这种将给它们以及整个美洲带来无比幸福的制度，那么，即使牺牲生命，我也感到万分的幸福！”

老人的这番话如此地激动人心和感人肺腑，以致会场各个角落里都传来了要求对组织协会的问题进行表决的呼喊声，人们还要求指定一个委员会来负责向大会提出建立协会的计划！

大会一致通过了这个建议。散会时大家情绪万分激动，气氛极其欢乐，就好像共产制度明天就要在世界五大洲建立起来似的！

第十六章　伊加利亚为在世界建立共产制度而进军

我走出全国代表大会的大厅时一直在惊叹着：多么成功的大会呵！多么壮丽的场面呵！

外宾这次集会的决议，得到全共和国热烈的同情和支持。会后，狄纳罗和瓦尔摩争取到伊加拉全市为此召开了公民大会。首都的三十万公民一致通过了一项请愿书，建议全国人民代表关心外国人的这项事业。

第二天，瓦尔摩的祖父便宣布他已经提出一项法律草案，规定这个已经建立了共产制度的共和国应该接受各国人民的请求，给他们的事业以支持。

他的提案被分发给所有的人民代表，而且发表在全国性报纸上，在伊加利亚家喻户晓。这个议题引起了公众极大的兴趣；全国代表大会的议事厅里坐满了听众，会堂四周还挤满了急于知道讨论结果的公民。

在一片庄严肃穆的气氛中，一位年迈的发言人用缓慢和微弱的，但是又非常清晰的声音说道："伊加利亚的人民代表们！我还从来没有给你们提出过一项对共和国说来关系如此重大、利害如此密切的议题，不过我需要说的话很简短，因为我知道，你们的心情和我完全一样。

“你们大家都知道，我们光荣不朽的伊加尔曾经要求我们把各国人民当成自己的兄弟，在共产制度在我国彻底巩固以后，不能忽视帮助其他国家的人民也享受到共产制度的幸福。

“我们曾经不得不首先只致力于我们本国的事务，暂时不急于扩大我们的对外关系。

“我们不得不暂时不向远处的国家介绍我们的情况，而只是派遣某些密使和它们来往。

“可是，向世界介绍我国情况的时候，现在难道不是已经到来了吗？

“请看看我国今天的威力多么强大！

“我国人民已经无所畏惧，即使是二十个国家联合起来进攻我们，也只会枉费心机，因为我们可以动员一千多万民兵来抗击他们。

“我们毗邻的七个国家，都是我们的盟国，或者更确切地说是我们的好朋友和好弟兄，它们可以作我们的屏障和前卫；那四个经我们教化和殖民的野蛮民族，则可以充当我们的后备力量。

“我们的船舰，还有两个盟国的艨艟，可以远航到世界任何地方；我们手中的二十多亿金银条锭和器皿，加上一百多万士兵，使我们什么事情都能办到。只要共和国动员大家为宣传共产制度而进军，我确信，一定有上百万的年青公民自愿集合到这面人道主义的旗帜下。

“这面旗帜一旦展示在各国人民面前，就不知将赢得多少同盟者，特别是不知有多少受压迫者将迅速团结到它的周围。

“历史上从来没有一个民族或者征服者手中曾经拥有过这样强大的力量！

“在这样的情况下，难道我们可以只关心自己的幸福而置我们的黑奴弟兄的苦难于不顾吗？难道我们现在不是也完全有责任积极关怀我们的白奴弟兄的不幸吗？

“既然我们今天已经有能力完成那些我们过去无法完成的任务，我们就不应该再把全部力量用于自己的事情上了。应该首先到法国和英国而不是别的地方去树起共产制度的旗帜，因为，从法国或者英国这样的大国开始，就能把这面旗帜插遍整个欧洲，从而一举解放整个世界。

“因此，让我们向全世界宣示我们的原则；让我们向全球各国派遣使节；让我们与一切自由民族结成联盟；让我们号召外国人到我们这里来亲眼看看我们的幸福情景；让我们支持不久前在这里成立的那个协会；还有，让我们向英国和法国声明：如果它们之中哪一个国家宣布实行共产制度，而欧洲其他国家竟敢向它发动战争的话，共和国将派出一百万人和送去二十亿法郎供他国调遣使用。

“但是，如果在这种性质的事情上光凭热情，缺乏理智，仓促而行，那我们就不配充当我们这个英明民族的代表了。

“因此，让我们先冷静地考虑一下，并且征询出席各个公民大会的我们的弟兄们的意见；同时，为了使我们不致由于一时感情冲动而损害了我们的利益，我们不妨推迟六个月再对问题作最后的决定。

“伊加利亚的人民代表们！你们行将决定的也许就是整个人

类的命运！

“至于我，作为伊加尔的一位老战友，因为能够活到今天而有可能向你们提出这个建议案，实在感到无比的幸福。我的话完了！”

这位可敬的老人，形象真是光芒四射。……我本来以为一定会听到经久不息的掌声，可是使我惊奇不安的是，当他走下台时，尽管全场也自动起立向他表示敬意，并且目送他回到自己的位子上就座，会场却比原来更为寂静，简直鸦雀无声。

我发现瓦尔摩脸色显得苍白，可是，狄纳罗却在微笑。欧仁和我两人则屏息不安。

大会主席询问是否有人想发言支持或反对这个建议，还是一片寂静；……他又问是否有人要提什么修正意见，全场仍然不动声息。……

这时的大厅，灯火通明，六千多人聚精会神地在静听，读者们请想想这是个多么动人的情景！

“现在进行表决！”主席说道，“赞成这个建议的请起立！”……两千名立法人好像全都站起来了。

“反对的请起立！”……全体代表都静坐不动。

大家虽然高兴得心都快蹦出来了，可是，还是保持着高度的静默。

主席这时才说：“我以全国代表大会的名义宣布，这个建议正式通过了!”

读者们恐怕永远也想象不出外宾席、听众席和代表席上这时出现了如何欢腾热烈的情景。的确,你们永远也想象不出来!

从会堂外不断传来欢呼声。消息像闪电般从这里传到那时正在为此举行特别会议的伊加拉全市六十个公民大会的会场。到会的公民听到这个消息,全都欢呼雀跃,热烈的情景是长期以来很少见到的。

欧仁高兴得着了迷似地对我说:“我们一定会在巴黎或伦敦看到同样的集会!……啊!伊加利亚,法兰西,英吉利!……啊!我亲爱的朋友!我们一定能看到这美好的共产制度给全人类缔造幸福!”

第十七章　爵士的幸福

一切都如我的心愿：我们的协会终于在共和国的支持下建立起来了；瓦尔摩的祖父替我争取到新的国籍，使我既成了伊加利亚人，又保留着英国国籍；亨利爱特小姐在她一位老年姑母的催迫和折磨下，潜心修道，把自己的幸福寄托在礼拜神明上。盼望着早日结合的瓦尔摩和爱利雅对此当然喜出望外，因为，原来为了使三个婚礼能够同时举行而决定延缓的两个月期限，现在可以缩减一半了；明天，我们三对夫妇就将开始过天堂的幸福了！

一切都在紧张地筹备，到处是一片欢乐！

我本来就已经享受着友情的幸福，明天又将加上爱情的幸福，不但做幸福人，而且当幸福的丈夫，真是锦上添花！很快我就可以重见我亲爱的英国，向它显示我的狄纳薏丝，并且向它介绍伊加利亚奇迹般的幸福和共产制度奇迹般的恩惠，以此来为我的祖国造福了！

后天，我就能给我未来的孩子们记述那非常欢乐的婚礼盛况，这又是多么高兴呵！

要是我是个迷信的人，我一定会奇怪上天为什么竟赐予我这样完美的幸福！

第十八章　婚礼

（这一章的题目是爵士亲笔写在他的日记本里的，但是内容阙如。原来，发生了一件惊人的变故，使日记中断了。

以下的章节，都是我根据可能收集到的情况补充写成的。）

第十九章　灾祸临头

去年(1837年)6月21日,我收到卡利斯达尔爵士的一纸短简,说他已经回到英国,要我赶紧去看他。我急于想拥抱他,所以连忙就去。

尽管我知道他一向待人非常热情,但是这天他拥抱我时的那种亲切甚至温存的态度,实在使我吃惊。我发现他神色困顿、心情忧郁、神态沮丧,变得憔悴多了,好像经过什么大风波,以致脸色苍白,满是皱纹。究竟是怎么回事,我也没敢问他。

我们好歹还是谈起来了。他悲喜交集的言谈,别有动人之处。"呵!老朋友啊!这伊加利亚实在太神奇,太美妙了!"他多次对我这样说。

可是他马上就神色一变,满脸怒容,做了一个骇人的姿势,眼露凶光,顺百叶窗直盯着天空;接着又猛地站起来大声叫喊:"我的狄纳薏丝啊!你竟然躲开了我,让我孤零零地独自回英国来!亲爱的天仙啊!来吧!来救救我吧!"

顿时,他脸容又变过来,两眼闪烁着幸福欢乐的泪花,嘴边挂着微笑，向那位回到他身边的狄纳薏丝说了一番甜蜜动人的话；接着就倒在沙发上，精疲力竭地睡着了。看到这情形，我又难过又担心！

这时，约翰才告诉我，他主人在伊加拉突然疯了，是急急忙忙离开那里的。

他们两人花了三个月时间才回到伦敦，好在路上像今天这样的发作只有五回。病一过去，神志又十分清醒。至于他的心地，却可说是见天变得更善良了，终日关心的只是别人的幸福。

我向约翰询问爵士的病因，他回答说："唉！您还不晓得呀？……他爱上了这位狄纳薏丝小姐，差点为此一病不起了。结婚那天（呵呵！爵士原来还这么走运！）两人在婚礼后进入舞厅的时候，也不知道是什么原因，她突然摔倒在爵士跟前，爵士慌忙把她扶起来，……可是一看，她已经……已经死了！"①

可怜的约翰伤心地抽泣，连话也说不下去了！……

第二天，约翰欣喜若狂，上气不接下气地跑来告诉我说："先生！先生！……您赶快去！……她，……她没死呢！……人家刚给我转来一封信，……她正在来伦敦的路上！原来她有很长一段时间失去了知觉，周身冰凉，就像死过去似的；……大家都为她哭丧了。……这，……这简直是个奇闻！……唉！这叫什么事呀！

① 这里所说的事情，我过去也曾经亲眼看到过，而且经过完全一样。

……请您看看这信。……可是，……您最好马上就去！……我都不知道怎么把这消息告诉他，……我恐怕他……，去吧！还是请您亲自去给他说吧！……去吧！赶快去吧！……”

于是，我立即跑到爵士家里，通知他说他快要重新见到他的狄纳蕙丝了。

第　三　卷

共产主义学说或共产主义原则的概要

唯一的一章
作者的说明　共产主义学说

有些朋友看到我从前只是给他们谈论如何使社会进步和如何改善人民的处境，现在却宣传起共产制度来，都感到有些奇怪。对此，我应该给他们作点说明。

我因为献身人民事业而受迫害的时间太长，深怕从此不可能再直接参与这一事业，所以下决心要像康帕内拉那样，利用流放的时间进行思考和研究，努力使自己能再做一点有益于自己同胞的事情。结果，我为人民编写了三部通史（世界通史、法国通史和英国通史）①。那时候我就一直很想读到《乌托邦》的英文原本，因为，我和许多人一样，常常听到人们引述这部著作，却始终没有深入地了解它的内容。

《乌托邦》这本书虽然有许多毛病，特别是，如果把它用到今天的世界，缺点便更为显著。但是，这本书的基本思想却深深地触动了我，以致每当我合起书来，总是不得不认真地思索一下共产制度的问题，书中叙述的一些细节都撇在一边了。关于共产制度，我以前一直没有拿出时间去深入考虑过，因为，我和几乎所有的人一

① 其中，第二部已经出版；其余两部也接近完成了。

样，受着一种盲目偏见的束缚，认为共产制度只不过是一种空想。

可是，经过思考，我愈来愈觉得它并不是什么空想，……我尝试着从理论上把它运用到各类情况和社会的各种问题上；愈是这样地具体运用，就愈是发现它完全可行，甚而非常容易实现。

当我终于找到了医治人类苦难的处方时，我感到的喜悦简直难以言喻。我敢肯定，那些放逐我们的人，安居在他们的宫廷里甚或在节日狂欢时，都无法享受到像我这样的被放逐者在流放中看到人类幸福的曙光一天天临近时所感受到的那种纯真的欢乐。

我在写完这个建立共产制度的方案以后，又反复阅读了第十二[①]、第十三[②]两章中所扼要引述的一些最著名的哲学家的观点。这些哲学家中，有的我过去对之一无所知，有的我虽然读过他们的著作，但是却没有领会他们的全部思想。当我发现原来他们几乎在所有我提到的问题上都和我意见相一致时，我的喜悦更是无法形容。

这就更加强了我的信念，使我对共产制度坚信不疑；因此，我决定把自己的研究成果公之于世。

但是，有几位住在法国的朋友，从我的去信中知道我这方案的主要思想，又来函极力劝我放弃这些想法。

---

① 要是我当时身在法国，就一定能找到一些合作者来帮助我分析另外成百位哲学家的著作。

② 对这些哲学家的著作作分析，是十分有教益的，我将另行发表专著。

其中有的信写道："共产社会?！这可只是一种海市蜃楼，无非是个幻想。你会招致舆论反对的，或者，你将发现舆论对你的主张漠然置之，你的许多朋友将会离弃你；人民本身就会抛弃你，因为，他们完全懂得共产制度并不能给他们带来什么真正的利益，贫困的平等也并不是真正的平等。那样，你就自绝于一切支持，失去了一切功名利禄，扼杀了自己的前程！你这不是在发疯吗?"

可是，这些反对意见不但没有使我后退一步，而且也并不使我感到惊奇。

他们说我会"招致舆论的反对"。什么?！舆论会反对哲学讨论、反对探索真理、反对寻求根治吞噬着人类的苦难的途径吗?不！不会的！只有瞎了眼睛、盲目无知的舆论(如果容许我以小喻大的话)才会反对苏格拉底和耶稣基督。要是舆论真是这样，那就更有必要加以开导和启发了！

他们说"舆论将对我的主张漠然置之"。那好啊！要是那样，我的主张就不至于打扰那些漠不关心的人了。而且，这正好又说明需要唤醒一下舆论，因为，漠不关心的态度对于哲学讨论和社会交往，就如对于宗教问题一样，都是极为有害的。

"你的许多朋友将会离弃你"！哈哈！我也许会因为失去这些我所热爱和尊敬的朋友而感到遗憾；但是，流亡生活已经使我习惯于在失去许多朋友的情况下照样生活下去，我已经学会这样过日子了；而且，我可以坚定地说："我爱卡托[1]，但我更爱柏拉图，而且尤其热爱真理。"……何况，我的一些真正的朋友是不会离开我的！不会的！因为，过去当我还没有研究过这个问题的时候，我的想法也和他们一样；而现在，如果他们也像我一样思考上三年，很可能也已经和我想到一块儿了！我是准备和他们讨论的，并且确信他们的思想是会转变的；反之，如果他们能够证明我是错误的，那我也准备改变自己的观点。

"人民本身就会抛弃你的！"不会的！因为他们再也找不到一个比我更为真挚、忠诚和永恒的朋友了。但是，我也清楚地知道，人民虽然通常总是善良、公正和宽大，但是有时也不免上当受骗，误信了敌人的话，就如从前斯巴达人抛弃了阿基斯王，雅典人民抛弃了苏格拉底，罗马人民抛弃了格拉古兄弟，以及犹太人容许人们把耶稣基督钉死在十字架上一样。可是，正是因为这样，我们就更需要献身于拯救人民！

"你会自绝于一切支持，失去了一切功名利禄，扼杀了自己的前程！"呵呵！这个我完全晓得。我从事革命时间已经不短了，哪能不懂得这个道理呢？但是，我们之中只替自己打算的人实在太多了，确实也应该有几个只想到人民、只想到人类的人了！

"你这不是在发疯吗？"唉！当今世界上的一切事情不全都是

[1] 卡托（公元前 234—前 149 年），罗马政治活动家和作家，贵族特权的维护者；曾被选为监察官，传说他监察极为严格。——译者注

乖谬反常的吗？我们大家不全都是疯子狂人，无非是种类不同、性质有别吗？当大批所谓贤人智士成天在为自己的一点自私的享受而搜索枯肠、自寻烦恼的时候，难道能够说我们这些以献身于自己的弟兄为乐的人反而比他们更疯癫吗？如果我们能够和苏格拉底、柏拉图、耶稣基督以及许多其他类似的人一同被视为疯子，一起被关进疯人院，那么，我们这个疯人院难道不比那住满了野心家、悭吝鬼、贪婪人的疯人院胜千百倍吗？"

另外一些朋友则写信对我说："什么？你真的在写一部描述你设想的共产社会的小说，却不首先阐明你的学说?!"嗯，是的！我正在写一部小说来介绍一种新的社会政治制度和哲学体系，因为我深信，即使是最复杂最难懂的制度，用小说这种形式来说明是最简洁自然，也最容易使人理解的。再者，我并不想光为学者而写作，而是要为所有的人而写作，同时，我深盼这本书不仅男子来读，而且妇女也来读；因为，妇女的心灵一般都比较宽厚仁慈，一旦她们了解到人类的真正利益所在，她们将是具有巨大说服能力的特殊的传道者。我之所以采用小说形式，还因为我不想步那些经济学家及其追随者们的后尘，老是像孔多塞所批评的那样，"滥用科学术语，以致因辞害意"。这种形式我是从《乌托邦》一书中得到启发的；也许这做法不对，但是，在我看来，它比一些现代作家在阐述这类问题时通常采取的其他方式都要优越。……当然，我需要请读者不要对我这本书，尤其是其中的小说部分过分苛求；想来你们也会看到，小说在全书中不过只是附带的内容，我已尽量把它压缩到最小的篇幅。如果是别的人来执笔，肯定会比我写得好；不过，

就我自己来说，只要小说能够对读者起点提起兴趣的作用而又不致使他们忽视书中的哲理论述，就算达到目的了。

另外，由于书中所谈的是一种全新的制度，因此为了深入地理解，读者也许不能只读一遍。只要对全书的情节和论据有了一个总的概念，第二遍读起来就容易得多了！

至于这种制度的实际内容和伊加利亚的社会政治结构的情况，希望读者能把它的基本原则与一些示例和细节严格地区别开来。比方，我提到住宅的典型设计是通过或者说应该通过竞赛评比再由法律加以规定，这就是一项我认为不容置疑的原则；但是，我所介绍的具体设计，则只不过是可供人们采纳的无数设计中的一个示例。内行人可能会发现我所描述的设计存在许多技术上的错误；要是我写作时身在巴黎，有的错误也许就可以避免。应该说，即使存在这些错误，关系也不大，因为它并不牵涉到制度的本身。至于说到实际执行的问题，那么我想，只要人民和学者们同心协力，到时自然能提出更完善的具体设计来。

因此，希望人们不要在细节上和我纠缠，因为我本人是不打算为自己作什么辩护的。

下面就是我主张的共产主义的学说和原则。

共产主义的学说和原则

什么是自然权利或天赋权利？

自然权利或天赋权利就是自然界或者神明赋予人们的权利。

什么是社会权利或人间权利？

社会权利或人间权利就是社会赋予的或者是人们设想出来的权利。

自然权利包括哪些？

自然权利主要包括生存权和发挥自己的一切体能与智能的权利。

生存权指的是什么？

我所理解的生存权，就是使用自然界所创造的一切财富来满足衣食住需要的权利，以及从事自卫以反抗一切侵犯者的权利。

你所说的发挥自己体能的权利指的是什么？

我指的是迁徙、劳动、结社和集会的权利，一句话，就是从事自己所愿意而又不侵犯他人权利的行为的权利。我还指的是结婚成家的权利，因为这显然是大自然希望每个人都能做到的事情。

你所说的发挥自己智能的权利指的又是什么？

我指的是以各种方式从事学习和接受教育的权利。

是不是每一个人都具有同样的自然权利？

是的！因为这些权利是人的一种属性，而一切人都一样地是人。

但是，人并不是完全等同的，比方说，在体力上难道完全相等吗？

确实如此。但是，体力并不是一种权利；而且，体弱者可以联合起来抗御一个体强者。人们在体力、身材等方面尽管会有所不同，但是，理性告诉我们，从大自然看来，他们在权利上是平等的。

大自然难道曾经把土地分配给每一个人吗？

当然没有！它是把土地赐给整个人类，而没有指定谁该拥有哪一块地。一切哲学家都承认：大自然是把一切东西赋予一切人，而并没有加以分割；因此，地球上的一切财富都是天赋的和原始的共有财产。

这么说，建立私有制的就并不是自然界了，是吗？

当然啦！大自然并没有建立私有制，也没有把共产制度强加给人类；它是让人类根据自己的意志自由地决定享用地球上财富的方式，或者是建立私有制，或者是保留共产制度。

是不是每个人都有权享有平等的份额？

显然是如此！因为所有的人都是大自然的儿女和继承人。

这种平等是不是彻底的和绝对的，比方说，每一个人都应该得到同样数量的食物？

不！我所说的平等是以每一个人的需要为依据的相对平等，

因此，凡是需要吃比别人加倍的食物才能饱肚的人，便有权领取比其他人多一倍的食物。

过去是不是曾经实际平分过土地给所有的人呢？

没有！每一个人都是占有他认为合适的土地，并没有和别人商量，也没有征得任何人的同意，而且往往是没有人知道。

什么是最初占有权？

最初占有权就是占有未经任何人占有的土地的权利。

为什么你说“未经任何人占有的土地”？

因为，既然人们为了满足自己的需要而可以占有另外一些仍然无人占有的土地，当然也就应该尊重别人的最初占有权。

究竟是谁规定了这种最初占有权？

规定这种最初占有权的是自然公理。

什么叫自然公理？

自然公理就是理性赋予人们用以决定事物是否公平，也就是说是否符合自然意志和天赋平等的准绳。

根据自然公理，是不是每人都有权占有多余的财富？

当然不是这样！这恰恰是一种不公平的行为，是对那些缺乏必需品的人们的一种掠夺和盗窃。

但是，如果其他人都能有相等的份额，每人都拥有必需的物品，甚或都拥有一点多余的东西呢……？

要是那样，当然每个人都可以占有多余的东西，因为，这样并不损害任何人；但是，有一个条件，就是当其他人缺乏必需品的保障时，占有多余物品的人就必须把东西让给人。

那就是说，当别的人无法以其他方式获得必需品时，占有多余物品的人就应该把东西让给这些人，是吗？

当然啦！占有多余的东西主要是因为附有条件才可能在原则上是公平的，因此，在你所说的这种情况下，如果仍然保留这多余的东西，便变成不公平了。因为，自然公理是不容许任何人在别人、哪怕只是一个人缺乏必需品的时候仍然占有多余东西的。可是，这种损害缺乏必需品者的利益而保有多余物品的不公正的掠夺行为，现在真是司空见惯，每天都在大量出现！

但是，如果这位最初占有者所占有的多余土地是他亲自耕作过的呢……？

这点并不影响！因为多余的土地本来是属于别人的份额，最初占有者只不过是在别人还没有占有这土地的时候开始给它加上自己的劳动，这种劳动并不能使他有权取得这些属于别人份额的东西。他是在有必要时必须让出这些东西的条件下从事劳动的，而且在占有这土地的过程中已经享受了自己劳动的成果；所以，任何人都无权剥夺别人在自然界赋予其所有儿女的共同财富中应得的必需份额，任何人也不能授权多余土地的占有者永远保留其多余土地。

您刚才曾经提到义务，这指的是什么呢？

所谓义务，指的就是每一个人都必须做的事情。

每个人都负有天赋的义务吗？

是的！因为，如果别人没有义务尊重你的权利，你也就不可能享有任何权利。权利和义务是相辅相成的，没有前者，也就没有后者，反之亦然；它们彼此相互联系，不可分割。

是不是一切人的天赋义务都是相同的？

不错！每个人既然都拥有一定的权利，也就都负有一定的义务，而且是同样的权利和同样的义务。例如，每个人都有从公共财富中取得自己应得的份额的权利，同时又有容许别人取得他们应得的份额的义务。

天赋义务包括些什么内容呢？

它包括：对自己的同胞爱如兄弟，尊重他们的一切权利，或者简单地用一句话说便是“己所不欲，勿施于人；反之，己之所欲，必施于人”。

您还提到了社会权利，提到社会，究竟怎样才算一个真正的社会呢？

真正的社会是一个人们自由和自愿地联合起来争取共同利益的人类结合体。

为什么你说“自由和自愿”呢？

因为，只要不是人人都自由和平等，而且不是大家都同意联合的结合体，就说不上是什么社会。如果其中一部分人受另外一部分人的压迫，就会有主人与奴隶或准奴隶之分、剥削者与被剥削者之分；既然并不是人人都是主人翁，也就说不上什么联合。存在压迫者与被压迫者的社会，只不过是牧人与羊群的社会。

为什么你说“联合起来争取共同利益”？

因为，不能设想自由与平等的人们在有可能联合起来争取一切人的共同利益的情况下，竟然愿意只争取其中一部分人的利益。

什么是社会成员的共同利益？

这就是维护和保障他们的自然权利和防止强者侵犯弱者的权利，也就是说维护和促进天赋平等。

这就是说，社会成员不但享有天赋平等，而且也享有社会与政治平等，是吗？

是的！应该用社会与政治平等来巩固和完善天赋平等。

国家是真正的社会吗？

不！目前的一切国家中都只有贵族的社会，而贵族与人民之间、富人与穷人之间则根本不成其为社会；人民与贵族之间以及穷人与富人之间的关系，就和雅典奴隶与雅典人之间的关系一样。

那么，国家的建立并不是以某种明示的协议为依据了，是吗？

对了！根本不存在什么明示的协议！征服者们倒有可能明示或默示地联合起来共同征战；而且，一切大国都是通过征服别国而形成的。无论在什么国家，总是存在着一个作为征服者的贵族阶层在奴役着变成他们的奴隶或臣仆的人民。

这种所谓的社会是不是能够组织得很完善呢？

不能！因为它是征服的产物，是武装和暴力的产物，是非正义和掠夺的产物；或者也可以说是欠缺经验和野蛮无知的产物。

这种所谓的社会，其现存制度是否仍然很恶劣？

非常恶劣！因为其中有的人拥有一切，而另外一些人却一无所有；贵族虽然不劳动，却拥有多余财富，人民虽然从事着过度的劳动，却缺乏必需品；穷人完全被剥夺了天赋权利。

穷人的子女现在是否照样应该享有天赋权利？

当然啦！现在和过去任何时候一样，小孩从出生时起便都是大自然的儿女；今天的每一个人都和当初的人一样都是人，是人就应该有平等的天赋权利，都有权从共同的母亲那里得到同等份额的财富。今天也和过去任何时候一样，大自然是为了一切人的利益而赋予大地以光和热；如果没有大地，任何私有财产都毫无用处。

那么，现在的每一个人都应该拥有天赋权利，是吗？

这是毫无疑问的！凡是剥夺一部分人的必需品来使另一部分人拥有多余物品的社会法律，都是违背自然公理的。可是，天赋权利本身是神圣的，不可转让和不容剥夺的。被剥夺者虽然不再能享受这种权利，却仍然保有这种权利；其道理与失主对于被盗贼窃取或强占的物品仍然保有其权利是一样的。

难道这种所谓的社会不是起码对贵族和富人有好处吗？

不！对他们也没有好处！因为这种社会在给穷人制造苦难的同时并没有给其他人带来真正的幸福；它使一切人都处于不断的纷争之中，而这种纷争只会给人们带来无穷的灾难。

这种所谓的社会主要的弊病是什么？

它主要的弊病有三，就是财富与权力的不平等、个人私有制和货币制度。人们只要仔细思考一下，就可以发现这三者是一切恶习与罪行、一切动乱与苦难的主要根源。

那为什么到处人们还是采用这三种制度呢？

有些人是出于自私，单纯为了个人利益而赞成这些制度；另外一些人是由于无知，以为这些制度能够导致普遍幸福而加以接受。

现存政治制度的主要弊病究竟何在？

它的主要弊病在于法律是由贵族或者富人来制定。

对这些弊病有什么救治办法吗？

当然有救治办法啦！不然，理性对人类还有什么用处呢？

这救治办法是什么呢？

就是根除弊病的来源，也就是说，消灭不平等、废除私有制和取消货币，而代之以一切平等和财产共有的制度。

那么，共产制度是允许保留天赋权利了，是吗？

是的！因为这种制度的根本原则正是维护和促进天赋平等。

关于人的身份，这种制度的原则是什么？

国家和民族应该是一个大家为了争取共同利益而一致同意组织起来的真正社会；国家中的每个人都是社会的成员，都是兄弟，在权利和义务上完全平等。因此可以说，国家不过是一个大家庭，也可以说不过是一个统一的法人。

关于财产，这种制度的原则又是怎样的呢？

所有财富一律共有，构成统一的社会资产；领土则是大家共同耕作的统一领地。

对实业的原则是什么呢？

社会的实业是统一的，也就是说，它形成由人民像一个人一样来经营的统一的实业，通过劳动分工和统一指挥来生产一切必需的产品，而且尽可能妥善地安排生产，产量要高，既不过剩，又不匮乏。

关于权利和义务，这种制度的原则是什么呢？

对一切人都适用同样的原则：人人都有义务按自己能力每天从事同等小时的劳动；又有权根据自己的需要从各种产品中领取平等的份额。

但是，如果这样，那些具有才能与天资的人只能得到与别人相等的份额，岂不是不公平吗？

不！因为才能和天资是社会给予他们教育的结果，如果没有社会，便谈不上什么才能了！

怎样对待劳动呢？

劳动被视为一种公务，反过来，一切公务又都被视为一种劳动；同时，不论劳动或公务，都是一种捐税。

还有别的捐税吗？

没有！每一个人除了都要从事同等分量的劳动和公务以外，不再负担任何其他捐税。

关于劳动，这种制度的原则是什么？

劳动是一切人普遍必须完成的义务；劳动是在公共大车间里

集体进行，而且尽可能使劳动能吸引人们兴趣，时间短，并且利用机器以便利操作。

关于机器，这种制度的原则是什么？

机器简直是多得不得了，凡是可以以机器从事操作的作业，都一律使用机器。

关于食品、服装、住宅和家具陈设，原则又是什么？

应该尽可能地使所有的人都有同样的食品、服装、住宅和家具陈设；这些东西都由共产社会来生产和供应，而且，都是按照法律规定的模范规格来备办。

关于娱乐和享受，这种制度的原则是什么？

共产社会首先生产必需和实用的东西，然后才生产理性所允许的供舒适享受的东西，别无其他的限制。

关于城市和房屋等，原则又是什么？

所有的城市和房屋，都由共产社会按照模范规划和典型设计来建造。

对道路和河道又规定些什么原则？

其原则就是四通八达，再方便不过了。

关于商业，其原则又怎么样？

对外贸易由共产社会来进行，国内贸易则无非是对一切物品进行分配，也是由这个共产社会来进行。

关于家庭，这种制度的原则是什么？

每个家庭尽可能地共同居住，一律不雇佣仆人，没有单独的家庭经济，由社会统筹收支。

关于婚姻，原则又是什么？

每个人都可以而且应该结婚；对象的选择完全自由；夫妇平等；必要时也允许离婚。

关于教育，这种制度的原则是什么？

教育是共产社会的基础，必须普及于每个人。其内容包括体育、智青、德育、公民教育和生产教育；其中一部分属于家庭教育，一部分属于公共教育。全部教育又划分为普通教育和专门教育，或称基础教育和职业教育。

普通教育的原则是什么？

普通教育的内容包括一切科学艺术的所有基础知识。

这种制度的政治结构，其原则是什么？

人民是主权者；一切都民治民享。

政治上的平等表现在哪些方面？

所有的社会成员都是公民，都是公民大会的成员，都是民卫队员，都享有选举权和被选举权。

关于**立法权**，这种制度的原则是什么？

立法权构成国家的主权，它通过法律来组织和调整一切。

立法权是否由**人民**来行使？

是的，法律一律由人民选出的代表来讨论和拟定，然后提交人民批准。

这样说，法律就是**公共意志**的体现，对吗？

对！而且完全符合这句话最严格的含义。

你刚才说法律组织和调整一切，那岂不是侵犯了**自由**吗？

不！因为法律是人民自己制定的，而**人民当然只会制定对自己有利的法律**。

关于**行政权**，其原则是什么？

行政权从根本上说从属于立法权，它是由一些**选举产生、有一定任期和对选民负责**的行政官员来行使。省级和公社级的官员为数很多。

关于**司法权**又是什么原则？

共产制度本身就几乎完全消灭了一切犯罪；刑法是非常简单

和温和的；法庭几乎完全没有必要，因为，审判是由人民自己在公民大会上进行。

人民都能够毫无阻碍地经常出席公民大会吗？

为了使每一个人都不致缺席，一切都作出妥善的安排。

共产制度能够保证共同的幸福吗？

当然能够！因为，一切公共权力都由人民自己来行使，所以一定会为人民的幸福着想；而教育、劳动、财富和权利又都是平等的，这就消除了忧虑和嫉妒，根除了恶习和罪行，保证了人们能够获得应有的安宁与享受。

总而言之，需要解决的问题不外就是寻求一种能为人类和人民缔造幸福的途径。可是全世界的经验已经证明：要通向幸福，绝不能只是期待新的生活，也不能害怕改变旧生活；既不能依靠人间法律的恐怖手段和警察的强制，也不能依靠现存的社会政治制度。同时，也不能指望自己变得非常富裕；相反地，富裕过人只会带来极其有害的后果，正像耶稣基督所说的："富人进入天堂要比骆驼穿过针眼还要困难。"因此，我们只能寻找另外的途径。理性昭示我们，这途径只能是建立一种便于人们养成高尚品德和不容易沾染恶习和为非作歹，或者说使恶习和罪行根本不可能产生的新的社会制度。这种新的制度只能是共产制度，它通过教育使人们具有博爱精神和各种高尚的社会道德；另一方面，它又依靠平等制度使每一个人只要从事适当的劳动就能获得安定和幸福的生活，同时又不让任何人享有足以危害自己弟兄的权益。

是否可能突然地以共产制度取代不平等制度和私有制度呢?

不行!必须有一个过渡性的制度。

需要怎样一种过渡性制度呢?

这是一种既保留私有制,又尽可能迅速地消灭贫困和逐步废除财产与权力的不平等现象的制度;它通过教育为共产制度培养新的一代或若干代人;它实行普选制,并且首先开放言论和结社自由。

为什么不马上就消灭私有制呢?

因为私有主们将不会同意这样做,而我们又必须以一切代价避免使用暴力;也因为,立即就进行建立共产制度所必需的工作在实际上是不可能的。

这种过渡性制度将维持多久?

根据各国的不同情况,分别维持三十年、五十年或者一百年。

这不是太长了吗?

确实是长了点;但是,也只能这样,没有别的办法。不过,只要人们一接受过渡性制度和共产原则,就会立即实际享受到与日俱增的幸福,信心也就日益加强。

那就是说,必须首先让人们接受共产制度的原则,但是又暂时延缓它的最终和完全的实现,对吗?

必须这样。因为，如果贵族阶层反对共产原则，他们也会照样拒绝过渡性制度以及任何改革。

但是，怎样促使贵族阶层接受共产原则呢？是不是需要使用暴力？

不！既不需要暴力，也不需要革命；从而，无论密谋或暗杀，全都用不着！

原因何在呢？

关于这一点，可以举出许多理由来；我这里只想从人民的利益和共产社会的利益的角度来加以说明。请你们仔细听着：

暴力革命是一种胜负莫卜的战争。进行这种战争是非常困难的，因为一个政府，只要它能存在，便必然具有强大的力量，表现在它拥有一整套统治机构，有贵族和富人们的影响作后盾，以及掌握着立法权和行政权，表现在它手里有财富、军队、民团、法庭、审判官，还有那善于用种种方法来分裂人民和收买叛徒的警察。

被压迫者虽然人数众多，并不等于万事大吉，因为，他们必须组成一支军队才能起作用；而政府却恰恰要运用它的一切权力来阻挠人民组成军队。光有勇气也不能决定一切，哪怕是有英雄般的气概也不济事；因为，敌人的士兵由于有纪律的约束和其他的许多有利条件，可能也很勇敢。只有献身的决心和取胜的信心也不足以决定成败，因为赤手空拳终究是挡不住炮弹的。而且年轻的、备受迫害的人民政党，总难免有种种的缺点与错误（诸如喜爱独行其是和忽视纪律,团结不够和太不宽容,缺乏经验和行动笨拙,遇事急躁和考虑不周等),也会毁成功于一旦!

人民并不是到今天才希望革命。自有人类以来,每一个民族恐怕没有一年不感到需要摆脱贵族所施加的桎梏,夺回自己的天赋权利;但是,付诸尝试的革命比起希望中的革命,次数要少得多了!而在实际进行了的革命中,成功的又是多么少呵!而在成功了的那些革命里,能够真正达到目的而不在稍后就被贵族篡夺了胜利或取消了成果的,更是寥寥可数呵!

我没有必要给你们列举最近五十年来历次未遂的革命了,也没有必要引述那些使大量的革命归于失败的鲁莽草率和变节投降的行为作为例证;我只想问问你们,人民在 1793 年时不是有过空前强大的力量,不是也曾经主宰过一切吗?但是,后来不是也因为领袖们的分裂,也许还因为过于仓促从事,而被贵族解除了武装,到处追捕,几乎斩尽杀绝吗?在热月 9 日以后,行动涣散和指挥失当等缺点,不是也曾经两度断送了胜利吗?

那些失败了的、徒劳无功的或者半途流产了的革命,给人民造成的苦难又是多么深重呵!巴贝夫的夭折了的密谋和格列涅尔兵营的未遂起义[1]给人民带来多么大的不幸呵!1830 年以来多次的暗杀、密谋和袭击反而给贵族增强了多少力量呵!难道大家不是都公认:暴力,即使只是少数几个人使用它,也不但有害于整个人民事业,而且往往对贵族有利,因而贵族们总是盼望甚至挑动人

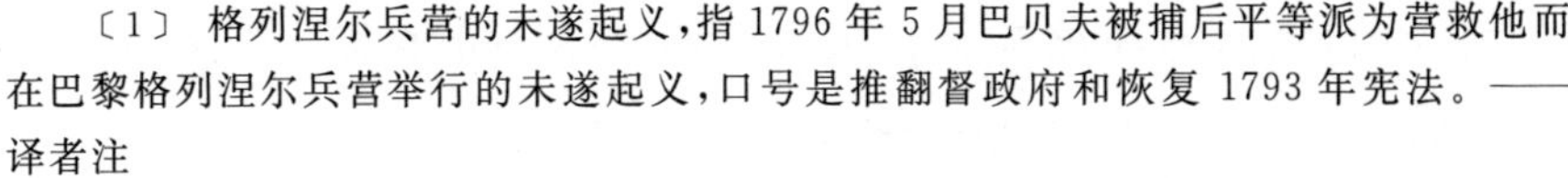

〔1〕 格列涅尔兵营的未遂起义,指 1796 年 5 月巴贝夫被捕后平等派为营救他而在巴黎格列涅尔兵营举行的未遂起义,口号是推翻督政府和恢复 1793 年宪法。——译者注

民来使用暴力吗？革命时期里往往有那么一些脱离群众的人，其中既有绝顶幼稚鲁莽的人，也有最为深谋远虑的人，有最狂热的人，也有最审慎的人，有居心最险恶的人，也有最忠诚献身的人，出于自己的野心、虚荣或贪欲，违背了人民的意愿，背着人民使用了暴力，结果为害了人民，却又全然没有意识到自己要对这一切给自己的党造成的损害担负全部的责任。难道这种情形不正是革命时期可能出现的最大危险之一吗？

因此，我要重复一遍：为了人民本身的利益，我反对使用暴力！

但是，如果暴力真能成功，以它来迫使贵族和富人就范不是完全正当的吗？

不！因为暴力并不是必不可少的。富人和穷人一样，也是人，也是我们的兄弟；他们在全部人口中占相当大的比重，甚至还是优秀的部分。毫无疑问，我们应该阻止他们成为压迫者；但是，正如不能听任他们压迫别人的道理一样，我们也不应该压迫他们。人们原来设想用以为一切人造福的共产制度，当然不应当从一开始就使这样多的人感到失望。我们甚至连憎恨他们也不应该，因为，他们的偏见和恶行，与穷人身上的缺点和恶习一样，都是不良教育的结果，是不良制度的产物。这种不良的制度有如魔鬼撒旦，使得所有的人都堕落，无一幸免，因而我们需要从这个魔鬼手里拯救所有的人，而不能为了赶跑这个魔鬼而纵火焚烧人们。你们看，耶稣基督就不毁灭富人，而是靠宣传消灭贫富之分来转变富人。总而言之，我们固然不应该为了富人而牺牲穷人，同样也不应该为了穷人而牺牲富人，或者说，我们应该把一切同情和关怀、一切智慧与方法以及一切美德和力量集中用来防止出现新的压迫者和新的被压迫者。

这么说，连那些自私自利的小店主，我们也不应该厌恶了，是吗？

人们完全可以厌恶利己主义，特别是憎恨利己主义，特别是憎恨利己主义的根源；但是，在我看来，没有比污辱和威胁人数众多的小商贩和小手工业阶级更为不合理、更为不公平和更为愚蠢笨拙的了。因为，不论他们的缺点多大，无非都是总的制度以及他们所处的具体情况造成的。诸如，他们为了保持自己的经营信誉，必须按期清偿；他们时刻要担心因为破产倒闭而声名扫地；亏损折本和倾家荡产的可能性正在不断增加，一旦遭到不幸时又无从指靠别人的支援；经常要为周末或月底应偿付的账单而焦愁；此外，他们还要受自己的合伙人或妻子恐惧心理的影响（这些人的妻子往往很了解自己丈夫的买卖情况，总是在丈夫耳边唠叨，要他们为子女们的来日着想，这就使他们更加忧心忡忡，变得更为自私自利了）。所有这些原因综合起来，使得小商贩、小手工业者或小店主们都成了利己主义者。显然，不幸的是他们一般地都比较无知和轻信，很容易上贵族们的当，听信了后者不断散播的什么暗杀啦、抢掠啦和无政府主义啦等等危言耸听，充当了贵族们的工具。但是，既然这是因为他们智识不多，那就不是他们的过错；既然这是因为他们过于轻信，那就只是不良教育的结果。如果他们听信了人们捏造的所谓革命者准备抢掠的谣言，那也与他们可能对此抱怀疑而不予置信一样地可以理解。总而言之，他们无法抗拒他们

所处的地位给予他们的影响；而且，就算是工人，一般地也不免会受到这种影响，甚至那些最强烈地反对小店主的工人，也同样沾染了一点小店主的情感和习气。

那么，怎样使贵族们接受共产原则呢？

要像耶稣基督那样，对不论穷人或富人都进行宣传，写书给他们看，和他们讨论，劝说他们，一直到所有的人，包括人民、选民、立法者和统治者都转而接受共产原则。光是人民希望改革，甚至发动了革命，还是不够的，必须有一种制度、一些原则、一种学说、一种政治宗教作指导；光是自封为一名公民、弟兄、民主派、共和派、甚或共产主义者，也并不解决问题，因为暗藏的特务、挑唆者或者无论其他什么人也可以给自己加上这类称号。必须对共产制度真正信服，抱有信念；必须深入地钻研，真正地理解它。无论多有天才的人，要是没有实际学过造针，就不会懂得一根针是如何制造的。因此，说到底，除了必须具有争取自己一切权利的愿望和意志以外，还必须具有完成自己的一切义务的决心。

人民并不是现在才进行革命，可是为什么过去那样多次革命竟然流产了呢？难道不正是因为人民缺乏一种明确的主义吗？法国在 1792 年、1815 年和 1830 年的几次革命中，如果人民能真正地了解到共产制度的优越性，岂不是就会出现完全另外一种结果吗？如果自 1830 年以来全法国的人民都专心致志于研究和宣传这种制度，他们不是就会比现在先进得多了吗？

但是，应该着重说服其转变的难道不正是富人吗？

无疑是这样！而且甚至应该说，从说服富人开始是最有效的，因为由富人和学者们来说服其他的富人以及穷人本身，所起的作用最大。有多少人不正是由于拉梅耐、拉马丁、达尔桑松[1]和杜邦·德·累尔的宣传说服而改弦易帜，宣告皈依这些人的学说吗？

但是，富人们难道真会转变过来吗？

这又有什么可怀疑的呢？难道不是确实存在一些开明、公正和慷慨的富人吗？难道来革古式、阿基斯式、梭伦式、格拉古兄弟式、托马斯·莫尔式、悉尼式、爱尔维修式、马布利式、杜尔哥式、孔多塞式以及无数其他类型的人物，不是都属于贵族和富有阶级吗？难道贵族在各个时期不是产生过成千上万像拉法叶特、达尔桑松那样杰出的例外人物吗？在当今的贵族妇女和青年中，我们难道就找不出什么胸中燃烧着对人类的圣洁热爱的人物吗？

因此，动手工作吧！大家都来做富人和穷人的工作！你们将发现他们都会转变到共产制度这边来的！去和他们讨论，向他们讲道理，做宣传，转变他们的思想吧！把一切有助于转变他们思想的论点和证据都汇集起来吧！我已经开始这样做了，我想别的人一定会比我做得更好！

根本放弃密谋！完全用不着那种往往缺乏耐心和流于涣散的密谋组织！不要迟疑不决，应该一心一意地去和人们讨论！

---

[1] 达尔桑松(1771—1842年)，法国政治活动家，曾参加十八世纪末法国的资产阶级革命和复辟时期及七月王朝时期的共和运动，是巴贝夫主义者。——译者注

甚至，连局部的共产制度也不要去做试验！因为，这种试验即使成功，好处也不大；反过来，要是失败，那就几乎可以肯定，为害必然十分严重。唯一需要做的是转变人们的信仰，而且始终坚持这项工作，直到大多数人接受共产原则为止！

但是，如果贵族们一直不接受怎么办？

这不可能！因为，如果共产制度本身只是一种空想，那么，经过讨论它便会原形毕露，人民自己就会拒绝它而接受另外一种制度；但是，如果这种学说本身就是真理，那么，人民当中、学者当中和贵族当中，一定会有许许多多的人转而皈依这种学说。这样的人愈多，这种学说每天争取到的其他人也就愈多，结果它就不但在英国和美国每天都赢得新的阵地，而且在其他一切国家中也每天都在取得新的支持。让我们依靠理性和真理的威力来争取共产主义的未来吧！依靠舆论、通过说服来走向共产制度的胜利，无论如何缓慢，总比通过暴力更为迅速，更为可靠！

对于这一点，我的信念无比地坚定；如果革命掌握在我的手里，我一定坚持这个原则，即使为此而死于流亡之中也在所不惜！

这就是我所主张的共产制度的原则。

也许有人会发现我这本书里有些讽喻之笔；但是，既然黎世留只要随便拿到一个人的几行文字便可以把他绞杀，那么，我们在谈论历史和哲学时怎么能不求助于隐喻呢？不过，我自信完全有权自诩，谁也不能怀疑我的大胆与坦率；而且，我愿意向我的敌人和朋友们声明，这本书里所有属于批判的部分，唯一的目的就是揭露各种社会政治制度的弊病，完全没有讽喻个人的意图。

一切党派的人们，请你们研究共产制度吧！因为，这是关乎人类祸福的问题，是一切问题中最重大最首要的问题，它囊括了道德、哲学、政治经济学和立法等等一切其他问题！只是哀叹人类的苦难而不去根究这些苦难的成因和寻求解脱苦难的途径，岂不是太愚蠢了吗？只热衷于列举人民的恶习，给他们提出一些无用的劝告，而不去发动一切能者起来运用正义与人道以铲除种种的弊病，不是也太幼稚可笑了吗？

一切宗教派别或政治党派的人们，请听听基佐在他那本《现代社会的宗教》的著作里说的一段话吧：

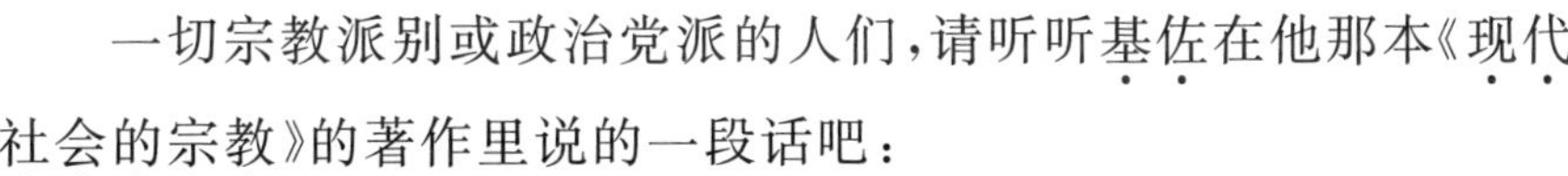

“慨叹人民的处境困苦，已成了当今的一种风气。不过，人们埋怨的也的确是事实；而且，眼看着芸芸众生挣扎于苦难之中，又怎能不产生深切的恻隐之情呢？……景象实在令人痛心，看着非常痛心，想起也非常痛心；但是，我们还是要想它，而且不断地想它，忘记了它就是严重的过错，就有极大的危险！……”

因此，让我们寻求根治弊害的处方，探索解脱苦难的途径吧！我们要的是处方、处方！……

自私的人们，研究这个问题吧！因为它牵涉到你们切身的利益！

善良的父母亲们，研究这个问题吧！因为它和你们的子孙后代的幸福攸关。

慷慨大度的人民之友们，研究这个问题吧！因为它关乎穷人和全体人民的幸福。

慷慨的慈善家们，研究这个问题吧！因为，它是有关整个人类幸福的大问题！

共产主义学说

有人向我提出这样的反对意见："你的《伊加利亚旅行记》没有科学内容，没有学说，没有理论。"

我的回答是：给人民写书有两种方法，一种是滥用"科学"、"科学的"、"学者"、"哲学"、"哲学家"、"学说"、"公理"等等字眼，堆砌大量一般人所不懂的希腊文和拉丁文的技术词汇，总而言之，就是摆出一副所谓学者的架子，把原来很简单易懂的道理说得扑朔迷离、晦涩难懂；另外一种方法则是把疑难复杂的问题解释得平易明了，论述了科学原理而又不是嘴边老挂着"科学"的字眼，并且，使用的是通俗的语言。这两种方法哪一种可取，应该由人民自己来判断。

至于我呢？我坚持认为，《伊加利亚旅行记》以及我所写的其他有关共产主义的文章和书籍，都包含着科学的内容，论证了一种学说、一种理论和一种制度。

我认为，我所主张的这种制度极其简明易懂，这一点非但不是它的缺点，而且是它一个难能可贵的长处，使它无比优越于一切其他制度。

要是人们问我：

你的科学是什么？我就回答说：博爱主义！

你的原则是什么？博爱主义！

你的学说是什么？博爱主义！

你的理论是什么？博爱主义！

你的制度是什么？还是博爱主义！

是的，是博爱主义！我认为，不论对无产者或学者，对工厂或研究院说来，博爱主义都能包括一切；因为，只要把博爱主义运用到一切问题上，从中作出种种必要的结论，人们就能找到解决问题的有效办法。

博爱主义这个字眼虽然十分简单，但是，如果把它运用到各种问题上，效力就无比强大！

共产主义就是基督主义

耶稣基督本人不但把共产制度作为博爱主义的必然引申而加以提倡、布道和传播，而且和他的使徒一起付诸实施。

之后，他的使徒们便在他们内部实行了这种制度；接着，最早的一批基督教徒也参加进来了。

在很长的一段时期里，早期的基督教徒都一直仿效着耶稣基督及其使徒们的榜样。

如果宗教性的共产团体能够组织得更好一些，如果它们能把许多家庭联合在一起，如果每一个这种团体都能接纳大批的成员，那么，它们也许早就在全世界建立起共产制度了。可惜的是，这种团体都只吸收男的或者只吸收女的，而且人数都很少，因而始终不过是另一种类型的个人主义团体，而不成其为共产主义团体，完全背离了耶稣基督的教导。

但是，在耶稣基督以后直到今天，又先后有君士坦丁堡大主教圣·约翰·克里索斯托姆[1]、培拉吉和他们的许多拥护者，高卢的巴高第[2]起义农民，法国的华尔多派和阿比让派教徒，以及德国、英国和美国的大批各派清教徒和大批的哲学家们，实行过或者宣传过共产制度。

因此，当今的共产主义者，实际上都是耶稣基督的学生、效法者和继承者。

因此，请你们尊重耶稣基督所宣传的学说吧！

请钻研他的学说、研究他的学说吧！

你们如果愿意，尽可以说这种学说过于美好了，说它只是一种梦想，是实现不了的乌托邦；说实在的，允许你们使用这种与耶稣基督的观点完全相反的语言，已经太宽容了！要是谁硬说这种学

〔1〕 圣·约翰·克里索斯托姆（约344—407年），君士坦丁堡大主教，初期教父之一，有“金口”之称。——译者注

〔2〕 巴高第起义农民，古高卢族民，公元285年在塞纳河和曼因河交界处被罗马军队镇压。——译者注

说是“不道德的”、“不屑一顾”或“可恶可恨”，那可就绝不能答应了！

不能说共产主义就是平分土地，因为这是颠倒黑白，共产主义并不想平分土地。

不能说共产主义就是劫掠，因为它既不想毁灭任何人，也不想使任何人变穷。

不能说共产主义就是暴力，因为它靠的是讨论和说服，是诉诸公众舆论和全民意志。

不应该蔑视共产主义！因为，它是最道德、最纯洁的学说。它甚至是最具宗教性的学说，因为，在共产制度下，人们由于能够充分运用大自然或者说神明赋予他们的智能与财富而生活于幸福之中，对于神明当然只会满怀崇敬、感激和热爱的心情。

特别是不应该仇恨和反对真正的共产主义者，因为，他们所唯一希望的就是正义和秩序，劳动和和谐，博爱和一切人们的幸福！

共产社会是一种普遍的社会保险

现在，最流行不过的事情就是保险，有互助性质的保险，也有业务经营上的保险，其内容包罗万象：有火灾保险、雹灾保险、霜冻保险，也有果木保险、兵役保险、疾病或人寿保险，还有海难保险等等，种类繁多，难以胜数。

如果你们把保险再发展一步，扩大到对破产、失业和贫困等等进行保险，同时，设想政府或整个社会就是保险公司，那么，你们眼前看到的就是共产制度！

是的，共产制度就是一种相互保险和普遍保险的制度，是为一切人的一切需要作保险的制度。每一个人只要从事适当的劳动，共产社会便保证他能受教育，有结婚的条件，有吃有住，总而言之，一切都有了保障！

图书在版编目(CIP)数据

伊加利亚旅行记.第2、3卷/(法)埃蒂耶纳·卡贝著;李雄飞译.—北京:商务印书馆,2017
(汉译世界学术名著丛书:120年纪念版:珍藏本)
ISBN 978-7-100-14473-5

Ⅰ.①伊… Ⅱ.①埃… ②李… Ⅲ.①空想社会主义—政治思想史 Ⅳ.①D091.6

中国版本图书馆CIP数据核字(2017)第153276号

汉译世界学术名著丛书
(120年纪念版·珍藏本)
伊加利亚旅行记
第二、三卷
〔法〕埃蒂耶纳·卡贝 著
李雄飞 译
余叔通 校

商务印书馆出版
(北京王府井大街36号 邮政编码100710)
商务印书馆发行
北京市十月印刷有限公司印刷
ISBN 978-7-100-14473-5

2017年12月第1版 开本710×1000 1/16
2017年12月北京第1次印刷 印张27¼
定价:130.00元